日産コンツェルン経営史研究

宇田川 勝 著

文眞堂

はしがき

　財閥の学術的研究は，1965（昭和40）年に始まったとされる[1]。以後，1970年代から80年代にかけて，財閥に関する著書，論文が相次いで刊行され，財閥研究は正に絢爛期を迎えた。

　私は1968年に大学院に進学し，71年に経営史学会員となった。私も学会での財閥研究の隆盛の影響を受けて，財閥経営史を研究テーマに選んだ。ただし，三井，三菱，住友などの大財閥の研究は学会の錚々たるメンバーが手を付けており，安田，浅野，古河，大倉，鈴木，川崎＝松方，野村などの中規模あるいは後発財閥の研究もすでに始まっていた。そうした状況の中で不思議なことに，1937年時点で三井，三菱に次ぐ企業集団を形成し，敗戦時の45年には住友に次いでわが国第4位の規模を有した日産コンツェルンについての研究は皆無に近かった。当時，日産コンツェルンについての記述は，戦前期にジャーナリストの手で刊行された『日本コンツェルン全書』全19巻所収の和田日出吉『日産コンツェルン読本』，戦後の財閥解体後に持株会社整理委員会が編纂した『日本財閥とその解体』（上・下巻）所収の日産コンツェルンに関する項目に依拠するにとどまっていた。

　その理由はすぐに判明した。日産コンツェルンは他の財閥と異なって成立・形成事情が複雑で事業活動も特異であったことに加えて，その生成・発展・変容のプロセスを正確に跡付け，検証するために不可欠な基本的史料が不足していたからである。

　私はそうした状況を若手研究者にとっては一種のチャンスであると捉え，未開拓の分野である程度の成果を出せば研究者として生きてゆけるかもしれないと考えた。日産コンツェルンの研究に着手した当初，尊敬する先生から「君の日産研究はものになるのか」と言われたこともあった。私の研究分野選択は無謀と見られていたのかもしれない。

　幸いにも日産コンツェルンを構成していた主力企業は第二次世界大戦後の復

興過程と高度経済成長期の有力な担い手であり,ほとんどの会社が社史を発刊していた。また,久原房之助,鮎川義介両オーナー経営者や日立製作所の専門経営者小平浪平をはじめ多くの経営者の伝記,追想録等も刊行されていた。私はそれらの二次史料を丹念に読み込み,関連する書物を渉猟して,1970年代初頭から日産コンツェルン関係の論稿を法政大学経営学会『経営志林』や経営史学会『経営史学』等に順次発表した。すると,不思議なことに拙稿を読んだ方から,日産コンツェルン関係者を紹介してもよいという話や関係史料のあり場所についての情報が寄せられるようになった。私は日産も他の財閥と同じように,「自分たちの歩んだ正確な歴史についての書き手を探している」のだと勝手に解釈し,日産コンツェルン経営史の研究に専念した。こうして,研究を進める上で一番の難関であった一次史料への接近も次第に可能になり,私の日産研究に弾みがついた。

　ちょうどその頃,幸運にも絢爛期を迎えた財閥研究についての刊行企画が出版社から相次いで発表された。誰も本格的な研究に着手していなかったことが幸いして,駆け出しの私にも新興財閥あるいは日産コンツェルンについての執筆依頼がやって来るようになった。その結果,「新興財閥―日産を中心に―」(安岡重明編『日本の財閥』日本経営史講座シリーズ (3),日本経済新聞社,1976年),『昭和史と新興財閥』(教育社,1982年),『新興財閥』(日本財閥経営史,日本経済新聞社,1984年)を執筆・刊行した。

　1983年にある大手出版社から『日産コンツェルンの経営史』を書かないかという有難い話をいただいた。私は嬉しかったが,上記の『新興財閥』の執筆中であり,翌84年には海外留学することが決まっていたので,もう少し研究が進んでからお願いしますと言って,丁重にお断りした。いま思えば,あの時,無理をしてでも執筆しておけば,定年間際に20歳代後半から50歳代前半にかけて書いた論稿を取りまとめて上梓するという,恥ずかしい振る舞いをしなくとも済んだという思いはあるが,すべて後の祭りである。

　私の経営史研究視角は,アーサー.H.コールの企業家活動論とアルフレッド.D.チャンドラー.Jrの経営戦略・組織史を基本としており[2],分析手法としては,(1)研究対象の長期的考察,(2)比較史的視座の導入,(3)最高経営者を中心とする戦略的意思決定過程の解明,の3点が重要であると考えている。本

書は 25 年以上にわたって書きためた論稿を左記の研究視角と分析手法に則して 3 部 8 章立てに編成した。まず第 1 部では久原財閥→日産コンツェルン→満業コンツェルンからなる約 40 年間の「日産コンツェルン」全体の経営史をフォローすると同時に，その過程でエポックを画した戦略・金融・組織の諸側面を抽出して検討する。この第 1 部は，いわば日産コンツェルン経営史の経糸にあたる部分である。そして，第 2 部では久原財閥から日産コンツェルンへの移行を可能にし，同コンツェルンの発展を加速させた久原・鮎川親族の協力・支援活動を検証する。この第 2 部は日産コンツェルン経営史の緯糸に相当する部分で，他の財閥コンツェルンと比較する上で，重要な視座を占めることになる。そして，第 1 部の経糸と第 2 部の緯糸を編むことで，日産コンツェルン経営史を立体的かつ実証的に描写する構成をとっている。そして，第 3 部では久原財閥，日産・満業コンツェルン経営史において重要な地位を占めていた日立製作所と日産自動車を取り上げ，オーナー経営者と専門経営者間，あるいは専門経営者間で展開された戦略的意思決定プロセスのケース・スタディを行う。

　ただし，本書に収録した論稿は長期間かけて執筆されたものであり，当然のことながら文体や修辞も異なっている。今回，本書への収録にあたり，重複部分の削除には努めたが，文脈の展開上必ずしも十分に行うことができなかった箇所や記述の論調が異なる部分がある。その点については，ご容赦をお願いする次第である。

古稀を迎える前日
2014 年 6 月 27 日

注
1） 森川英正『財閥の経営史的研究』東洋経済新報社，1980 年，「まえがき」。
2） アーサー. H. コール著，中川敬一郎訳『経営と社会—企業者史学序説』経営名著シリーズ (7)，ダイヤモンド社，1965 年。
　 アルフレッド. D. チャンドラー. Jr 著，三菱経済研究所訳『経営戦略と組織』実業之日本社，1967 年。
　 アルフレッド. D. チャンドラー. Jr 著，鳥羽欽一郎・小林袈裟治訳『経営者の時代—アメリカ産業における近代企業の成立』東洋経済新報社，1979 年。

目　次

はしがき

第1部　日産コンツェルンの経営史 …………………………………1

第1章　久原房之助と鮎川義介の企業家活動 ………………………3

1. 久原房之助 …………………………………………………………3
   (1) 藤田組時代 ……………………………………………………3
   (2) 久原鉱業の設立と発展 ………………………………………5
   (3) 久原家の多角化戦略 …………………………………………8
   (4) 財閥化の挫折 …………………………………………………11
2. 鮎川義介 ……………………………………………………………13
   (1) 戸畑鋳物の経営 ………………………………………………13
   (2) 共立企業の設立 ………………………………………………16
   (3) 親族各家の事業経営に参画 …………………………………18

第2章　日産コンツェルンの戦略・金融・組織 ……………………22

1. 公開持株会社日本産業の設立と「コングロマリット」戦略 …………22
   (1) 公開持株会社日本産業の成立 ………………………………22
   (2) 「コングロマリット」戦略の展開 …………………………24
   (3) 企業集団の形成と公開持株会社 ……………………………29
2. 日産コンツェルンの金融構造 ……………………………………32
   (1) 資金調達機関としての日本産業 ……………………………32
   (2) 資金需要の増大と財務政策 …………………………………38
   (3) 日本鉱業と日立製作所の資産・負債構成 …………………42
3. 日産コンツェルンの統括組織 ……………………………………45

(1)　縦断的管理方式 ……………………………………………45
　　　(2)　横断的管理方式 ……………………………………………60
　　　(3)　小括 …………………………………………………………68

第3章　日産の満州進出と満業コンツェルン ……………………72

　1.　日産の満州進出 ………………………………………………72
　　　(1)　満州側の事情 ………………………………………………72
　　　(2)　日産側の事情 ………………………………………………74
　2.　満業のコンツェルン経営 ……………………………………78
　　　(1)　巨大コンツェルンの形成 …………………………………78
　　　(2)　満業経営の失敗 ……………………………………………80
　3.　満業の改組と在日系企業の奪回 ……………………………83
　　　(1)　満業の改組 …………………………………………………83
　　　(2)　満州投資証券の設立 ………………………………………85
　4.　戦時下の日産コンツェルンの動向 …………………………86
　　　(1)　重化学工業分野への投資増大 ……………………………86
　　　(2)　多頭的企業集団の形成 ……………………………………89

第2部　日産コンツェルンの諸様相 ……………………………93

第4章　田村家の水産業経営 ………………………………………95

　はじめに …………………………………………………………95
　1.　田村家の事業経営 ……………………………………………95
　　　(1)　北洋漁業 ……………………………………………………96
　　　(2)　トロール漁業 ………………………………………………102
　2.　共同漁業の経営戦略 …………………………………………108
　　　(1)　トロール漁業の拡大 ………………………………………108
　　　(2)　母船式カニ漁業への進出 …………………………………112
　　　(3)　機船底曳網漁業への進出 …………………………………116
　3.　垂直的統合戦略 ………………………………………………118

おわりに——共同漁業の日産コンツェルン傘下への移行……………132

第5章　貝島家の炭鉱業経営……………………………………………139

　　はじめに………………………………………………………………139
　　1．毛利家・三井物産の監督時代……………………………………143
　　　(1)　大之浦炭鉱の開発……………………………………………143
　　　(2)　家憲の制定……………………………………………………145
　　2．鮎川義介の監督時代………………………………………………148
　　　(1)　同族経営の弊害………………………………………………148
　　　(2)　一族一事業体制の確立………………………………………151
　　　(3)　同族間の確執…………………………………………………158
　　3．オートノミー回復後の貝島家……………………………………161
　　おわりに………………………………………………………………163

第6章　久原・鮎川親族の企業間関係…………………………………167

　　はじめに………………………………………………………………167
　　1．資本関係……………………………………………………………169
　　　(1)　久原家…………………………………………………………169
　　　(2)　東京藤田・鮎川家……………………………………………175
　　　(3)　田村家…………………………………………………………180
　　　(4)　貝島家…………………………………………………………184
　　　(5)　小括……………………………………………………………185
　　2．業務関係……………………………………………………………189
　　3．人的関係……………………………………………………………193
　　おわりに………………………………………………………………198

第3部　日産コンツェルン傘下企業の事業活動………………………203

第7章　日立製作所におけるオーナーと専門経営者…………………205

　　はじめに………………………………………………………………205

1. 経営者企業としての日立製作所 …………………………………205
   (1) 日立製作所の略史 …………………………………………205
   (2) 経営者企業としての特徴 …………………………………207
2. 意思決定過程におけるオーナーと専門経営者 …………………210
   (1) 創業をめぐって ……………………………………………210
   (2) 独立問題 ……………………………………………………212
   (3) 久原の資金融通要求 ………………………………………213
   (4) 大阪鉄工所の経営引受け …………………………………215
   (5) 国産工業の合併 ……………………………………………217
3. 日立製作所が経営者企業になり得た要因 ………………………220
   (1) 専門経営者チームの形成 …………………………………221
   (2) オーナー・上司との友情・信頼関係 ……………………222
   (3) 業績の好調と親会社の資金的脆弱性 ……………………224
おわりに ………………………………………………………………226

第8章　日産自動車におけるトップ・マネジメントと意思決定過程 …229

はじめに ………………………………………………………………229
1. 日産自動車のトップ・マネジメント ……………………………230
2. 日産自動車における3つの戦略的意思決定 ……………………233
   (1) 日産自動車の設立をめぐって ……………………………233
   (2) GMとの提携交渉をめぐって ……………………………236
   (3) 満州における自動車工業確立策をめぐって ……………240
3. 社長人事問題 ………………………………………………………242
おわりに ………………………………………………………………249

結論 ……………………………………………………………………253

あとがき ………………………………………………………………260

事項索引 ………………………………………………………………263

人名索引 …………………………………………………………266
初出一覧 …………………………………………………………268

第 1 部
日産コンツェルンの経営史

第1章

久原房之助と鮎川義介の企業家活動

1．久原房之助

(1) 藤田組時代
藤田組と久原房之助

　長州藩の奇兵隊隊員であった藤田伝三郎は，明治維新後，実業界入りして用達，土木両事業で産をなし，またたく間に長州系政商としての地位を確立した。この間，伝三郎は1873（明治6）年には長兄の藤田鹿太郎と次兄の久原庄三郎を自分の事業経営に参加させ，さらに1881年にはその事業を3兄弟の共同組合組織にし，社名を藤田組とした。

　藤田組の財閥への発展の足掛かりは，1884年に政府から払い受けた秋田県の小坂鉱山にあった。同鉱山の払い受けに成功すると，藤田組は，それまでの事業から手を引き，鉱山経営と1889年に起業認可を受けた岡山県児島湾の干拓事業に集中していった。

　だが，藤田組が小坂鉱山を主力事業にするためには時間と企業努力を必要とした。当時，小坂鉱山は土鉱から銀を生産する銀山であった。しかし，土鉱は鉱床上部の黒鉱・黄鉱が風化されたものであったから，その量を多く期待できず，1898年末までに掘り尽くされる状態にあった[1]。しかも1890年代を通じて銀価は下落傾向にあったので，藤田組の経営は次第に悪化していった。そして，その悪化は日清戦争後の不況による保有有価証券の値下がりと金本位制の実施に伴う銀価の暴落によって一挙に進行した。

　そこで，1897年7月，藤田組首脳は，井上馨を介して多額の融資を得ていた毛利公爵家の強い要請もあって，小坂鉱山の閉山を決意し，その事務処理の任に出資社員久原庄三郎の嫡子房之助を選び，彼を同山所長心得（1900年所

長に昇格)に就任させた。房之助は1891年に小坂に赴任して以来,すでに事務部長,採掘・坑業課長を歴任して同山の事情に精通しており,しかも出資社員の嫡子であったから,極秘を要する閉山処理の仕事に最適であると見なされたのである。

しかしながら,久原には藤田組首脳の命令を実行する意思はなかった。小坂鉱山の業績不振は土鉱の枯渇と銀価の下落によるものであって,鉱山自体の老朽化が原因ではなかった。むしろ,土鉱以外の鉱石,特に埋蔵量豊富な黒鉱(銅鉱石)は製錬が困難なために放置されていた。そこで,久原は製錬法の刷新によって局面を打開する方針を立て,黒鉱自熔製錬と電気銅生産を計画した。そして,その計画書を持って井上馨と直接交渉し,小坂鉱山を毛利家の藤田組整理の対象から一時はずさせることに成功する。

久原の小坂鉱山再建計画は,やがて1902年の自熔製錬法の成功によって開花し,閉山寸前の同鉱山は銅山として見事に蘇生する。すなわち,1899年には足尾,別子,阿仁に次いで全国第4位であった小坂の産銅額は自熔製錬の本格的実施とともに急上昇を遂げ,1901年にはこれらの有力鉱山を抑えて第1位に躍進したのであった[2]。

こうして,小坂鉱山の再建を契機として藤田組の経営は再び軌道に乗り,1903年には毛利家の監督から脱出し,自主経営を回復した。そして,この間,1896年3月には藤田鹿太郎の死去,1905年には久原庄三郎の隠居により,それぞれの嫡子小太郎,房之助が出資社員の資格を相続した。この結果,藤田組は3兄弟の同族経営体から叔父・甥のそれへと大きく変容した。

しかし,自主経営の回復,藤田組の同族間に事業継承をめぐって亀裂が生じた。そして,その亀裂は,藤田伝三郎が自家の家憲制定という形で,自分の創始にかかわる事業は自分の嫡子およびその相続人が継承し,あわせて自分の子孫が代々藤田一族の宗家となるべきであると主張するにおよんで,表面化した。

もちろん,藤田小太郎,久原房之助の両家とも,こうした家憲制定には強く反対した。特に房之助は「一体,将来は果たしてどの子孫が良くなるかそんなことは誰にも分らない。従って,そんな案はダメだ[3]」と強硬に主張した。その結果,藤田組の同族経営は存続が不可能となり,結局,1905年12月,小太郎,房之助は出資権を藤田伝三郎家に譲渡して退社してしまった[4]。

(2) 久原鉱業の設立と発展

　藤田組を退社した藤田小太郎と久原房之助の両者の行動は対照的であった。小太郎は出資権譲渡の代償として藤田伝三郎家から支払われる分与金を土地，株式などに投下し，投資資産家としての途を選んだのに対して，房之助は藤田組時代の経験を活かして鉱山企業家の途を目指し，藤田組退社後，直ちに茨城県下の赤沢銅山を買収の上，それを久原鉱業所日立鉱山と名づけて開業した。

　独立後の久原は，小坂時代の部下を招くとともに[5]，採鉱・製錬に最新技術を導入し，また鉱山電化を図るなどして日立鉱山の開発にあたった。と同時に，各種非鉄金属鉱山買収および買鉱製錬戦略を積極的に展開した。その結果，久原鉱業所の産銅額は1912（大正元）年には早くも古河合名，藤田組に次いで全国第3位を占めた。そして，同年9月，久原鉱業所を改組して資本金1,000万円の久原鉱業株式会社を設立した。

　改組後も同社の成長は続いた。特に第一次世界大戦期の膨張は顕著で，大戦中に久原鉱業は国内各地と朝鮮に31カ所の非鉄金属鉱山を買収・開業した。そして，広範囲の鉱山経営と一層の買鉱製錬戦略の推進に相応して，日立の大雄院製錬所の設備拡充に努める一方，佐賀関（大分），家島（兵庫），鎮南浦（朝鮮）製錬所を次々に建設した。

　こうした拡大戦略の展開の結果，久原鉱業の生産額は飛躍的な伸長を見せ，創業12年目の1917年には産銅額において全国第1位に上昇し，翌18年には全国生産比において金の40%，銀の50%，銅の30%を占めたのであった（表1-1）。

　当時，非鉄金属業界は大戦景気を反映して，空前の好況を呈していた。それゆえ，業界のトップ企業に成長した久原鉱業の業績も好調そのもので，対払込資本金利益率は1915年下期以降連続6期にわたって50%を上回った（表1-2）。その上，同社は1916年3月資本金を3,000万円に，さらに翌17年10月7,500万円に増資した際，その株式をプレミアム付きで公開し，株式払込金3,125万円を手中にするとともに，2,013万円の株式プレミアム資金を獲得した。

表 1-1 久原鉱業・日本鉱業の生産額（金，銀，銅）対全国比

年次	金			銀			銅		
	全国	同社	割合	全国	同社	割合	全国	同社	割合
	kg	kg	%	kg	kg	%	t	t	%
1905年	4,214	1	0.02	75,933	9	0.01	35,495	21	0.06
06	3,728	12	0.32	70,284	116	0.17	37,431	265	0.71
07	3,770	41	1.09	83,854	438	0.52	38,761	801	2.07
08	4,555	75	1.64	110,210	1,260	1.14	40,977	1,902	4.64
09	8,496	234	2.76	118,004	6,429	5.45	46,228	3,910	8.46
10	9,425	391	4.15	130,726	8,347	6.39	49,772	4,848	9.74
11	9,566	497	5.20	127,509	9,066	7.11	54,335	4,774	8.79
12	10,155	718	7.07	139,722	9,113	6.52	63,892	8,024	12.56
13	11,029	1,465	13.27	134,799	14,999	11.13	68,049	10,234	15.08
14	12,780	2,373	18.57	139,927	19,683	14.07	71,691	10,267	14.32
15	14,754	3,330	22.57	147,133	38,982	26.49	76,898	14,209	18.48
16	14,914	3,909	26.21	166,480	47,505	28.53	101,187	19,860	19.51
17	12,952	4,577	36.34	203,615	81,980	40.22	109,055	37,072	33.99
18	12,021	4,862	40.45	189,110	93,302	49.13	90,874	27,785	30.58
19	10,152	4,166	41.04	147,073	71,583	48.67	81,615	21,495	26.34
20	10,558	4,181	39.60	139,229	68,528	49.22	69,344	16,044	23.14
21	9,959	3,745	37.60	119,533	55,248	46.22	56,192	11,033	19.63
22	10,515	3,323	31.60	113,223	45,456	40.15	55,224	11,017	19.95
23	10,979	3,552	32.35	103,733	42,526	41.00	60,053	14,979	24.94
24	12,002	3,603	30.02	111,851	34,574	30.91	63,241	15,500	24.51
25	13,361	3,991	29.87	127,701	42,696	33.43	66,911	16,632	24.86
26	16,499	3,774	22.87	140,800	44,876	31.87	68,144	16,388	24.05
27	15,707	4,127	26.27	142,632	47,714	33.45	67,757	16,579	24.47
28	15,846	4,508	28.45	162,134	50,779	31.32	68,840	17,392	25.26
29	16,437	5,502	27.39	162,674	53,929	33.15	76,016	21,232	27.93
30	18,742	5,699	30.41	177,637	61,188	34.44	79,622	22,372	28.22
31	21,860	6,476	29.62	179,540	48,702	26.01	77,930	19,129	24.55
32	23,015	6,667	28.96	182,584	49,961	27.36	74,190	17,815	24.01
33	24,504	7,610	31.06	207,706	61,758	29.73	71,183	18,557	26.07
34	28,620	8,712	30.44	248,839	74,378	29.89	70,736	20,986	29.66

（注） 1929年から日本鉱業。
（出所） 日本鉱業株式会社編・刊『五十年史』1956年，334頁。

表 1-2　久原鉱業の経営成績一覧

決算期	資本金	期末払込資本金	利益金	対払込資本金利益率	配当率	利益保留率	固定資産	製品売上高
	千円	千円	千円	%	%	%	千円	千円
1913年上期	10,000	10,000	1,407	28.1	15.0	46.7	10,934	5,116
下	10,000	10,000	1,415	28.3	15.0	47.0	11,441	5,641
14 上	10,000	10,000	1,464	29.3	15.0	48.8	13,421	6,240
下	10,000	10,000	1,442	28.8	15.0	51.5	14,128	6,398
15 上	10,000	10,000	2,044	40.9	20.0	51.1	14,366	7,700
下	10,000	10,000	3,648	73.0	28.0	61.6	16,034	12,965
16 上	30,000	20,000	11,840	188.4	30.0	82.7	19,227	16,866
下	30,000	20,000	6,739	67.4	35.0	43.5	24,771	22,594
17 上	30,000	30,000	9,091	74.9	35.0	50.0	27,858	41,627
下	75,000	39,437	19,033	119.8	35.0	69.7	30,648	40,542
18 上	75,000	41,250	12,130	58.8	20.0	64.3	36,091	27,336
下	75,000	41,250	6,737	32.7	20.0	35.8	42,137	27,007
19 上	75,000	41,250	3,227	15.6	12.0	23.3	38,913	24,419
下	75,000	41,250	4,464	21.6	12.0	42.3	39,916	22,901
20 上	75,000	41,250	1,103	5.3	8.0	49.7	37,566	16,617
下	75,000	41,250	△5,020	△24.3	—	△100.0	38,420	12,428
21 上	75,000	41,250	130	6.0	—	100.0	38,946	10,117
下	75,000	41,250	249	1.4	—	100.0	39,438	8,270
22 上	75,000	41,250	△971	△4.7	—	△100.0	39,925	12,020
下	75,000	41,250	1,234	6.0	—	100.0	41,203	11,600
23 上	75,000	41,250	1,408	6.8	5.0	26.8	42,047	13,850
下	75,000	41,250	961	4.7	—	100.0	43,299	13,455
24 上	75,000	41,250	△2,213	△10.7	—	△100.0	43,804	14,483
下	75,000	41,250	1,020	4.9	—	100.0	44,444	14,501
25 上	75,000	41,250	1,549	7.5	6.0	15.6	44,819	17,830
下	75,000	41,250	1,658	8.0	7.0	8.1	44,707	15,166
26 上	75,000	41,250	1,616	7.8	7.0	5.7	44,599	13,434
下	75,000	41,250	1,609	7.8	7.0	5.3	45,321	12,681
27 上	75,000	41,250	1,295	6.3	7.0	△16.0	56,384	12,508
下	75,000	41,250	2,221	10.8	7.0	32.3	49,342	12,352
28 上	75,000	41,250	1,605	7.8	7.0	6.3	49,528	13,072
下	75,000	52,500	1,955	7.6	7.0	5.2	51,904	13,083

（注）　1916 年上期利益金には，同年 4 月増資のプレミアム益金 7,574 千円，同 6 年下期利益金には，同年 10 月増資のプレミアム益金 12,596 千円を含む。1920 年下期は，決算期変更のため同年 5 月より 10 月に至る 5 カ月。

（出所）　ダイヤモンド社編『銀行会社年鑑』1930 年版，171 頁より作成。

(3) 久原家の多角化戦略

久原家は第一次世界大戦景気の中で久原鉱業が高収益を上げ，また，同社の株式公開によって巨額のプレミアム資金を取得すると，それらの資金を活用して広範囲な事業分野への進出を開始した。

久原房之助は藤田組在職中，藤田が三菱，大倉両財閥と共に明治維新後ほぼ同時に政商活動を開始しながら，明治後半期において三菱との間に大きな差が生じ，また大倉にも後れをとったのは，藤田が両者に比べて多角化戦略に消極的であったことに起因するとして，藤田組首脳の経営方針を批判していた。それゆえ，久原は，「自家事業に関してはつとに近代的総合的企業力の涵養を志向していた[6)]」のである。

そうした久原にとって，第一次世界大戦による好景気の出現は絶好の経営多角化機会と映り，同家は大戦中から戦争直後にかけて多角的事業分野へ進出し，一挙に財閥の形成を企図した。そうした多角化戦略の成果を先回りして見ておけば，表1-3の通りである。

表1-3　久原家傘下主要企業　　　　　　　　　　　　　　　　　(単位：株，％)

	久原本店	久原鉱業	日本汽船
	所有株数（持株率）	所有株数（持株率）	所有株数（持株率）
久原鉱業	348,143 (23.2)	――	33,640 (2.3)
日立製作所	――	149,040 (74.5)	――
久原商事	100,000 (50.0)	50,000 (25.0)	――
日本汽船	95,000 (47.5)	――	――
大阪鉄工所	――	――	124,260 (51.8)
東洋製鉄	――	200,000 (25.0)	――
合同肥料	――	91,970 (46.0)	――
共保生命保険	10,049 (50.2)	――	――

(注)　1．久原本店の所有株式は1919年12月，久原鉱業の所有株式は22年上期，日本汽船の所有株式は22年上期。
　　　2．久原鉱業は東洋製鉄の筆頭株主であったが，経営権は所有していない。
(出所)　宇田川勝「久原房之助―『大正財閥』形成者の企業経営活動―」由井常彦他『日本の企業家(2) 大正編』，有斐閣，1979年，170頁。

久原家の多角的事業進出には大別して2つの経路があった。その1つは第一次世界大戦中のブームに便乗する形で推進された産銅業非関連分野への多角化であり，もう1つは，日立製作所を起点とする電気機械関連事業分野への進出

である。前者は当主久原房之助のイニシアチブの下で，また後者は同家の専門経営者小平浪平の経営理念・リーダーシップによって，それぞれ推進された。そして，両者の多角化は前者が主流，後者が傍流という関係にあった。

　後者の日立製作所を起点とする電気機械関連事業への進出戦略については第7章で詳しく論述するので，ここでは前者の戦略について見ておくことにする。久原が指揮した多角化は大戦ブームによって一躍花形となり，多くの「成金」を輩出した産業分野で展開されたことを特徴としていた。

〔海運・造船〕

　久原の次兄田村市郎は父庄三郎の遺産を利用してトロール漁業と北洋漁業を中心とする水産業に進んだ。そして，北洋漁業では日魯漁業会社を設立・経営していたが，たまたま1915年同社が所有していた中古貨物船の転売によって多額の利益をあげた。そこで，田村は大戦ブームで活況を呈し始めた海運・造船業に目を付け，久原と相談の上，日魯漁業株式を手放し，同年12月，船舶の売買と建造売却を目的とする日本汽船合資会社（翌16年，資本金500万円の株式会社に改組）を設立し，さらに久原兄弟は同社の事業目的の迅速化を図るため，既存造船所の買収を計画した。そして，当時，最大の発注先である大阪商船の勧めもあって，設備拡張資金調達のため増資新株を募集中の範多龍太郎家の経営する大阪鉄工所に白羽の矢を立て，同社株式の買占めを開始した。

　その結果，1918年上期までに大阪鉄工所株式の過半数は日本汽船の所有するところとなり，この間，範多・大阪商船系の経営者に代わって順次久原系の人々が就任し，名実ともに大阪鉄工所の経営権を手中にした。

〔製鉄〕

　後述の戸畑鋳物を経営していた久原の義兄鮎川義介は，大戦によって銑鉄の入手が困難になってきた1916年初頭，同社内に小規模な製鉄所を設置する計画を立て，久原に相談した。すると久原は「金は出すから，時節がら計画を拡大して八幡（製鉄所―引用者）の向こうを張ったらどうか[7]」と，この計画を久原家の多角的事業進出の一環として実施しようと言い出した。

　その結果，製鉄所建設計画は3,000万円の起業資金をもってアメリカから建設資材・機械設備一式を購入するという大規模なものに変更され，工場建設用地として九州戸畑の海岸線を選び，地元民との間に約59万坪の土地買収契約

を結んだ。しかし，この計画は久原がこれとは別個に山口県下松に造船・製鋼業を中心とする重工業地帯を建設するという構想を持っていたこともあって，予定通りに進捗しなかった。それゆえ，鮎川はこの計画の実施に不安を感じ，また，大戦の終結が近いという判断もあって，製鉄事業から手を引く決意を固めた。ちょうどその折，当時の「鉄飢饉」を憂慮した日本工業倶楽部の有力会員によって設立された東洋製鉄が工場用地を探しているという耳寄りの情報を得た。そこで，鮎川は製鉄事業計画を東洋製鉄に吸収させることを考え，久原の同意を得ると，東洋製鉄側との交渉に入り，1918年2月，同社に吸収させる体制を整えるため，久原鉱業の全額出資による戸畑製鉄株式会社（資本金1,000万円，払込金250万円）を設立し，同年4月，同社を東洋製鉄に合併させた。合併条件は，戸畑製鉄は工場用地とすでにアメリカで買い付けてある高炉設備を提供し，その代償として東洋製鉄は株式の4分の1を久原鉱業に渡すというものであった。

このほか大戦中，久原はアメリカのUSスチール社と合弁で中国の鞍山に大規模な製鉄所を建設する計画を立てたが，それも結局，大戦の終結とともに消滅してしまった。

〔貿易商事〕

久原鉱業売買部は1915年から海外の主要都市に出張所を設け，海外市場動向の調査と自社製品の販路開拓にあたっていたが，大戦末期に貿易ブームが頂点に達すると，社内にこの機会を利用して他社製品をも取り扱うべきであるという意見が高まった。そして，そうした気運を背景に，1918年7月，久原家は久原鉱業売買部を分離独立させ，久原商事株式会社（資本金1,000万円，払込金250万円）を設立した。

〔その他〕

久原は，1915年に西本願寺の信徒によって設立・運営されていた共保生命保険株式会社の株式の過半数を引き受けたのを機に同社顧問となり，さらに19年5月には社長に就任した。また，1919年4月，久原鉱業は大日本人造肥料，多木製肥所と共同して合同肥料株式会社（資本金2,500万円）を設立した。このほか久原家は，1920年6月，所有不動産の管理・運用を目的とした株式会社久原用地部（資本金1,000万円）を創設した。

〔久原家の経営体制管理〕

　以上のような広範な多角化戦略の推進によって、久原家は表1-3に示したような異種多彩な企業を擁する企業集団を形成した。

　ただし、久原は事業拡張に熱心であった半面、傘下企業の統括、企業間の連繋・調整には意を払わなかった。しかし、それでも、1919年12月、税制面への配慮と大戦後の不況に対処する必要から、従来の久原本店を合名会社久原本店に改組して傘下企業の持株・統括機関とし、同族コンツェルンの形態を整えた。ただし、同社は「組織や統制面において、責任や権限事項各般にわたり明確を欠くうらみが多分にあった[8]」ことに加えて、後述する久原商事の破綻の後始末に追われてしまい、傘下企業の統括機関としての機能を十全に果たすことはできなかった。それゆえ、傘下「事業統轄の実務は久原鉱業が行い、当社（合名久原本店—引用者）は単に関係事業に投資するに止まり監督権限は依然として久原鉱業にあった[9]」。

　しかも合名久原本店は持株機関としても、表1-3に示した通り、久原鉱業、久原商事、日本汽船、共保生命保険の4社の株式を所有したにすぎず、その持株比率も共保生命保険の50.2％が最大であり、主力会社久原鉱業のそれは23.2％であった。そして、これら4社以外の会社の株式は久原鉱業と日本汽船によって所有されていた。

　このように、久原財閥は同族の封鎖性を大きく欠いた企業集団であった。そして、それは第一次世界大戦ブーム出現を先発財閥にキャッチ・アップする絶好の機会として捉え、事業経営の封鎖的支配よりも企業集団の形成を優先させた久原の企業家活動の所産でもあった。

(4) 財閥化の挫折

　第一次世界大戦中から戦争直後にかけて多角的事業進出を推進した久原家は、やはりこの時期のブームに乗って急膨張を遂げた鈴木商店と共に、いわゆる「大正財閥」を代表する経営体に成長した。だが、両財閥とも1920年恐慌に始まる長期不況に遭遇すると、大財閥に発展する機会をつかむことができず、逆に没落の道程をたどることになる。

　第一次世界大戦後、久原家の事業経営が不振に陥った原因は2つあった。そ

の1つは中核企業の久原鉱業の業績悪化である。戦後不況と軍縮による需要減少に加えて，銅価の下落，生産費の高騰，新鉱開発・製錬技術の進歩を背景とする安価なアメリカ銅の流入という悪条件が重なり，産銅業界は大戦後，深刻な不況に直面した。特に久原鉱業の場合，大戦中の久原房之助の多角化戦略が裏目に出たこともあって同業他社に比べて不利な立場にたたされた。すなわち，「銅加工業としての電線製造業へいち早く進出するか，もしくは石炭部門を兼営していた三菱，住友，古河は，銅鉱業の不況の影響を有利に利用するか，もしくは緩和し得たが，ほとんどもっぱら銅鉱業に基礎をおきつつ，大戦中の好況を利用して他部門へ展開し財閥化を企図した久原……はこの影響をもろにかぶって[10]」しまったのである。その結果，久原鉱業は1919年上期502万円，22年上期97万円，24年上期221万円と戦後3期も欠損を出してしまった（表1-2）。

　もう1つの原因は久原商事の大破綻にあった。久原家の多角化戦略は，結論的に言えば，傍流の電気機械関連事業分野への進出が日立製作所の発展とともに成果を収めたのに対し，主流の産銅業非関連分野への進出は大戦後不況の中でその多くが失敗の憂き目を見た。特に久原商事の破綻は，久原家事業経営に致命的打撃を与えた。すなわち，大戦末期から終戦直後の貿易ブームの中で取扱品目を拡大すると同時に，3国間貿易，投機取引を盛んに行い，短期間に有力新興商社の1つに発展した久原商事も，1920年恐慌を予想することができず，この恐慌で雑貨類を中心とする投機取引の失敗によって久原鉱業の資本金をはるかに上回る「1億円余の損失[11]」を出し，破綻してしまった。

　久原商事の残した巨額の債務は，結局，債権者の強い要請と日本銀行総裁井上準之助の説得によって，久原が個人保証することで一応の解決を見た。しかし，このことは，久原個人の信用に頼るところが大きかった久原家傘下企業の以後の深刻な金融難を生む原因となった。特に久原鉱業はその影響を強く受け，産銅事業の不振とも相まって，1926年12月にはすでに公表してある株式7分配当に要する約144万円の調達が期日までにできない事態を招いてしまった[12]。

　ここに至って，久原は事業経営の一線から退く決意を固め，盟友の政友会総裁田中義一を介して，後述する戸畑鋳物の経営で実績をあげていた義兄の鮎川

義介に久原財閥の再建を委嘱したのである。

2. 鮎川義介

(1) 戸畑鋳物の経営

　鮎川義介は，1880（明治13）年11月，山口県の士族の家に生まれた。母親は明治の元勲井上馨の姪であった。その関係で，鮎川は井上家の書生となり，大叔父井上の薫陶を受けながら，1903年東京帝国大学工科大学機械工学科を卒業した。そして，直ちに工学士の肩書を隠して一職工として芝浦製作所に勤務した。その動機は将来独立して事業経営を営むためには現場の経験が是非とも必要である，というものであった。それゆえ，芝浦製作所での職工生活も計画的で，仕上工，鋳物工として働く一方，当時の工場経営と工業技術の実際を知るため，日曜日ごとに東京周辺の工場を見学して歩いた[13]。

　職工生活と工場見学を通じて，鮎川はわが国機械工業の弱点は基礎的素材である鋼管と鋳物の製造技術の未発達にあるとの結論を得た。そこで，2年間の職工生活のあと，鮎川は芝浦製作所を退社し，アメリカに渡ってこれらの製造技術を直接習得しようと決意した。

　1905年12月，ニューヨークに着いた鮎川は，井上馨から紹介してもらった現地の三井物産支店を通じて就職先を探した。その結果，鋼管関係はどこも技術の秘密保持がやかましかったので，翌年1月，バッファロー市郊外にあった可鍛鋳鉄メーカーのグルド・カプラー社に週給5ドルの見習工として採用された。小柄な鮎川にとって，現地労働者に混じっての労働はきついものであったが，それを通じて彼は可鍛鋳鉄の製造技術を実地に学ぶとともに，以下の事業経営上の信念をつかんだ。

　　「私の生涯のうちで，これほど意義のあるまた得がたい体験はないと思います。そして，それ以来私は自分の事業上に対する，牢乎として抜くべからざる信念を，脳裡に刻み付けたのであります。即ち日本人は労働能率に於て毫彼等西洋人に劣る者ではなく，彼等が体格や，腕力に勝れている代りに，我々には先天的に手先の器用と，動作の機敏と，コツの活用といふ特有性が恵まれている。故に此

特長を完全に発揮することによって，仕事の終局の成績を，彼等以上に挙げ得ない事はないという信条を得たのでありました。果してさうだとすると，当時こちらの労働賃金は米国のそれに比べて，5分の1内外でありましたから，若しも事業に対する組織や，規律や，製造工程を米並にし得たならば，従来の輸入品を駆逐する事が出来る許りでなく，仮令運賃や，関税や，金利のハンデキャップはあっても，逆に向ふに輸出し得る品物は，多々あるべき道理だと云ふことを，信ずるに至ったのであります[14]。」

　鮎川はさらにエリー市郊外のマリアブル・アイアン社で実地研修を積み，1907年2月，帰国すると，井上馨に上記の体験と習得した技術をもとに会社を設立したい希望を打ち明け，助力を求めた。そして，井上の口利きで親族縁者の支援を得ると，鮎川は再度渡米して工場諸設備一式を購入し，さらにヨーロッパの鋳物事業を視察したのち，1910年6月，九州戸畑に資本金30万円の戸畑鋳物株式会社を設立した。

　戸畑鋳物は創業当初販路開拓に苦しみ，いく度となく破綻の危機に直面するが，その都度親族の援助によって切り抜け，やがて第一次世界大戦ブームの中で経営的自立を達成した。そして，いったん販路が開けると，「可鍛鋳鉄ト云フ特異性ニ恵マレ而カモ可鍛鋳鉄トイヘバ戸畑ト呼バルヽマデニ品質ノ認識ガ確保[15]」されたこともあって，同社は大戦後の長期不況の中でも相応の業績をあげることができた（表1-4）。

　この間，戸畑鋳物は2回の増資をへて，1928（昭和3）年7月には資本金を1,000万円とした。

　大戦中に自立した戸畑鋳物の事業活動は堅実かつ合理的なものであった。すなわち，鮎川は，「戦争中は他所の様に大した拡張をすることを避け，休戦問題（が出始めたころ―引用者）から手持品を極度に減少してなるべく預金に替える方針を採り1年半かかって漸く150万円の遊資[16]」を確保するとともに，1920（大正9）年7月，大戦中の高利潤の積み立てによる内部資金で倍額増資を行い，資本金を200万円とした。そして，これらの資金を戦後不況の中で有利に活用して次のような事業拡張を図った。

表 1-4　戸畑鋳物の経営成績　　　　　　　　　　　　　　　　　　　　（単位：千円，％）

期別	期末払込資本金	利益金	対払込資本金利益率	配当率
1910 年下期	228	△5	△4.4	0.0
11 上	228	△3	△2.6	0.0
下	300	△5	△3.3	0.0
12 上	300	△22	△14.7	0.0
下	552	△21	△7.6	0.0
13 上	600	△18	△6.0	0.0
下	600	△39	△13.0	0.0
14 上	700	△1	△0.2	0.0
下	700	6	1.7	0.0
15 上	700	8	2.3	0.0
下	840	20	4.8	0.0
16 上	1,000	75	15.0	0.0
下	1,000	111	22.2	8.0
17 上	1,000	176	35.2	10.0
下	1,000	200	40.0	10.0
18 上	1,000	242	48.4	15.0
下	1,000	286	57.2	15.0
19 上	1,000	276	55.2	15.0
下	1,000	604	120.8	189.0
20 上	2,000	302	30.2	41.0
下	2,000	160	16.0	12.0
21 上	2,000	113	11.3	8.0
下	2,000	120	12.0	8.0
22 上	2,000	121	12.1	8.0
下	2,000	125	12.5	8.0
23 上	2,000	149	14.9	10.0
下	2,000	117	11.7	8.0
24 上	2,000	84	8.4	6.0
下	2,000	75	7.5	6.0
25 上	2,000	111	11.1	8.0
下	2,000	145	14.5	10.0
26 上	2,000	150	15.0	10.0
下	4,325	309	14.3	10.0
27 上	4,325	366	16.9	10.0
下	4,325	379	17.5	10.0
28 上	5,000	436	17.4	10.0

（出所）　守田鉄之助編『戸畑鋳物株式会社要覧』同社刊，1935 年，26-27 頁より作成。

1921年1月，可鍛鋳鉄製造に電気炉を応用。
1921年1月，ロール鋳造業に本格的に進出するため，帝国鋳物株式会社（資本金100万円）を買収し，戸畑鋳物ロール鋳造部を同社に合併。
1922年1月，鉄管継手製品の量産化のため株式会社木津川製作所（同100万円）を設立。
1922年11月，通信器具を製作する東亜電機製作所株式会社（同60万円）を買収。
1923年，石油発動機の製造開始。
1924年，砂鉄製錬メーカーの株式会社安来製鋼所（同50.4万円）を買収。

可鍛鋳鉄製造への電気炉の応用は焼鈍日数を従来の反射炉の7～10日から一気に3日に短縮させたのみならず，製品の質を向上させ，戸畑鋳物は海軍省，鉄道省の指定工場となった。また，同社の鉄管継手製品，ロール鋳造品，石油発動機も外国輸入製品と競争して，それらを次第に駆逐し，昭和初期には三井物産の手を経て東南アジア・インド方面，さらに欧米市場にまで輸出された。中でも鉄管継手製品の競争力は抜群で，わが国鉄鋼関連製品で最初に欧米市場進出を果たし，「英国ノ有力継手製造会社『クレーン』社カラ販売協定[17]」を申し込まれた程であった。

アメリカでの労働者生活を通じて，鮎川の骨がらみの思想となっていた可鍛鋳鉄の国産化とその輸出は，見事に実現されたのである。

(2) 共立企業の設立

鮎川義介は，経営戦略に相応した経営組織・管理方式を常に考えるタイプの企業家であった。第一次世界大戦中に戸畑鋳物が経営的自立を達成すると，後述するように，当時，親族各家の事業経営に関与するという事情もあって，鮎川はそれまで自ら全事業活動を統括管理していた集権的管理方式から，有能な人材を抜擢あるいは招聘し，戦略的意思決定以外はそれらの人に任せる分権的管理方式に切り換えた。しかし，この人材登用を基調とする管理方式も，事業規模が拡大するにつれて，鮎川が下記に言うように，隘路が生じてきた。

「会社が大きくなり，人間がだんだんふえると，下の能力ある人間を上にあげたいが，間に邪魔な人がでてくる。会社のためには『歩』でなく，『桂馬』の進

め方をする必要があるが，とびこされた人間が怒ったり嫉妬したりする。それを無視してやると，人間のことだからいろいろあとで厄介なことがおこる[18]。」

こうした問題に直面した鮎川は，それを戸畑鋳物という一事業会社で対応することは困難であると考え，多角化戦略の展開とコンツェルン組織によって解決しようと試みた。すなわち，1921（大正11）年1月，戸畑鋳物の資本金の大半を出資していた東京藤田，貝島両家の了解のもとに，持株・統括機関としての共立企業株式会社（資本金500万円）を発足させ，戸畑鋳物のほか左記の諸企業を設立・買収して傘下に収め，コンツェルン経営を実施すると同時に，傘下企業間の人事異動を活発に行い，人事政策上の隘路を打開しようと考えたのである。

だが，結論を先回りして言えば，共立企業を頂点とするコンツェルン経営は必ずしも鮎川の企図する成果をあげることができず，1926年5月，戸畑鋳物が木津川製作所，帝国鋳物の2社を吸収合併したことによって，事実上解体してしまった。その最大の原因は共立企業の資金不足にあった。共立企業設立時の資金力は126万円しかなく，すべて既存企業の買収資金にあてられた[19]。そこで，共立企業は，「関係会社の持株の配当金及借貸金の利鞘から出て来る収入を以て充分やって行ける」ようになるまで，傘下「各社の代理販売業をやって，金融の楽な会社から他の会社へ金を廻す」金融方式を採用した。だが，持株会社自身が「強力な金融力をもっておらぬ限り，甲の会社の犠牲に於て乙丙丁の金融をしてゆく」という，この方式は「甲の会社」，すなわち戸畑鋳物の発言権を強める結果を生み，コンツェルン組織にそぐわないばかりか，共立企業設立の目的であった傘下企業間の—特に戸畑鋳物から他の会社への—人事異動に支障をきたすことがすぐに判明した[20]。

しかし，共立企業は鮎川の親族の共同出資で設立され，しかも定款で同社「株式ハ取締役会ノ承諾ナクシテ之ヲ他人ニ譲渡スルコトヲ得ス[21]」と規定しており，株式を公開して社会的資金を動員することはできなかった。

以上のように，共立企業を中心とするコンツェルン経営は鮎川の企図したようには機能しなかった。ただし，鮎川が，以下に言うように，そこでの経験は後述する久原家事業経営の再建と日産コンツェルンの形成過程の中で活かされ

ることになる。

　「五箇年間小仕掛けであったが，共立企業経営の過程に於て所謂持株会社の効用を実際に会得することが出来た。共立実験室での最も貴重な発見は，個人又はそれと類似の財閥的持株会社は，仮令附属会社の株式を市場に売出し，それだけ資力の活用を増すことが出来ても，親会社は人事其他伝統的情実に囚はれて自身の株式を世間に公開することは到底為し得ないから，如何に有力なものがあっても其作用が局限され，且つ退嬰主義に堕し易く，多衆を制する力も薄弱である。従って急角度に転換しつつある時代相にはいかにも不向きであると言ふ一事である。後日，日産を本格的の公開コンツェルンに仕立てるに至った動機は実に此創見に基づくものである[22]。」

　要するに，鮎川は血縁的ネットワーク型の持株会社は次世代の多額の資金を必要とする重化学工業に進出するには不向きであることを知ったのである。そして同時にコンツェルン網を拡大する手段である既存企業を買収・再生する上でも公開持株会社は有効な形態であると考えた。株式市場と直結している公開持株会社は手持ちの資金がなくとも，株式を高価格に維持していれば，有利な条件で自社株式と既存企業株式を交換することで，後者企業を入手することが可能であったからである[23]。

(3) 親族各家の事業経営に参画

　鮎川義介は第一次世界大戦中から戦後にかけて戸畑鋳物，共立企業を経営するかたわら，親族各家の事業経営にも参画した。

〔久原家〕

　鮎川は久原鉱業設立と同時に取締役に就任したが，その経営には直接携わっていなかった。鮎川の久原家事業経営への参画は，前述のように彼の製鉄所建設計画を引き継いだ形で同家が製鉄事業経営に乗り出した時点に始まる。しかし，この製鉄事業計画は予定通りには進展せず，結局，久原家は製鉄事業から手を引いてしまった。その理由について鮎川は，「時を同じくして，久原は私にないしょで，下松（山口県）で膨大なる製鋼計画に着手した。これでは自然，こちらの資金面にも響いて[24]」こざるをえなかったと述べている。そして，久原の経営姿勢に疑問を感じた鮎川は，「久原と私との間に思想の断層を

発見したので，将来事業を共にするまいと[25]」決意し，1918年1月，久原鉱業取締役を辞任してしまった。

〔貝島家〕

九州筑豊の地方財閥・貝島家は，創業時の経営危機を井上馨の支援によって乗り切ったという事情もあって，1909年に制定した家憲は，「貝島家顧問は永代，井上家の当主をもってする[26]」と定めていた。

そのため，井上馨が1915（大正4）年9月に死去すると，養嗣子勝之助が貝島家の顧問に就任した。だが，勝之助は外交官であったので，井上，貝島両家の親戚にあたる鮎川にその代理を委嘱した。

鮎川の貝島家顧問代理就任後，1917年12月，桐野第二坑で死者369名のガス爆発事故が発生し，翌年7，8月には米騒動のあおりを受けて各炭鉱で暴動事件が起きるなど，同家の事業経営で不祥事件が頻発した。鮎川はこれらの事件をつぶさに調査し，その直接・間接的原因が貝島家の旧態依然たる経営体質にあると結論づけた。そして，そうした体質を打破するため，①経営と家計の分離，②経営の多角化，③経営機構の刷新，④人材の登用，の4点を主眼とする改革を強引に推進した。

この改革により，大正末期には貝島家は貝島合名の傘下に，炭鉱部門＝貝島鉱業・大辻岩屋炭鉱，工業部門＝貝島乾溜・貝島石炭工業・貝島木材防腐，商事部門＝貝島商業，その他部門＝貝島林業・中央火災傷害保険，を経営するコンツェルン組織を確立した。ただし，1927（昭和2）年2月，鮎川は後述の久原鉱業の債務整理に際して，貝島家の支援を取り付けると，同家顧問代理を辞任した。

なお，貝島家の事業経営については第5章で詳しく論述する。

〔田村家〕

北洋，トロール両遠洋漁業を経営した田村市郎家は，1916（大正5）年に日魯漁業株式を売却して北洋漁業から撤退したのち，トロール漁業に専念した。その後，田村家の漁業経営は斯業を中心に順調に拡大し，昭和初期までにわが国最大の総合水産企業に発展した。

田村家の田村汽船漁業部＝共同漁業の事業活動を主導したのは専門経営者国司浩助であった。国司は鮎川の従兄の養嗣子で，彼の勧めで水産講習所に学

び，卒業後田村汽船漁業部に入社した。そして，鮎川は国司を通じて，田村家の水産事業に関係した。

その一，二の事例を紹介すれば，共同漁業は，1922年3月，トロール業界で同社に次ぐ日本トロールを傘下に吸収するが，その買収工作は鮎川の主宰する共立企業を通じて行われた。また，共同漁業の発展基盤となった1929（昭和4）年から30年にかけての下関から戸畑への漁業基地移転も鮎川の全面的支援のもとで実行されたものであり，彼自身その布石として，27年に田村家の全額出資で設立された戸畑冷蔵株式会社の社長に就任した。

なお，田村家の事業経営についても第4章で論述する。

注
1) 同和鉱業株式会社編・刊『70年之回顧』1955年，36頁。
2) 同上，50頁。
3) 久原房之助翁伝記編纂会編『久原房之助』日本鉱業株式会社，1970年，85頁。
4) 同族経営解消以前の藤田組の事業活動および同社における久原房之助の企業家活動については，武田晴人「明治前期の藤田組と毛利家融資」『経済学論集』第48巻第3号，1982年，宇田川勝「日産財閥成立前史についての一考察（上）」『経営志林』第9巻第3号，1972年，佐藤英達『藤田組の発展とその虚実』三惠社，2008年，を参照。
　　藤田伝三郎家から藤田小太郎，久原房之助両家に支払われた分与金は10年賦の470万円であり，同族経営解消後，伝三郎は大阪藤田家，小太郎家は東京藤田家と呼ばれた。
5) 前掲，同和鉱業『70年の回顧』は，「小坂鉱山においては，枢要技術陣から久原を追って日立へ去る者が相ついだことは藤田組にとってかなりの苦痛であった。（明治）38年末にかけて，小坂から日立に転じた者は竹内雅彦・小平浪平・米沢万陸・青山隆太郎らを始め，職員だけでも40名を越えたと記している（53頁）。このうち小平は，第7章で論述するように，小坂鉱山から日立鉱山に直接転じたのではなく，広島水力電気，東京電燈を経て同山に勤務した。これらの小坂鉱山から日立鉱山に転職した人たちは，日立において「小坂勢」と呼ばれた。
6) 前掲『久原房之助』166頁。
7) 日本鉱業株式会社編・刊『回顧録』1956年，4頁。
8) 前掲『久原房之助』312頁。
9) 明治大正史刊行会編『明治大正史』第12巻会社編，実業之世界社，1930年，345頁。
10) 林健久・山崎広明・柴垣和夫『日本資本主義』宇野弘蔵編『講座　帝国主義の研究』第6巻，青木書店，1973年，146頁（山崎執筆）。久原鉱業でも第一次世界大戦中に大規模な電線事業進出計画があった。しかし，当時，銅価が高騰していたため，この計画は中止された。その後，この計画は日立製作所の事業として小規模に実施された。
11) 日本鉱業株式会社編・刊『五十年史』1956年，56頁。
12) 宇田川勝「新興財閥―日産を中心に―」安岡重明編『日本の財閥』日本経営史講座第3巻，日本経済新聞社，1976年，113頁。
13) 野田一夫『財閥』中央公論社，1967年，252頁。
14) 鮎川義介『私の体験から気付いた日本の尊き資源』久原鉱業株式会社，1928年，10頁。
15) 守田鉄之助編『戸畑鋳物株式会社要覧』同社刊，1935年，14頁。

16) 共立企業株式会社編・刊『共立企業株式会社及関係事業概要』1924年, 4頁。
17) 前掲『戸畑鋳物株式会社要覧』13頁。
18) 前掲, 野田『財閥』264頁。
19) 前掲『共立企業株式会社及関係会社概要』5, 11頁。
20) 前掲, 宇田川「新興財閥」25頁。
21) 共立企業株式会社「営業報告書」第5回, 1924年下期。
22) 和田日出吉『日産コンツェルン読本』春秋社, 1937年, 49頁。
23) 岡崎哲二『持株会社の歴史―財閥と企業統括』筑摩書房, 1999年, 第5章, 参照。
24) 鮎川義介「私の履歴書」『私の履歴書・経済人(9)』, 日本経済新聞社, 1970年, 49頁。
25) 同上, 50頁。
26) 同上, 51頁。

第2章
日産コンツェルンの戦略・金融・組織

1．公開持株会社日本産業の設立と「コングロマリット」戦略

(1) 公開持株会社日本産業の成立

　久原家の事業経営再建を委嘱された鮎川義介は，前章で見たように久原房之助の経営姿勢に疑問を感じており，しかも当時，経営苦境脱出の手段として久原鉱業が「株式操作」を行っていることを察知していたので，断った。しかし，政友会総裁田中義一と親族各家の強い要請もあって[1]，結局，引き受けざるを得なかった。下記の「誓約書」は久原鉱業役員が，その際，鮎川に提出したものである。

　　　「　　　　　誓　約　書（ママ）
　　今回非常ナル危期ニ際シ困却ヲ相極メ候幸ニ御同情ヲ賜ハリ候ハバ之ニ対スルノ処置挙ゲテ御頼申上度存候右誓約懇願仕候也
　　　昭和元年12月31日

　　　　　　　　　　　　　　　　　　　　　　　　久原房之助
　　　　　　　　　　　　　　　　　　　　　　　　竹内維彦
　　　　　　　　　　　　　　　　　　　　　　　　中山説太郎
　　　　　　　　　　　　　　　　　　　　　　　　斎藤浩介
　　　　　　　　　　　　　　　　　　　　　　　　津村秀松
　　　　　　　　　　　　　　　　　　　　　　　　伊藤文吉
　　鮎川義介殿　　　　　　　　　　　　　　　　　　　　　[2]」

　久原財閥の経営再建を引き受けた鮎川は，まず差し迫った久原鉱業の配当金問題を東京藤田家の援助で処理した。しかし，当時，久原鉱業の資金難は鮎川の予想をはるかに超えており，「決済日の迫った支払手形が年内300万円，来

月早々200万円に達し，それぞれ充当すべき資金調達の目途が全くないばかりか，その後も手形決済が続き[3]」，約2,500万円の資金を早急に手当てしなければ同社の破産は必至という状態にあった。

当時の久原鉱業の業績と信用状況からして，同社の払込資本金の約6割にも達した巨額の手形決済資金を金融機関から借り入れることは不可能であった。そこで，鮎川は親族各家，久原鉱業幹部ならびに関係会社に対し，可能な限りの支援を要請した。その結果，1927（昭和2）年2月末までに表2-1に示した人々や関係会社から帳簿価額で合計2,072万円にものぼる株式，不動産などが鮎川のもとに提出された。そして，鮎川はこれらの資産を利用して久原鉱業の債務整理を断行し，同年3月の東京渡辺銀行の休業に端を発する金融恐慌を乗り切ることに成功した。

こうして，鈴木商店よりも先に破産すると噂されていた久原鉱業の破産を回避させた鮎川は久原の後継者として正式に認知され，27年6月，同社の取締役

表2-1 久原鉱業の債務整理資金・物件等提供者

提供者	金額	備考
貝島合名会社	14,007,234円	うち2,774,660円は久原鉱業株式19,050株他21銘柄
		2,233,017円は土地
		103,931円は建物
		7,395,603円は鉱区
		1,500,000円は現金
東京藤田合名会社	3,076,067	うち463,837円は台湾銀行差入担保代金
		2,612,130円は久原鉱業株式25,900株その他
田村市郎	744,820	株券と不動産，久原房之介の次兄
鮎川義介	501,778	株券その他
斎藤幾太	206,880	不動産，久原房之助の長兄
斎藤浩介	173,160	株券と住宅，斉藤幾太の長男，久原鉱業取締役
竹内維彦	176,040	株券，久原鉱業専務取締役
小平浪平	143,180	株券と住宅，久原鉱業取締役，日立製作所専務取締役
岩田宙造	40,000	株券，久原鉱業監査役
津村秀松	10,000	現金，久原鉱業取締役，大阪鉄工所専務取締役
日立製作所	1,643,000	うち200,000円は長周銀行へ保証
		1,443,000円は手形
合計	20,722,159	

（注）金額は帳簿価格である。貝島合名会社，東京藤田合名会社の提供資産金額とその内訳金額の合計は一致しない。
（出所）「鮎川先生講演筆記(2)」（鮎川家所蔵）より作成。

となり，さらに翌年3月に政界入りする久原に代わって同社社長に就任した。

鮎川は1928年12月の同社株主総会に次の3点を骨子とする議案を提出し，その承認を得た。

(1) 久原鉱業を持株会社とする。
(2) 同社の株式を公開する。
(3) 社名を日本産業と改称する。

この結果，久原財閥は公開持株会社日本産業を頂点とする日産コンツェルンに再編成されたのである。

(2) 「コングロマリット」戦略の展開

日本産業は，「株式所有権を一般公衆に付与して，事業資金を国民大衆より

表2-2 日本産業の経営成績一覧

決算期	公称資本金	期末払込資本金	収入	左の内訳				支出	左の内訳			
				配当収入	雑収入	事業益金	有価証券売却益金		事業損金	営業費	支払利子	諸税
1929年下期	75,000	52,500	2,742	2,609	133	—	—	902	44	336	522	—
30 上	75,000	52,500	2,021	1,936	85	—	—	938	169	209	560	—
下	75,000	52,500	791	573	218	—	—	995	224	148	623	—
31 上	75,000	52,500	604	406	198	—	—	869	114	149	606	—
下	75,000	52,500	608	387	221	—	—	753	94	107	552	—
32 上	75,000	52,500	1,788	1,566	222	—	—	1,051	62	338	651	—
下	75,000	52,500	2,586	2,362	224	—	—	1,020	52	317	651	—
33 上	75,000	52,500	7,317	2,703	4,614	—	—	1,762	20	1,257	485	—
下	75,000	68,250	7,619	3,128	4,378	113	—	1,709	—	1,251	458	—
34 上	75,000	75,000	14,376	4,094	855	256	9,171	3,785	—	219	825	2,741
下	99,415	99,415	16,381	4,938	3,111	72	8,260	4,448	—	389	1,419	2,640
35 上	99,415	99,415	9,367	7,815	955	—	597	2,620	—	392	1,368	860
下	200,000	124,561	11,121	8,751	1,770	—	600	3,515	—	431	1,490	1,594
36 上	200,000	124,561	12,083	8,925	1,517	—	1,641	3,177	—	407	1,560	1,210
下	200,000	124,561	14,317	9,490	956	—	3,871	2,949	—	382	1,174	1,393
37 上	225,000	145,125	11,562	10,435	575	—	552	3,457	—	432	1,040	1,985
下	225,000	198,375	15,703	13,552	2,151	—	—	4,748	—	419	2,357	1,972

〔注〕 1. 1933年上期以降の雑収入の中には，かなりの有価証券売却益金が含まれていると思われる。
2. 1937年下期の配当率には特別配当率0.2%を含む。
3. 1937年度の株価は同年9月までのものである。
(出所) 日本産業株式会社各期「営業報告書」より作成。

仰ぎ……事業より収得した利益を常に安定して投資大衆に還元して国民の産業投資信託ならしめ[4]）」るという構想のもとに発足した。しかし，当初の日本産業は「国民の産業投資信託機関」として機能するために十分な事業構成を有していなかった。すなわち，同社は投資総額の約70％を1929（昭和4）年4月に旧久原鉱業の鉱山部門を引き継いで設立された日本鉱業に投下していた。それゆえ，前者の経営成績は後者のそれに大きく依存していた。ところが，日本鉱業の経営成績は折りからの世界恐慌の影響を受けて，1930年上期以降連続3期欠損を出すほど悪化していたから，日本産業は公開持株会社でありながら，30年上期から32年上期に至る5期にわたって無配を余儀なくされた（表2-2）。

このように不振を極め，存続が危ぶまれていた日本産業の経営も，1931年

（単位：千円，％）

当期営業収益金	営業外支出		当期純益金	前期繰越金	当期可処分金	左の内訳			後期繰越金	対払込資本金利益率	配当率	株価（円）		
	有価証券評価差損金	固定資産其他償却金				諸積立金	株主配当金	役員賞与金・交際費				最高	最低	平均
1,840	973	—	867	1,281	2,148	50	1,575	50	473	3.3	3.0	62.3	32.1	47.2
1,083	993	—	90	473	563	50	—	—	513	0.2	—	}32.6	11.9	21.7
△204	—	—	△204	513	309	—	—	—	309	△0.8	—			
△265	—	—	△265	309	44	—	—	—	44	△1.0	—	}29.9	15.1	20.5
△145	—	—	△145	44	△101	—	—	—	△101	△0.6	—			
737	—	—	737	△101	636	—	—	—	636	2.8	—	}96.9	23.3	41.1
1,566	404	—	1,162	636	1,798	50	1,050	50	648	4.4	4.0			
5,555	—	2,684	2,871	648	3,519	100	2,100	100	1,219	10.9	8.0	}130.5	64.8	96.9
5,910	—	2,000	3,910	1,219	5,129	120	3,254	120	1,635	11.5	10.0			
10,591	—	—	10,591	1,635	12,226	6,000	4,285	150	1,791	28.2	12.0	}147.0	96.1	126.9
11,933	—	—	11,933	1,791	13,724	6,000	5,670	250	1,804	24.0	12.0			
6,747	—	—	6,747	1,804	8,551	550	5,965	200	1,836	13.6	12.0	}106.3	66.6	83.6
7,606	—	—	7,606	1,836	9,442	600	5,634	200	3,008	12.2	10.0			
8,906	—	—	8,906	3,009	11,914	2,150	6,228	200	3,336	14.3	10.0	}77.4	63.0	70.2
11,368	—	—	11,368	3,336	14,704	4,440	6,228	200	3,836	18.3	10.0			
8,105	—	—	8,105	3,836	11,941	1,410	5,998	200	4,333	11.2	10.0	}91.4	59.5	75.5
10,955	—	—	10,955	4,333	15,288	850	11,780	200	2,458	11.0	12.0			

表 2-3 日本産業の傘下会社への株式投資金額

社　名	1929年上期	29下	30上	30下	31上	31下	32上	32下	33上	33下
日本鉱業	24,983	47,630	49,965	49,965	49,965	49,965	49,965	49,965	32,500	53,713
日立製作所	10,593	10,502	10,503	10,503	10,503	10,503	10,503	10,503	10,503	5,495
日立電力	8,828	3,828	3,828	3,828	3,828	3,828	3,833	3,833	3,833	3,833
東洋製鉄	1,057	—	—	—	—	—	—	—	—	—
大阪鉄工所	1,278	—	—	—	—	—	—	—	—	—
北樺太石油	568	—	—	—	—	—	—	—	—	—
戸畑鋳物	2,340	—	—	—	—	—	—	—	—	—
共同漁業	—	—	—	—	—	—	—	—	—	5,491
日本合同工船	—	—	—	—	—	—	—	—	—	1,997
合同水産工業	—	—	—	—	—	—	—	—	—	1,690
日本食料工業	—	—	—	—	—	—	—	—	—	—
日本捕鯨	—	—	—	—	—	—	—	—	—	—
日本水産	—	—	—	—	—	—	—	—	—	—
日本油脂	—	—	—	—	—	—	—	—	—	—
合同油脂	—	—	—	—	—	—	—	—	—	—
朝鮮油脂	—	—	—	—	—	—	—	—	—	—
日本化学工業	—	—	—	—	—	—	—	—	—	—
山田炭礦	—	—	—	—	—	—	—	—	—	—
日本炭礦	—	—	—	—	—	—	—	—	—	—
宇部礦業	—	—	—	—	—	—	—	—	—	—
山陽無煙炭	—	—	—	—	—	—	—	—	—	—
自動車製造	—	—	—	—	—	—	—	—	—	—
日産自動車	—	—	—	—	—	—	—	—	—	—
自動車工業	—	—	—	—	—	—	—	—	—	—
日本産業護謨	—	—	—	—	—	—	—	—	—	—
日本蓄音器商会	—	—	—	—	—	—	—	—	—	—
日本ビクター	—	—	—	—	—	—	—	—	—	—
樺太汽船	—	—	—	—	—	—	—	—	—	—
日産汽船	—	—	—	—	—	—	—	—	—	—
その他	697	5,514	5,373	5,803	5,684	5,776	5,697	5,293	6,548	7,746
合計	50,344	67,474	69,669	70,099	69,980	70,072	69,998	69,594	53,384	79,965

（出所）　日本産業株式会社各期「営業報告書」より作成。

9月の満洲事変の勃発と同12月の金輸出再禁止措置を契機とするわが国経済の立ち直りとともに蘇生する。そのきっかけは金属製品価格の好転，特に1932年3月以降，政府によって実施された金買上げ価格の再三の引き上げ策にあった。当時，日本鉱業はわが国産金額の約30％を生産するトップ産金

(単位：千円)

34上	34下	35上	35下	36上	36下	37上	37下	備考
50,713	46,672	58,340	58,340	58,340	58,340	81,676	81,676	
5,495	10,770	10,770	13,270	18,270	20,770	27,132	37,224	
3,833	3,838	2,220	2,220	2,779	2,780	2,780	2,780	
—	—	—	—	—	—	—	—	
—	11,955	11,970	11,970	—	—	—	—	1936年2月，日立製作所の子会社に
—	—	—	—	—	—	—	—	1937年上期，同株式は日本鉱業に譲渡
—	—	—	—	—	—	—	—	1935年10月，国産工業と改称し，37年5月，日立製作所に合併
—	9,971	10,006	10,006	10,006	44,828	—	—	1937年3月，日本水産と改称
1,997	8,579	11,239	12,139	16,803	—	—	—	1936年9月，共同漁業に合併
1,690	—	—	—	—	—	—	—	
—	14,585	16,013	21,086	21,087	—	—	—	1937年3月，共同漁業に合併
1,980	1,980	3,970	3,970	3,970	—	—	—	
—	—	—	—	—	44,828	44,601		
—	—	—	—	—	8,415	12,223		
—	—	—	—	—	—	3,758	—	1937年6月，日本油脂に合併
—	—	—	—	—	—	1,651	—	1937年下期，日本油脂の子会社に
—	—	—	—	—	—	53,870	61,970	1937年12月，日産化学工業と改称
1,185	1,185	1,970	1,970	1,970	1,970	—	—	
—	5,985	11,970	11,970	11,970	11,970	—	—	1936年2月，日本化学工業と改称
—	—	—	1,400	1,450	1,450	—	—	1937年上期，日本化学工業の子会社に
—	—	—	—	—	4,470	—	—	1936年12月，日本炭礦に合併
3,000	—	—	—	—	—	—	—	1934年2月，日産自動車と改称
—	9,955	9,970	9,970	9,970	9,970	9,970	4,870	
—	—	—	—	—	—	2,131	—	
3,494	3,642	4,853	4,853	4,853	4,330	3,851	6,158	
—	—	—	—	—	—	4,950	7,633	
—	—	—	—	—	—	—	1,615	
—	—	—	—	—	—	1,724	—	
—	—	—	—	—	—	—	2,357	
8,813	11,006	10,103	8,146	8,482	8,586	8,544	6,337	
84,701	140,123	163,394	171,310	169,950	169,464	255,280	269,444	

メーカーであった（前掲，表1-1参照）。それゆえ，政府の金買上げ価格の引き上げは日本鉱業の業績を一挙に好転させた。そして，それを反映して日本産業の業績も上向きに転じ，1930年上期に11.9円まで下落した同社の株価も33年上期には130.5円の高値を付けるまでに高騰した（表2-2）。

こうした機会を待っていた鮎川義介は日本産業をして,「国民の産業投資信託機関」とするという構想を実現するため,直ちに日産コンツェルンの鉱山部門依存体質を改める作業に着手した。そして,その狙いは異業種間の組み合せ経営を通じて危険の分散と事業収益の安定を図り,「大衆株主」層が安心して投資できるコンツェルンの形成であった。

　日産コンツェルンの体質改善作業は,株式市場と日本産業の公開持株会社機構・機能をフルに活用した多角化戦略の展開を通じて実施された。すなわち,その戦略は折りからの株式ブームを背景とする日本産業所有企業株式のプレミアム付き公開・売出し→その直後の株主割当による子会社の増資→株式プレミアムを利用しての新規事業分野への進出や既存企業の吸収合併→株価の高騰している日本産業株式と既存企業株式との交換を通じての後者の吸収合併→日本産業の未払込資本金の徴収と株主割当による増資→被合併企業を整理・統合の上子会社として分離……という具合に,いわゆる「コングロマリット」的操作をくり返す形で展開された。この結果,日本産業は表 2-3 に示したように,異種多彩な企業を順次傘下に収めていった。

　こうした多角化戦略の推進により,日本産業の株式投資残高は 1932 年下期の 6,959 万円から 37 年下期の 2 億 6,944 万円へと,この 6 年間で 3.9 倍の増加を見た。このうち日本鉱業の占める比率は同社株式が 1933 年 1 月に公開されたこともあって,同期間に 71.8% から 30.3% に減少した。これに対して,この間に新たに日産コンツェルンに加わった企業の中で,株式投資残高に占める比重が大きかったのは日本水産,日本産業護謨,日本化学工業,日本油脂,日産自動車の 5 社で,その合計比率は 1937 年下期末には 49.2% に達した。それゆえ,こうした傘下企業別投資構成を反映して,日本産業の傘下企業からの取得配当金も,32 年下期には日本鉱業からのそれが全体の 84.6% を占めていたが,その比率は 37 年上期には 41.7% まで減少し,その減少分を上回る 44.8% を上記の 5 社から入手した（表 2-4）。

　以上の事実は,日産コンツェルンの鉱山部門依存から脱却して異業種間の組み合せ経営を行い,それによって危険の分散と事業収益の安定を図ることを目指した多角化戦略がかなりの成果を上げていたことを物語っている。

表 2-4 日本産業の配当金収入内訳　　　　　　　　　　　（単位：千円，カッコ内は%）

会社名	1929年下期	31年上期	32年下期	34年下期	35年下期	37年上期
日本鉱業	1,667 (63.9)	－ (－)	1,998 (84.6)	3,267 (66.2)	4,083 (46.7)	4,353 (41.7)
日立製作所	429 (16.4)	191 (47.1)	157 (6.6)	508 (10.3)	600 (6.9)	1,147 (11.0)
大阪鉄工所	－ (－)	－ (－)	－ (－)	－ (－)	478 (5.5)	－ (－)
日立電力	172 (6.6)	115 (28.3)	115 (4.9)	153 (3.1)	99 (1.1)	138 (1.3)
共同漁業	－ (－)	－ (－)	－ (－)	171 (3.4)	598 (6.8)	－ (－)
合同工船漁業	－ (－)	－ (－)	－ (－)	136 (2.8)	797 (9.1)	－ (－)
日本食料工業	－ (－)	－ (－)	－ (－)	219 (4.5)	755 (8.6)	－ (－)
日本捕鯨	－ (－)	－ (－)	－ (－)	－ (－)	98 (1.1)	－ (－)
日本水産	－ (－)	－ (－)	－ (－)	－ (－)	－ (－)	2,789 (26.7)
山田炭礦	－ (－)	－ (－)	－ (－)	36 (0.7)	57 (0.7)	－ (－)
日本炭礦	－ (－)	－ (－)	－ (－)	－ (－)	519 (5.9)	－ (－)
日本化学工業	－ (－)	－ (－)	－ (－)	－ (－)	－ (－)	1,055 (10.1)
日本産業護謨	－ (－)	－ (－)	－ (－)	170 (3.4)	225 (2.6)	384 (3.7)
日産自動車	－ (－)	－ (－)	－ (－)	－ (－)	249 (2.8)	349 (3.4)
日本油脂	－ (－)	－ (－)	－ (－)	－ (－)	－ (－)	95 (0.9)
樺太汽船	－ (－)	－ (－)	－ (－)	－ (－)	－ (－)	63 (0.6)
その他	341 (13.1)	100 (24.6)	92 (3.9)	278 (5.6)	193 (2.2)	62 (0.6)
合計	2,609 (100.0)	406 (100.0)	2,362 (100.0)	4,938 (100.0)	8,751 (100.0)	10,435 (100.0)

（出所）宇田川勝「新興財閥―日産を中心に―」安岡重明編『日本の財閥』日本経済新聞社，1976年，130頁。

(3) 企業集団の形成と公開持株会社

　高橋亀吉・青山二郎『日本財閥論』によれば，1937（昭和12）年上期末時点での日産コンツェルンの傘下企業払込資本金合計額は4億7,363万円に達していた。この規模は住友財閥を上回り，三井財閥の傘下企業払込資本金合計額11億7,720万円，三菱財閥の同8億4,820万円に次ぐものであった[5]。日産コンツェルンが久原財閥の事業を引き継いで発足したとはいえ，その本格的膨張は上述のように満洲事変以降であり，したがって，同コンツェルンは極めて短期間に一大企業集団を形成したわけである。

　日産コンツェルンの急膨脹は，既存企業の吸収合併・分離策を中心とする多角化戦略によって実現された。すなわち，1933年下期以降，日本産業傘下に新たに加わった企業のうち，日産自動車と日本産業護謨および帝国木材工業の3社以外は，買収を通じてコンツェルン内に編入された。一般に短期間に企業集団の形成を図る場合，既存企業の買収策は当然採用される方法の1つである

が，特に日産コンツェルンにおいてはそうした方法を積極的に追求しなければならない事情があり，それを行うための適合的な機構を持っていた。

その事情とは日産コンツェルンの本社が公開持株会社形態をとっていたからであり，しかも日本産業の多角化戦略の展開を可能とした産金ブームと株式市場の活況が継続している間に，その戦略を通じて日本鉱業依存体質から脱却して異種事業部門を経営する企業集団を形成しなければならなかったからである。すなわち，前者について説明すれば，株主に安定した配当を行うため，日本産業の投資活動はすぐに利益を生み出すものでなければならず，しかもその投資によって将来の資金源泉である株主を多数確保する必要があった。その意味では日産コンツェルンの多角化戦略はその本社機構によって規定されていたとも言える。

そして，日本産業の公開持株会社形態は，既存企業の合併策を展開する上で，極めて適合的な機構であった。すなわち，日本産業の既存企業合併策の多くは自社増資株式と被合併会社株式の交換を通して行われたから，買収資金を特に用意する必要はなかった。しかもその株式交換に際して，高騰している日本産業株式の優位性を背景に有利な交換比率を設定することで，既存企業の合併に伴う日本産業の資産の「水ぶくれ」を避けるとともに，被合併企業の資産整理を徹底的に行い，利益計上可能な状態で子会社として分離独立させることができたからである（表2-5）。

と同時に，こうした日本産業の機構を最大限に活用した既存企業合併策の

表2-5　日本産業株式と被合併企業株式の交換比率　　　（単位：株）

日本産業株式	被合併企業株式
4	共 同 漁 業　5
1	東 洋 捕 鯨（旧）3
	〃　　　　　（新）12
1	大 日 本 製 氷（旧）4
	〃　　　　　（新）113/7
1	大 阪 鉄 工 所　3
7.3	大日本人造肥料（旧）10
5.6	〃　　　　　（新）10

（出所）表2-4と同じ，143頁。

推進において，第6章で詳述するように，鮎川・久原の親族各家がそれに全面的に協力したことも，日産コンツェルンの急膨張を可能にさせた要因となった。すなわち，日本産業が株式交換策を通じて傘下諸企業とした中で，日本水産を形成した共同漁業を中心とする水産関連会社の大部分は田村家，日産火災海上保険は貝島家，日本蓄音器商会，大同燃寸は東京藤田家が，それぞれ経営していたり，大株主となっている会社であった。これらの親族各家は日本産業の株価が高騰すると，鮎川義介の要請を受け入れ，多くの場合日本産業株式の取得を条件に支配下の会社を日産コンツェルン傘下に移行させたのである。

　日産コンツェルンの母体は久原財閥であり，日産自動車は鮎川の事業活動の出発点である戸畑鋳物の自動車部を母体に設立された。その上，前述のように，久原鉱業の債務整理と日本産業への改組の過程が親族各家の全面的協力によってなされ，そして，そうした親族各家の支配下の諸企業が順次日本産業の傘下に入ってくるという経緯を考えれば，日産コンツェルンは久原・鮎川両家を中心とする親族各家の事業活動の「集合体」という側面を強く持っていたといえる。

　最後に，日本産業の多角化戦略の目的が異種事業部門を総合的に経営するコンツェルンの建設にあったことは既述した。そして，そうしたコンツェルンの形成に向かって展開された多角化戦略において，もう1つの特徴は大財閥との競争を避けたこと，つまり彼らの支配権が確立していない事業分野を選び，そこに積極的に進出していることである。たとえば，共同漁業を中核とする水産部門，日産自動車の設立による自動車工業部門，そして日本蓄音器商会，日本ヴィクター両社の買収による電波工業部門等への進出はその代表的事例ということができる。たとえば，自動車工業への進出動機について鮎川は次のように語っている。

　　「いまは自動車工業に乗り出す好機である。というのは幸か不幸か三井，三菱の財閥が自動車工業に手を出そうとしないし，住友も傍観している。われわれ野武士が世に出る近道は，いま自動車をやることをおいてほかにない[6]）。」

　その点，鮎川の多角化戦略の展開に際しての事業選択は，三井，三菱などの

大財閥と類似の事業構成を目指した久原の経営方針と大きく異なっていたといえる。

2．日産コンツェルンの金融構造

(1) 資金調達機関としての日本産業

　表2-6は日産コンツェルン本社・日本産業の発足時の1929（昭和4）年上期から同社が「満洲国」に移転して満洲重工業開発に改組される直前の37年下期までの主要勘定を見たものである。日本産業の事業活動が1933年を境として前半の沈滞期と後半の活況期に分けられることは前述したが，そのことは同社の資産規模の推移からも確認される。すなわち，1929年上期から33年上期にかけて8,000万円～9,000万円台を推移していた同社の総資産額は，33年下期に1億円を突破して以来急速に拡大し，37年下期には3億5,647万円に達している。

　日本産業は持株会社であったから，資産の大半は投資会社の株式であり，それと帝国5分利付公債証書からなる有価証券勘定は1932年下期と37年下期の間に6,954万円から2億6,993万円へと3.9倍の増加を見た。そして，投資会社数の増加とともに貸付金勘定もこの間に847万円から4,300万円へと急増し，この2勘定で総資産の85％前後を占めた。

　他方，負債面を見れば，同期間において払込資本金は5,250万円から1億9,838万円へと3.8倍，諸積立金は1,875万円から4,512万円へと2.4倍，社債を含む借入金残高は1,516万円から9,347万円へと6.2倍に，それぞれ大幅に増加している。この3者の増加合計額は2億5,056万円であったから，これによって同期間の資産増加額2億6,756万円の93.6％を賄ったことになる。

　そこで，次に上記の3勘定について考察することにする。まず資本金についていえば，日本産業は久原鉱業時代に発行した増資株式の未払込金2,250万円を1934（昭和9）年3月までにすべて徴収すると，同年9月から37年5月にかけて3回の増資を行い，資本金を2億2,500万円に増加させた。このうち2回は既存企業の合併に伴う増資であり，残りの1回が株主割当を中心とする増

資であった。そして，この3回の増資による資本金増加分1億5,000万円のうち1億2,338万円を37年11月までに徴収した。したがって，これに久原鉱業時代の増資株式の徴収分2,250万円を加えると，日本産業は1933年下期以降わずか5年間に，合計1億4,588万円の株式払込金を徴収したことになる。ちなみに，日本産業の最初の決算期である1929年上期から37年上期の間に同社が支払った株主配当金の累計総額は4,983万円であった。

次に，こうした巨額の株式払込金の供給者である株主について見れば，それは日本産業の業績向上と相次ぐ既存企業合併策の展開とともに1934年下期末の2万4,551名，35年下期末の3万3,058名と増加し，37年上期末には5万1,804名を数えた。表2-7は同期末での株主の所有株数別構成を見たものであるが，それによれば全株主の98%，5万783名は500株所有未満のいわゆる「大衆株主」であり，彼らの持株比率は51.8%に達していた。これに対して，1万株所有以上の大株主は33名で株式総数の18.4%を所有していたにすぎず，しかもその大半は社会的資金を集中している保険会社，証券会社，銀行等の機関株主であった。

他方，日本産業設立時に40%近くを占めていた久原・鮎川系の株主の持株比率は株主の増加と株式分散化に反比例して減少を続け，1937年上期末における1万株所有以上の親族株主は共立企業（東京藤田家），田村合名，鮎川義介，国司浩助の4名で，総株式のわずか5.2%を所有したにすぎなかった（表2-8）。

したがって，先に見た日本産業の株式による巨額の資金調達の90%強は久原・鮎川系株主以外から供給されたと見て間違いないと思われる。

次に諸積立金について見てみよう。日本産業の傘下企業からの取得配当金は1932年上期から上向きに転じ，以後同社が「満州国」に移転する37年下期に至るまで毎期増加を続けた。しかし，同社は多数の株主を有する公開持株会社であり，しかも既存企業の合併策を有利に展開するため，その株価を高水準に維持しておく必要があった。それゆえ，日本産業はすでに指摘したように社外にいったん流出させた利益金をのちに増資によって全額回収したとはいえ，毎期の決算においては取得配当金の大半を，また期によってはそれを上回る資金を株主配当金として社外に流出させなければならなかった。

表 2-6 日本産業の主要資産・負債勘定

決算期	負債勘定					
	払込資本金	諸積立金	社債	借入金	利益金	その他
1929年上期	52,500	18,750	—	16,234	3,239	2,413
	(56.4)	(20.1)	(—)	(17.4)	(3.5)	(2.6)
下	52,500	18,750	—	13,010	867	1,985
	(60.3)	(21.5)	(—)	(14.9)	(1.0)	(2.3)
30年上	52,500	18,800	—	15,078	90	951
	(60.1)	(21.4)	(—)	(17.2)	(0.1)	(1.3)
下	52,500	18,806	—	13,961	—	511
	(61.2)	(21.9)	(—)	(16.3)	(—)	(0.6)
31年上	52,500	18,750	—	14,573	—	757
	(60.6)	(21.7)	(—)	(16.8)	(—)	(0.9)
下	52,500	18,750	—	14,984	—	685
	(60.4)	(21.6)	(—)	(17.2)	(—)	(0.8)
32年上	52,500	18,750	—	15,158	737	456
	(60.0)	(21.5)	(—)	(17.4)	(0.8)	(0.3)
下	52,500	18,750	—	15,156	1,162	1,340
	(59.0)	(21.0)	(—)	(17.0)	(1.3)	(1.7)
33年上	52,500	18,800	—	13,642	2,871	5,468
	(56.3)	(20.2)	(—)	(14.6)	(3.0)	(5.9)
下	68,250	18,831	—	7,100	3,910	3,087
	(67.5)	(18.6)	(—)	(7.0)	(3.9)	(3.0)
34年上	75,500	18,901	—	37,000	10,591	5,247
	(51.3)	(12.8)	(—)	(25.1)	(7.2)	(3.6)
下	97,415	24,530	—	53,543	11,933	8,252
	(50.0)	(12.4)	(—)	(27.1)	(6.1)	(3.7)
35年上	99,415	30,487	—	54,035	6,747	8,222
	(50.0)	(15.3)	(—)	(27.2)	(3.4)	(4.1)
下	124,561	30,036	—	54,924	7,606	3,654
	(57.4)	(13.7)	(—)	(24.3)	(3.4)	(3.4)
36年上	124,561	31,604	—	51,168	8,906	10,575
	(54.9)	(13.9)	(—)	(22.6)	(3.9)	(4.7)
下	124,561	33,731	—	44,720	11,368	8,849
	(56.8)	(14.8)	(—)	(19.6)	(5.0)	(3.8)
37年上	145,125	43,710	20,882	71,490	8,105	11,496
	(48.2)	(14.5)	(6.9)	(23.8)	(2.7)	(3.8)
下	198,375	45,118	20,556	72,910	10,955	8,557
	(55.6)	(12.6)	(5.8)	(20.5)	(2.1)	(2.4)

(出所) 日本産業株式会社各期『営業報告書』より作成。

(単位：千円，％)

総資産	主要資産勘定		
	有価証券	固定資産	貸付金
93,136	50,703	11,158	23,443
(100.0)	(54.4)	(12.0)	(25.2)
87,112	67,474	11,501	3,424
(100.0)	(77.5)	(13.2)	(3.9)
87,419	69,669	11,461	3,258
(100.0)	(79.7)	(13.1)	(3.7)
85,778	70,099	8,316	5,631
(100.0)	(81.7)	(9.6)	(6.6)
86,580	69,980	8,204	6,210
(100.0)	(80.8)	(9.5)	(7.2)
86,919	70,072	8,096	6,639
(100.0)	(80.6)	(9.3)	(7.6)
87,601	69,993	8,098	7,345
(100.0)	(79.9)	(9.2)	(8.4)
88,910	69,594	8,102	8,467
(100.0)	(78.3)	(9.1)	(9.5)
93,281	53,384	5,822	25,921
(100.0)	(57.2)	(6.2)	(27.8)
101,178	79,965	3,862	9,926
(100.0)	(79.0)	(3.8)	(9.8)
147,239	86,641	384	31,072
(100.0)	(58.8)	(0.3)	(21.0)
196,673	142,064	826	30,139
(100.0)	(71.9)	(0.4)	(15.2)
198,906	165,335	837	15,503
(100.0)	(83.1)	(0.4)	(7.8)
225,781	172,944	843	31,404
(100.0)	(76.6)	(0.4)	(13.9)
226,814	171,583	1,198	28,420
(100.0)	(76.6)	(0.5)	(12.5)
228,228	170,481	1,198	23,707
(100.0)	(74.7)	(0.5)	(10.4)
300,808	255,887	1,328	21,877
(100.0)	(85.1)	(0.4)	(7.3)
356,471	269,928	1,277	43,002
(100.0)	(75.7)	(0.4)	(12.1)

それゆえ，日本産業における諸積立金は，「営業利益即ち持株配当収入金で

表 2-7　日本産業株主の所有株数別構成（1937 年 5 月）

	株主数	全株主対比	持株数	平均持株数	持株比率
1～499 株	50,783 名	98.029%	2,328,685 株	45.9 株	51.8%
500～999	589	1.135	487,574	827.8	10.8
1,000～2,999	303	0.584	386,002	1,273.9	8.6
3,000～4,999	48	0.092	149,210	3,108.5	3.3
5,000～9,999	48	0.092	315,701	6,577.1	7.1
10,000～19,999	19	0.036	271,399	14,284.2	6.0
20,000～29,999	7	0.013	171,670	24,524.3	3.8
30,000 以上	7	0.013	389,759	55,679.9	8.6
合　　計	51,804	100.000	4,500,000	86.7	100.0

（出所）表 2-6 と同じ，131 頁。

表 2-8　日本産業の大株主（10,000 株所有以上，1937 年 5 月）

株主名	持株数	株主名	持株数
○共　立　企　業	141,451	名古屋株式取引所	14,570
○田村合名会社	61,348	平　尾　忠　男	14,310
第一徴兵保険	50,280	福　井　銀　行	13,072
林　　荘　　治	35,540	日本火災保険	12,850
東　株　代　行	34,410	大　阪　商　事	12,429
大　株　代　行	34,040	田　　沼　　実	11,650
富国徴兵保険	32,690	荻　野　守　蔵	11,450
仁寿生命保険	29,680	○国　司　浩　助	11,226
絵　野　商　店	28,640	国華徴兵保険	10,500
遠　山　偕　成	27,500	愛国生命保険	10,050
日華生命保険	24,000	松　岡　潤　吉	25,250
○鮎　川　義　介	21,000	安　田　商　事	17,520
中　外　産　業	20,850	仁寿生命保険	16,518
野村生命保険	20,000	田　中　栄　八　郎	15,236
野　間　清　治	18,306	絵　野　商　店	13,330
山田啓之助	16,444	富国徴兵保険	11,228
京　都　証　券	15,460	合　計 33 名	832,828

（注）1．太枠内は 1937 年 5 月に日本産業に合併された大日本人造肥料の株主。
　　　2．○印は久原・鮎川系株主。
（出所）表 2-6 と同じ，131 頁。

留保したのではなく殆んど持株の売却金によってやったのであった[7]」と言われている。事実，同社の巨額の諸積立金の計上は1934年上期からの有価証券売却益金を待って始まっている（表2-2, 2-6参照）。日本産業の株式プレミアム取得は1933年1月の日本鉱業株の公開によるものが最初であったが，同社はそれを雑収入の中に入れている。そして，同年下期以降の雑収入の中にも株式プレミアムがかなりの程度含まれていると推定されるが，現在のところそれをどのような基準によって雑収入と有価証券売却益金の両項目に振り分けたか不明である。

以上の記述から明らかなごとく，1933年以後，公開「持株会社金融の典型的な姿を，たしかに当時の日本産業において見出すことができた[8]」と指摘されるように，同社はその資金調達機関としての役割を積極的に果たし始めた。

しかしながら，日産コンツェルンの急膨張は，日本産業のそうした公開持株会社機構を駆使した資金調達方式の能力を超えて進行した。すなわち，1933年下期の時点では有価証券と貸付金の両勘定を払込資本金と諸積立金の自己資本金で賄いきれたが，翌年上期から日本産業の多角化戦略が進捗すると，増大する有価証券・貸付金勘定を自己資本金だけではカバーできなくなり，その不足部分を手持の子会社株式を担保にして金融機関から借り入れざるを得なかった。

事実，日本産業は1933年下期に日本鉱業株の公開によるプレミアム資金を利用して借入金を710万円に減少させたにもかかわらず，それは翌年上期から再び増加し始め，37年下期には7,291万円に達している。1937年上期から日本産業の負債項目の中に社債が登場するが，これは同社が発行したものではなく，この期に吸収合併した大日本人造肥料から引き継いだものであった。

日本産業は傘下に銀行部門を持っていなかっただけに，借入金をどこから借り入れていたかは興味のあるところである。ただ，それを知るための史料は1937年下期の1期しか残っていない。表2-9はそれを見たものであるが，これによれば同社は多数の金融機関から借り入れを行っていたことがわかる。そして，これは取引銀行を固定化しないという鮎川義介の方針によるものであった[9]。

表 2-9 日本産業の金融機関別借入金（1937 年下期）
(単位：千円)

借入先	金額
三井銀行	4,000
安田銀行	5,000
三和銀行	3,000
日本興業銀行	10,000
三井信託	6,000
三菱信託	2,000
安田信託	2,000
鴻池信託	1,000
野村生命	1,500
生保団 (1)	680
生保団 (2)	4,040
生保団 (3)	10,170
生保団 (4)	1,750
生保団 (5)	9,320
生保団 (6)	12,250
支払手形	200
合計	72,910

(出所)　「日本産業経理資料」『満業重要書類(2)』(鮎川家所蔵)。

　以上，日本産業の主要資金源泉である株式払込金，諸積立金，借入金の3科目の内容に立ち入って考察したが，それによれば，同社は拡大する投資資金（有価証券・貸付金勘定）の70％強を株式払込金と積立金で賄い，残りの30％弱を金融機関から借り入れていた。そして，その特徴は前2者の大部分が株式市場を通じて調達された社会的資金であり，後者が広範囲な金融機関から借り入れていることである。

(2) 資金需要の増大と財務政策

　次に日産コンツェルンの金融構造を傘下主要企業の資金需要とかかわらしめて検討してみよう。表 2-10 は 1929（昭和4）年下期，36年下期，40年下期の3時点における総資産額から見た鉱工業上位100社のうちの日産コンツェルン傘下企業の順位と資産額を見たものである。同表によれば，第1にこの間日産系企業は資産規模を飛躍的に増加させ，さらに日本水産，大阪鉄工所の2社

表2-10 鉱工業上位100社における日産系企業の順位と資産額

(単位：千円)

	1929年下期			1936年下期			1940年下期			
順位	会社名	資産額	順位	会社名	資産額	順位	会社名	資産額		備考
㉒	*大日本人造肥料	77,902	⑥	日本鉱業	181,218	④	日立製作所	552,515	37年	国産工業（旧戸畑鋳物）を合併
㉕	日本鉱業	62,769	⑱	共同漁業	97,875	⑤	日本鉱業	547,892	37年	台湾鉱業を合併
㉛	*大日本製氷	44,175	㉖	日立製作所	81,237	⑳	日産化学工業	212,353	37年	大日本人造肥料と日本食糧工業が合併し、日産化学工業となる。
㊳	大阪日本人造肥料	38,781	㉗	*大日本人造肥料	39,237	㉓	日本水産	199,028	37年	共同漁業と日本食料工業（旧大日本製氷）が合併して、日本水産となる
㊽	日立製作所	27,249	㊼	国産工業	39,174	㊴	日本油脂	122,940	37年	合同油脂は日本油脂と改称
㊻	*共同漁業	20,855	㊷	台湾鉱業	35,948	㊺	大阪鉄工所	106,032	36年	日立製作所の子会社となる
㊾	*合同油脂	16,187	㊽	大阪鉄工所	31,430	①	日産自動車	72,774	38年	同社株式の45.5%は日立製作所が所有する
			㊼	日本炭礦	28,123					
			㊿	*合同油脂	20,594					

(注) *印時点では、日産コンツェルン傘下企業となっていない。
(出所) 中村青志『わが国大企業の形成・発展過程』産業政策史研究所、1976年、より作成。

以外は上記の3時点を通じてその順位を大幅に上昇させている。そのこととも関連するが，第2に1937年上期以後これら企業間の合同が進み，さらにいくつかの企業はそうした合同によって大企業化した企業の子会社あるいは系列会社となっていることがわかる。そして同時に，この間に表2-10に登場しない日産系各社の上記の大企業への合併・移行もまた進行した（表2-3参照）。

　日産系企業の資産急膨張は本社日本産業と同様に1933年前後から始まった。満州事変以降の市場機会拡大の中でこれらの会社が一斉に拡大路線を採用したためである。

　こうした拡大路線の推進の結果生じた日産コンツェルン全体の旺盛な資金需要を満たすためにとられた手段は，まず第1に日本産業所有の傘下企業株式のプレミアム付き公開であった。すなわち日本産業は1933年1月，それまで封鎖的に所有してきた日本鉱業株式のうちの15万株を1株70円以上の価格を付けて公開したのを皮切りに，順次，所有企業株式をプレミアム付きで公開した。日産コンツェルンにとって，これらの傘下企業株式のプレミアム付き公開は「一石四鳥」の意味を持っていた。その第1は，これによって巨額の株式プレミアム資金を取得したことである。前掲表2-2によって33年上期から37年下期に至る5年間の日本産業の株式プレミアム取得額（雑収入＋有価証券売却益金）を計算すれば，それは4,457万円となり，これはこの間の収入総額の38.0％に相当する。そして，日本産業はこの株式プレミアム収入の大部分を「他社の合併資金，乃至新事業への投資[10]」に使用した。事実，第8章で詳しく見るように，日産コンツェルンの自動車工業進出，つまり1933年12月に設立された日産自動車の創業資金はこのプレミアム資金をもって充当されたのである。

　第2に，巨額の株式プレミアムの取得は日本産業をして傘下企業からの配当金収入の大半を，場合によってはそれを超える資金を株主配当金に回すことを可能にし，配当率を引き上げさせた。株式配当率の引き上げは当然日本産業の株価上昇に反映し，同社の既存企業合併策を有利に展開させたばかりか，未払込資本金の徴収と増資を可能にさせた。ここで，そのプロセスの一端を紹介すれば，日本産業の株主配当率は株式プレミアム資金の取得とともに1933年上期8％，同下期10％，34年上期12％と，3期連続引き上げられた。この間，

日本産業は2回の未払込資本金の徴収を行い，1,650万円の株式資金を調達した。さらに1934年6月，日本産業は高騰した株価を背景に自社に有利な株式交換比率を設定して，大阪鉄工所，共同漁業，東洋捕鯨，大日本製氷の4社を合併し，これによって株主の増加を図ると，翌年10月，資本金を倍額増資して2億円とし，その増資新株の大部分を株主に割り当てたのである。

第3に，日本産業の傘下企業株式の公開によって，当該企業の株主は増加した。それは同時に日本産業のそれら傘下企業に対する払込資本金負担の軽減を意味した。それゆえ，これらの企業は事業拡張に要する資金を調達するため，その株式公開後，直ちに株主割当を中心とする倍額増資を行い，社会的資金を広く集中した。

このように，日産コンツェルンにとって，傘下企業の株式公開は，拡大戦略の原資である巨額プレミアム資金の取得，日本産業の傘下企業に対する増資払込金の節約，そして，日本産業および傘下企業の株主増加・株式分散化を背景とする株主割当による増資，さらに日本産業の高株価を利用した既存企業合併策の展開を可能にしたという意味で，正に「一石四鳥」の効果を持つものであったのである。

言葉を変えて言えば，「日産にとって手持有価証券売却による『プレミアム』稼ぎは主要なる本来の『ファクション』となって居[11]」ただけでなく，コンツェルン全体の経営戦略と資金調達の展開上の要の役割を果たしていたのであった。

傘下企業の資金需要を満たすために日産コンツェルンが採用した第2の方式は，日本産業の資金調達・供給機能の一部を傘下主要企業に肩代わりさせることであった。1934年上期以降日産コンツェルンの拡大戦略が本格化すると，日本産業の資金調達能力ではその投資資金の70％強しかカバーすることができず，残りの30％弱を金融機関に依存していたことは前述した。そこで，傘下企業の一層の資金需要の拡大を見越した日本産業は資金調達・供給機関としての機能を強化するために，社債発行を企図した。そして，1935年4月，高利の短期借入金の借り換えを意図して，所有株式を信託会社に委託し，それによって得た証書を担保とする5,000万円の社債発行を計画した。しかし，この所有株式を担保とする社債発行は，大蔵省の反対で実現できなかった。

そこで，日本産業は当初の計画を変更して傘下主要企業ごとに社債を発行する方針に切り換えるとともに，その資金調達権限をそれら主要企業に大幅に委譲した。この結果，以後，主要「各子会社は，借入金整理乃至新規事業資金調達のため，各各独自に金融団との間に話を纏めて行く[12]」傾向を強めていった。と同時に，日本産業は後述するコンツェルン全体の統括方式を刷新する必要性とも相まって，金融力の弱い傘下中小規模企業を主要各社に合併させ，あるいは前者の株式を後者に肩代わりさせ，自らの資金負担の軽減を図っていった。

(3) 日本鉱業と日立製作所の資産・負債構成

上記のような日産コンツェルンの金融構造の変容の中で，傘下主要企業の資産・負債構成がいかに変化したかを，次に検討してみよう。しかし，そのすべてを考察することはできないので，ここでは同コンツェルンを代表する日本鉱業と日立製作所の2社のそれについて見ることにする。

まず日本鉱業から見てゆけば，1929（昭和4）年4月に日本産業から分離独立して発足した同社は，昭和初期の不況の中で活発な事業活動を展開できず，したがってその資産規模も1932年上期にいたるまで6,000万円前後を推移しており，その80％強を払込資本金，諸積立金等の自己資本でカバーしていた。しかし，同社は1932年下期に入ると産金ブームを享受して急速に業容を回復し，以後，急膨張を遂げる。そこで，表2-11によって日本鉱業の資産・負債構成を見れば，1932年上期と37年上期の間に，同社の資産総額は6,543万円から2億3,861万円へと3.6倍に増加した。その内訳を見れば固定資産はこの間2.3倍の増加にとどまったのに対して，流動資産は7.4倍に増加した。後者のこうした急膨張は生産活動の活発化に伴う棚卸資産の増加もさることながら，なんといってもこの間に6.5万円から5,960万円に増加した有価証券投資の拡大が最大の要因であった。そして，1937年上期において有価証券投資が総資産の25.0％を占めたという事実は，とりもなおさず主要企業の充実とともに，日本産業の金融面ならびに資本支配面の機能を前者に一部肩代わりさせることを企図した上述の膨張時における日産コンツェルンの財務政策の展開を如実に物語るものであった。

表 2-11　日本鉱業・日立製作所の資産・負債構成　　　　　（単位：千円，％，人）

	日本鉱業		日立製作所	
	1932 年上期	1937 年上期	1932 年上期	1937 年上期
払 込 資 本 金	50,000 (76.4)	138,750 (58.2)	10,000 (45.6)	73,688 (47.8)
諸 積 立 金	260 (0.4)	11,007 (4.6)	4,080 (18.6)	14,467 (9.4)
前 期 繰 越 金	－ (－)	1,594 (0.7)	198 (0.9)	2,528 (1.6)
当 期 利 益 金	3,105 (4.7)	11,277 (4.7)	319 (1.5)	6,319 (4.1)
自 己 資 本 計	53,365 (81.6)	162,628 (68.2)	14,597 (66.6)	97,002 (62.9)
社 債	－ (－)	25,000 (10.5)	－ (－)	－ (－)
借 入 金	1,400 (2.1)	5,000 (2.1)	3,000 (13.7)	8,273 (5.4)
支 払 手 形	970 (1.5)	541 (0.2)	176 (0.8)	11,000 (7.1)
そ の 他 負 債	9,691 (14.8)	45,441 (19.0)	4,136 (18.9)	37,838 (24.6)
社 外 負 債 計	12,061 (18.4)	75,982 (31.8)	7,312 (33.4)	57,111 (37.1)
負債（資産）合計	65,426 (100.0)	238,610 (100.0)	21,909 (100.0)	154,113 (100.0)
固 定 資 産	47,701 (67.4)	107,963 (45.2)	11,233 (51.3)	47,707 (31.0)
有 価 証 券	65 (0.1)	59,597 (25.0)	267 (1.2)	17,212 (11.2)
株 主 数	26	8,646	27	9,782
日産系持株比率	100.0	58.0	100.0	35.0

（出所）　東洋経済新報社編『東洋経済株式会社年鑑』1932 年，37 年版より作成。

　では，こうした資産膨張に必要な資金を日本鉱業はいかに調達したかを次に検討してみよう。まず同社の払込資本金はこの間の 2 回の増資を経て 5,000 万円から 1 億 3,875 万円へと 2.7 倍に増加した。日本産業が 1933 年 1 月に保有する日本鉱業株式のうち 15 万株を公開・売出したことは前述した。この株式公開・売出しは，プレミアム収入を獲得すると同時に，日本鉱業がその直後に実施する増資のための布石でもあった。すなわち，この株式公開によって株主数を 27 名から一気に 1,366 名に増加させると，日本鉱業は 1933 年 6 月全額払込みによる倍額増資を行い，さらに翌年 7 月には 8,500 万円の増資を行って，その増資新株式 170 万株のうち 10 万株を 1 株最低 87.5 円以上の価格を付けて公募した。この 2 回の増資によって，同社は 1937 年上期までに株式払込金 8,875 万円を徴収するとともに 375 万円以上の株式プレミアム資金を取得した。そして，この増資を通して日本鉱業の株主は増加し，1937 年上期末には 8,646 名を数えた。同時点での日本産業の日本鉱業株式に占める持株比率は 58.0％であっ

たから，同期末における後者の払込資本金1億3,875万円のうち5,828万円は上記の多数の株主から集められたのである。

満州事変以降の日本鉱業の業績好調を反映して，諸積立金も1932年上期の26万円から37年上期の1,101万円へと著しく増加した。しかし，この間の同社の流動資産を中心とした資産規模の急テンポな拡大のために，自己資本比率は81.6％から68.2％に低下し，社外負債の比重が高まった。後者の合計額は1937年上期には払込資本金の54.7％に相当するまでに増大するが，その中で注目されるのはその10.5％を占めた2,500万円という巨額の社債発行による借り入れである。この社債は36年上期中に日本興業銀行の引き受けによって発行されたものであり，それは前述した日本産業の株式担保付社債発行計画挫折後，その傘下主要企業で発行した社債の第一号でもあった。そして，この社債による借り入れを含む日本鉱業の社外負債額の急膨脹と株式払込金の広範な株主層からの徴収は，日本産業の資金調達・供給機関としての役割の低下と前者の金融面での自立の高まりを示すものであった。

日立製作所の資産・負債構成の変化についても，日本鉱業の場合とほぼ同様なことが言える。同社の総資産額は1932年上期の2,191万円から37年上期の1億5,411万円へと6年間で7.0倍に増加した。そして，同期間において有価証券投資額も27万円から1,721万円へと急増し，日立製作所自体のコンツェルン化を指摘することができる。

次に負債面に目を転ずれば，この期間に日立製作所の払込資本金は1,000万円から7,369万円へと7.4倍の増加を見るが，その増加株式払込金6,369万円は1933年10月の日本産業による同社株式の公開・売出し後，株主割当を中心とする3回の増資によって徴収されたのであった。なお，1937年上期末における日本産業の日立製作所株式の持株比率は35.0％にまで低下していたから，同時点での後者の払込資本金7,369万円のうち4,790万円は9,782名という多数の株主から出資されていた。

このような株式払込金の相次ぐ徴収と内部留保金の蓄積によって，日立製作所はこの間の資産規模にもかかわらず，自己資本比率の減少を僅少にとどめることができた。しかし，それでもこの期を通じて，日立製作所の社外負債比率は40％前後を推移しており，同所の資金調達上，借入金と支払手形を中心と

する社外負債は大きなウェイトを占めていた。

　以上のように，日本鉱業，日立製作所とも日本産業が両社の株式を公開・売出すことによって株式市場と直結すると，株式会社本来の社会的資金を集中する機能を活用して，前述した日本産業の場合と同様に，所要資金の多くを株式市場の広範な株主層から調達したのである。そして同時に，両社の満州事変以後の業績向上は金融機関からの借り入れを容易にし，その結果，両社は金融的自立を一層高めると，自らの事業展開に伴って子会社を設立する一方，日本産業所有の株式の一部を肩代わりして，それ自身事業持株会社化し始めたのである。

3．日産コンツェルンの統括組織

(1) 縦断的管理方式

　日本産業は日産コンツェルンの統括管理機構でもあった。和田日出吉『日産コンツェルン読本』は，その機能を次のように要約している。

　　「日本産業株式会社は，純然たる持株会社であって，それ自身は物を作ったり，売ったりする単独企業体ではなく，親会社たる日産の傘下にある各種の部門の企業に関する立法及監督機関で，子会社はその執行機関である。即ち日産は新事業の調査・企画・及び子会社の経営方針の決定・変更・重要人事・融資の援助・監督等を掌り，同時に親子会社間並に子会社同志の連絡に当るものである[13]。」

　しかし，1932（昭和7）年までの日産コンツェルンの傘下企業は久原家の事業会社と戸畑鋳物が存在するだけであり，しかもそれらは当時の不況下で活発な事業活動をしていなかったから，上記のような日本産業の本社機能を組織的に実施することはほとんどなかったし，そうする方式・制度も整備されていなかった。単に，傘下主要企業の幹部経営者が日本産業の役員を兼任して親・子会社間の意思疎通にあたる一方（表2-12），日本産業社長の鮎川義介が，そうした子会社に「会長として入り，オーナ的な存在で経営方針や融資のことを世話して[14]」いるというのが当時の状況であった。すなわち，鮎川は次のよう

表 2-12　日本産業の役員一覧

	1929年 上期下期	30 上 下	31 上 下	32 上 下	33 上 下	34 上 下	35 上 下	36 上 下	37 上 下
鮎川義介	社————	—	—	—	—	—	—	—	—
竹内維彦	専　副———	—	—	—	—	—	—	—	—
下河辺建二	監　常———	—	—	—	専——	—	—	—	—
山田敬亮	監————	—	—	—	専——	—	—	—	—
塚本卯三郎	常——	—							
国司浩助					常—	—	—	—	—
浅原源七					取	—	—	—	常
島本徳三郎									常
小平浪平	取————	—	—	—	—	—	—	—	—
伊藤文吉	取————	—	—	—	—	—	—	—	—
斎藤浩介	取————	—	—	—	—	—	—	—	—
津村秀松	取————	—	—	—	—	—	—	—	—
保田宗治郎					取—	—	—	—	—
田中栄三郎									取
田村啓三									取
伊吹震									取
岩田宙造	監————	—	—	—	—	—	—	—	—
片山義勝	監————	—	—	—	—	—	—	—	—
山田啓之助									監

（注）　会＝会長　社＝社長　副＝副社長　専＝専務　常＝常務　取＝取締役　監＝監査役
（出所）　日本産業株式会社各期「営業報告書」，その他より作成。

に語っている。

> 「我々が四, 五の会社をやって居りました場合には, 勿論我々は夫等の会社の中心人物なり何なりと言はば同じ釜の飯を食べて来た人間といふ関係にありお互に良く理解して居って何でも腹蔵なく物事を話し, どうかうと四角張ったことをする必要はなかったのであります15)。」

しかし, 1933 年上期から前述したような日本産業の「コングロマリット」戦略が展開され, 日産のコンツェルン化が急速に進展し始めると, 従来のそうした未整備な本社体制では十分に対応できなくなり, その統括管理方式のあり方が緊急課題となった。

行論の都合上, 結論を先回りして言えば, 日産では, こうした拡大しつつあるコンツェルンの管理という新たな問題に対処する方策として, 2つの方法を

備考——日産系主要会社の役員兼任状況 (1929年上期―1937年下期)
日本鉱業会, 日立製作所会, 日産自動車社, 日本水産社, その他会社社
日本鉱業社, 日立製作所取, 日立電力社
日本鉱業監取, 日立製作所監取, 日産自動車取, 日本産業護謨専, その他会社取監
日本鉱業監, 日立製作所監, 日本水産監, 日本化学工業監, その他会社取監
日本鉱業取, 日立製作所取, 日立電力取, 戸畑鋳物取
共同漁業取, 日本合同工船取, 日本捕鯨取, 日本食料工業取
日立製作所取, 日立電力取, 大阪鉄工所取, 日産自動車取
日産火災海上保険監
日立製作所社, 日本鉱業取, 大阪鉄工所会, 日産自動車取
日本鉱業取監社, 日立製作所取, 大阪鉄工所取, 日産火災海上保険取
日本合同工船社
大阪鉄工所会
日本鉱業取, 日本産業護謨取, 日本炭礦取
日本化学工業社, 日産火災海上保険取
共同漁業取, 日本合同工船取, 日本水産取, 日産火災海上保険取
日本食料工業社, 日産火災海上保険社
日本鉱業監, 日産自動車監, 日本産業護謨監, 日本食料工業監

　同時に実施した。その1つはコンツェルンを縦断的にコントロールしようとする方法であり，もう1つは親会社の日本産業およびその傘下企業の幹部をメンバーとする懇親会組織を設けて相互の人的関係を密にするとともに，それを通じて企業間の横断的連絡調整を図り，コンツェルンを内面から結束させてゆこうとする方法であった。まず前者の縦断的方法から見てゆこう。この方法は従来からの日本産業の管理方式を制度化しようとするもので，1934年7月，その手始めとして，日本産業の組織機構が整備された。そして，その縦断的管理の推進・実施機関として新組織の監理部の中に統制課が設置され，初代課長に宇原義豊が就任した。

　宇原は鮎川の母方の遠縁にあたり，統制課の課長に就任する以前，高島屋本店に勤務して同店の経営管理の改善に携わる一方，商工省臨時産業合理局販売管理委員を務めていた。当時，鮎川もまた同局の生産管理委員であり，1933年

初頭から両者の間で急速に拡大しつつある日産コンツェルンの経営管理問題について検討していた。そして，宇原はこの問題に対処する方策として，臨時産業合理局で検討された各種の統制策，合理化策を「日本産業系の会社間に利用するならば，日産コンツェルン機構の建設に役立つのみならず，産業刷新上の試練ともなり，全日本産業を裨益すること多大なるものある可きを提唱し[16]」，鮎川が彼の意見を全面的に受け入れたことで，日産コンツェルンの経営組織・管理方式の構築が開始された。

まず宇原は，「日産コンツェルンを組織するためには，単に資本的関連に於て企業損益の調節をするといふ持株会社に止めず，傘下事業会社の事業哲理の確立指導や其経営管理上の合理化を計る事に迄進まなければ遣り甲斐がないと考え[17]」，そのための具体的方策として，前述の縦断的管理方式とそれを補完する横断的管理方式を構想した。そして，宇原は縦断的管理の実施にあたって，本社機構を整備し，それからコンツェルン組織・管理方式を確立するという手順をとった。

前者の本社機構の整備は，日本産業をして名実ともにコンツェルンの本社たるにふさわしい，組織を確立することであった。そして，その組織は，1934年7月，図2-1のように整備された。

この本社組織について，鮎川自身が日産コンツェルン傘下企業の幹部に解説しているので，それを見ることにする。鮎川の解説は，業務部については「此部門は子会社との間に，資金融通といふやうな事以外，余り交渉が無いかも知れませぬ。大体日本産業自体の『ランニング』の事務を掌ることになります[18]」というだけで，その多くを企業関係と監理部にあてている。その要点は次のようである。

「『企業』は今日現存する各分系会社の仕事と親会社日産との交渉に関する事項，即ち親会社と子会社の仕事上の『ランニング，リレーション』を見て行く所となります。同時に新しく事業を起して行くこと，即ち他所から頼まれたとか或は此方自身でやりたいといふやうな仕事の計画は何れも『企業』の部門に属する。それから『監理』では従来からありする子会社同志並に今後新に出来る会社相互間の関係，及親会社と子会社との関係等に就て統制的の事項を研究し皆さん各方面と御相談致しまして，全体が円満且つ有利に進行するような方法を起案

第2章　日産コンツェルンの戦略・金融・組織　49

図2-1　日本産業の経営組織（1934年7月）

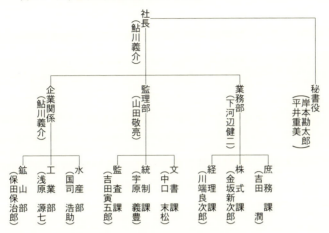

（出所）鮎川義介『日産の進路』日本産業株式会社，1934年，20-30頁より作成。

し考究することになって居ります。（中略）斯うした統制的のこと以外に新に会社を買収合併するような場合其他の法律的事務も此部門に入れたのであります。又愈々事業を『ランニング』にやるやうになった子会社，分系会社が適当，合法に物事を運んで居るかどうかを見て行くと言った風の事務も此部門に属するものであります。要するに会計検査院的な機構を一つ設けて万事成るべく間違，ちぐはぐの無いやうにしたいといふのが此『監理』を置いた所以であります[19]。」

　要するに，この組織設立の狙いは，それまで漠然と営まれてきた日本産業の主要職能を鮎川社長のもとに業務部＝資金調達職能，企業関係＝経営政策職能，監理部＝統括管理職能に3分割すると同時に，表2-12に示したように役員人事の刷新を行い，それぞれの部に適材適所の役員を配してその責任の所在を明確にしようとするものであった。それぞれの部長については，「エンヂニアー揃ひの日産コンツェルンにおいて唯一の財政通，株式通である」下河辺建二専務取締役を業務部長に，また，「日産系諸会社の設立と共に多く監査役の椅子を与へられている」山田敬亮専務取締役を監理部長に，そして，企業関係は鮎川社長が自ら掌握するとともに，その多角的業種を鉱山，工業，水産の3ブロックに分け，それぞれの分野のエキスパートで，かつ鮎川の腹心であ

る保田宗治郎取締役，浅原源七取締役，国司浩助常務取締役を配したのであった[20]。

なお，日産コンツェルン関係者から聞く限り，この本社機構整備後も，鮎川の専断的リーダーシップは微塵も揺るがなかったといわれる。ただ，ここで強調しておきたいことは，そうした最高意思決定者である鮎川をして，本社組織とコンツェルン組織・管理方式の確立に向かわせたという事実である。そこには，日産コンツェルンの規模拡大，傘下企業の多様化などの客観的状況が存在していたのである。

こうして，日本産業が本社機構を整備すると，宇原義豊は縦断的管理方式の次の段階，すなわちコンツェルン組織・管理方式の確立についての試案を矢継ぎ早に作成した。『宇原全集』（第1巻）の目次からそれらを見れば，「株式会社とコンツェルンの研究」「日産中央会の機能，規程細則，委員会議事細則」「日産協議会の組織と運用，規程案と其解説」「日産コンツェルン組織の難問と解決策，組織工作の合理化」「日産コンツェルン約款」「日産関係会社標準規程と関連規程」などがある。しかし，これらの中には目次に載っていても『全集』に収録されていないものもあり，また，必ずしも相互の関係が明らかでなく，使用されている用語も統一されていない。それゆえ，残念ながら，現在，それらを詳しく検討することはできない。

ここでは，宇原のコンツェルン管理構想を最も体系的に示していると思われる「日産コンツェルン約款」を紹介するにとどめる。

　「　　　　「日産コンツエルン」制度立案ノ趣旨
　一．日産「コンツエルン」全体ニ於ケル内部組織ヲ緊密強化シ，以テ組織構成ノ連結強化ヲ計レルコト
　二．日産ノ経営負担及経費ノ負担ヲ軽減シ且子会社ノ統制ヲ完全確実ナラシムルコト
　三．事業ノ成績ヲ向上セシムル経営力ノ充実ヲ計リ之ヲ資本力以上ニ優秀ナラシメ，以テ事業支配ノ力ヲ拡大シ，投資ニ依ラザル合併合同ノ方途ヲ拓クコト
　四．大資本事業組織ヲ活用セル経済工作ト合理的経営方法ノ実施ニ基ク経営上ノ改善ニ依リテ日産コンツエルン全体ノ実績ヲ昂上セシメルコト

目　次

第一章　総則
第二章　コンツエルン管理
　　　第一節　加入及脱退
　　　第二節　組織ノ構成
　　　第三節　経営組織
　　　　　　第一項　日産評議会
　　　　　　第二項　日産委員会
　　　　　　第三項　事務部
　　　第四節　統制管理
第三章　経済工作
　　　第一節　事業工作
　　　第二節　改善工作
第四章　収支及支出

　　日産コンツエルン約款

　　　第一章　総則

第一条　「日産コンツエルン」ハ各関係会社ノ事業経営上ニ於ケル連契協同ヲ為シ事業上ノ利益及経営上ノ便益ヲ発揚シ、之ガ公平ナル均□（ママ）ヲ計リ、以テ関係会社全般ノ事業ヲ益々発展セシメ且基礎ヲ永遠ニ確保スルヲ目的トス

第二条　前条ニ於テ関係会社トハ日産コンツエルンニ加入セル会社ヲ云フ

第三条　日産本社ハ「日産コンツエルン」ノ統制機関トシテ全事業ヲ総覧シ、コンツエルンノ組織及制度ノ定ムル処ニ依リコンツエルン之ヲ管理ス

第四条　加入者ハ第一条ノ目的ヲ達スル為「日産コンツエルン」組織ノ一部ニ参加シコンツエルンノ方針及計画ニ基キテ、之ニ関連スル事務ノ一部ヲ負担シ且各自ノ事業ヲ経営スルノ義務ヲ負フ

第五条　日産コンツエルンノ事務所ハ日産本社内ニ置ク

第六条　本約款ノ改廃ハ日産本社ノ提案ニ依リ日産評議会ノ決議ヲ経テ行フ

第七条　本約款施行ニ関スル細則ハ別ニ之ヲ定ム、但シ施行法ハ関係会社ニ依リテ其ノ取扱ヲ異ニスルコトヲ得

　　　第二章　コンツエルン経営（ママ）

　　　　第一節　加入及脱退

第八条　コンツエルン加入者ヲ甲乙丙ノ三種ニ分ツ、甲種ハ当然加入トシ、乙種ハ之ヲ参加加入トシ、丙種ハ賛成加入トス、日産直系会社ハ甲種トシ、日産

傍係会社ハ乙種トシ，特ニ勧誘ヲ受ケテ加入スル会社ハ丙種トス
第九条　甲種加入者ハ当然加入スベキ者ニシテ，乙種及丙種加入者ハ責任保証者二名以上ノ連署ヲ以テ加入スベキモノトス，但シ丙種加入者ニ対シテハ担当ノ担保ヲ供セシムルコトアルベシ
第十条　コンツェルンニ加入スル者ハ凡ベテ所定ノ加盟契約証ヲ提出スルモノトス，日産本社ガ前項ノ書類ヲ受取リ組織手続ヲ採リ之ニ対シ加盟承諾書ヲ送附シタルトキヨリ加入ノ効力ヲ生ズ
簿十一条　コンツェルンニ加入後当該加入会社ニ於テ定款ノ変更又ハ株主総会ノ承認ヲ要スル場合ハ遅滞ナク其ノ手続ヲ取ルコトヲ要ス
　　前段ノ場合ニ於テ承認ヲ得ザリシトキハ脱退シタルモノト見做スコトヲ得，但シ其ノ時迄ニ発生シタル責任ヲ免ルコトヲ得ズ
第十二条　コンツェルンヲ脱退セントスル者ハ脱退申請書ヲ日産本社ニ提供スルコトヲ要ス，脱退ノ申請書提出後一ケ年以内ニ其ノ効力ヲ生ズルモノトス，但シ脱退後トハモ脱退前ニ生ジタル責任ヲ免ルルコトヲ得ズ
第十三条　コンツェルン加入者ニシテ本規約ノ条項ニ違反シ又ハ組織ノ進行ヲ妨害スルノ所為アルトキハ之ヲ除名スルコトアルベシ
　　前項ノ場合ニ於テ損害賠償ヲ請求シ又ハ違約罰徴収ヲ為スコトヲ得
第十四条　脱退者ニハコンツェルンノ有スル財産ノ持分ヲ分与セズ
　　　　　　第二節　組織ノ構成
第十五条　加入者ハ本契約款ニ規定スル権利ヲ享有シ且ツ義務ヲ負担ス
第十六条　加入者ハ本約款ノ規定スル一定数ノ株式ヲ提供シ又ハ之ヲ所有スル義務ヲ負フ
　　前項ノ提供時価ニヨリ計算シ各々名義ヲ書換ヘテ行フモノトス
第十七条　加入者ハ所定ノ経営負担ヲ為スベキモノトス但シ既ニ納入セル経費ハ脱退シタルトキト雖モ返還セズ
第十八条　コンツェルンハ加入セシムルニ当リ特ニ最低額ノ配当保証ヲ為スコトアルベシ，但シ前項ノ場合ニ於テハ評議会ノ承認ヲ経ルコトヲ要ス
第十九条　コンツェルンハ必要ニ応ジ各加入者ヲシテ現ニ加入シ又ハ加入セントスル会社ノ株主トシンヂケート契約ヲ結バシムルコトヲ得
　　　　　　第三節　経営組織
　　　　　　　第一項　日産評議会
第二十条　本評議会ハ加入者ノ代表取締役ニヨリテ構成シ，会長ヨリ提案セル事項ニ付キ審議スルモノトス

前項ノ代表取締役ハ日産ト各社ト協議ノ上之ヲ定ム
第二十一条　本評議会ハ理事会ト総会ノ二種トス理事会及総会ノ権限ハ別ニ之ヲ定ム
　　　理事会ハ定員ヲ五名トシ内三名ハ会長之ヲ指名シ内二名ハ総会ノ選任ニヨル
第二十二条　総会ノ協議ハ提案事項ニ対スル実行上ノ承認，批判ヲ為スモノトス
第二十三条　協議ハ出席参加又ハ書面参加トシ其ノ決議ノ効力ハ評議ニ加ハラザルモノヲモ拘束スルモノトス
第二十四条　総会ノ招集ハ事務部会長之ヲ行フ
第二十五条　本評議会ニ提出スベキ議題ハ会長事務部ニ命ジ又ハ事務部会長ノ承認ヲ得テ作成ス

　　　　　　第二項　日産委員会

第二十六条　本委員会ハ加入者ノ代表委員ニヨリ構成シ，事務部ヨリ提案セル事項ニ付キ研究ニ当ルモノトス
　　　前項ノ代表委員ハ日産ト各社ト協議ノ上之ヲ定ム
繁二十七条　本委員会ハ常設委員会ト臨時委員会ノ二種トス
第二十八条　常設委員会ハ常設委員ヨリ構成シ，各担当範囲内ノ事項ノ立案及実施ニ付キ研究ヲ為スモノトス
第二十九条　常設委員ニ左ノ分科会ヲ置ク
　　　一．営業委員会
　　　二．技術委員会
　　　三．計理委員会
　　　四．人事及労務委員会
　　　五．倉庫及運輸委員会
　　　六．庶務委員会
第三十条　臨時委員会ハ随時必要ニ応ジ任命スル委員ヨリ構成シ，事務部依托ノ問題ニ付キ研究，立案，批判ヲ為ス，但シ当委員会ハ該問題ノ審議終了ト共ニ解消スルモノトス

　　　　　　第三項　事務部

第三十一条　事務都ハ日産本社内ニ置キ日産ノ従業員又ハ加入会社ノ従業員ヲ以テ之ニ充テ「日産コンツェルン」ノ事務ヲ取扱フ事務部員ハ日産ノ選任ニ依ル
第三十二条　拡張課ハ有望ナル新規事業ノ採算及調査，現在関係会社ノ整理，拡張スベキ事業又ハ会社ノ研究，並ニコンツェルンヘノ加盟勤誘ニ関スル事務

ヲ処理ス

第三十三条　工作課ハコンツェルン自体又ハ各加盟会社ノ事業ニ対シ直接間接ニ必要又ハ有益ナル事業工作並ニ改善工作ノ立案実施及連絡ニ当ルモノトス

第三十四条　監査課ハコンツェルン規約ノ励行ヲ監視シ且之ニ基ク計画ノ実施ヲ監督指導ス

第三十五条　管理課ハコンツェルント各加盟会社トノ連絡，提携，通信，及其ノ管理ニ関スル事務ヲ処理ス

第三十六条　会計課ハコンツェルンノ収支及損益ニ関スル計算及統計，納入金ノ収入及経費ノ支弁スル記帖並ニ出納ノ事務ヲ取扱フ

第四節　統制管理

第三十七条　加入者ハ本章ノ規定ニヨリ自己事業上ニ対シ日産コンツェルンヨリ各種ノ管理ヲ受クルモノトス

第三十八条　加入者ハ各年度開始前ニ当リ経営上ノ重要方針及其ノ事業計画ニ関シ日産本社又ハ日産評議会ト協議シ其ノ承認ヲ受クベシ，事業期中途ニ於テ必要アリト認メタル場合亦同ジ

第三十九条　加入者ハ毎期一ケ月前ニ其ノ期ニ於ケル事業予算及事業予定ヲ提示シ其ノ承認ヲ受クルコトヲ要ス，コンツェルンハ之ニ対シテ訂正ヲ命ズルコトアルベシ

第四十条　加入者ハ左記条項ニ該当スル場合ニ於テ事前ニ之ヲ事務部ヲ経テ本部ニ提示シ其ノ承認ヲ受ケ事後ニ其ノ報告ヲ為ス

イ．定款及重要規定ノ制定及改正

ロ．主要ナル事務規定

ハ．株主総会提議事項並予算計算及損分案

ニ．役員ノ進退及其ノ報酬

ホ．多額ナル借入又ハ債務保証

ヘ．営業ニ関スル新規計画及変更

ト．株金ノ払込並ニ増資，社債ノ発行

チ．課長及之ニ準ズベキ者任免進退及諸給与

リ．重要ナル訴訟又ハ契約ノ締結

ヌ．主務官庁ノ免許又ハ官許ヲ受クベキ事項

第四十一条　前条ノ承認ハ賛成，修正，否決ノ三種トス

第四十二条　加入者其ノ社ノ経営上ニ於テ本コンツェルンノ方針及計画ニ準拠シ得ズ又ハ得ザル恐アリト認メタルトキハ予メ其ノ理由ヲ釈明且証明スルコト

ヲ要ス
第四十三条　加入者ハ毎月所定ノ期日迄ニ左記ノ報告ヲ提出スルコトヲ要ス
　イ．毎月末現在貸借対照表
　ロ．営業報告書
　ハ．購入報告書
　ニ．製造報告書
　ホ．会計報告書
　ヘ．事務及経費ニ関スル報告
　ト．其他特ニ必要アリト認メタル事項
第四十四条　事務部ハ事務上必要ト認ムル報告ヲ求メ又ハ現場並ニ帳簿ノ実際ヲ調査シ若シクハ係員ヨリ之ヲ聴取スルコトヲ得
　　　第三章　経済工作
　　　　第一節　事業工作
第四十五条　コンツエルンハ本章ノ規定ニヨリ各加入者ノ事業ノ為メニ各種ノ経済施設ヲ設ケ又ハ各社ノ事業経営上ニ於ケル効率ノ促進及欠点ノ改修ヲ為スモノトス
第四十六条　コンツエルンハ共同機関ノ設置，経営方法ノ共同化協力的分業又ハ処置ヲ採ルモノトス
第四十七条　第四十四条及第四十五条ノ目的ヲ達スル為メコンツエルンハ各加入者ノ事業ニ付シ次ノ如キ処置ヲ採ルコトヲ得
　　但シ之ガ為メニ生ズベキ利益又ハ負担ノ割賦方法ニ付イテハ別ニ之ヲ定ム
　イ．人員ノ配置，変更及整理
　ロ．事務所，工場ノ新設，改修及休止
　ハ．設備，創設，改修及休止
　ニ．施設ノ設置又ハ事務処理ノ命令，変更及廃止
　ホ．事業上ニ於ケル諸手続及諸制度ノ創設，変更及休止
　ヘ．購入先及購入方法ノ停止又ハ変更
　ト．販売先及販売方法ノ停止又ハ変更
　チ．前各項ヲ遂行スルニ要スル経費又ハ事務ノ負担
第四十八条　コンツエルンハ第三十六条ノ目的ヲ達スル為メ事務部ヲシテ加入者ノ事務状態ヲ調査シ，係員ノ報告又ハ意見ヲ求メ，若シクハ関係帳簿諸表等ヲ閲覧セシメルコトヲ得ベシ
　　　　第二節　改善工作

第四十九条　コンツェルン各社ノ事業ノ発展ヲ期シ且之ガ事業上ノ欠陥ヲ改善除去スル為メ，協力シ且其ノ指導ヲ為ス
第五十条　前条ノ目的ヲ達スル為メ考査委員会ヲ置ク
　　考査委員ハ各社ノ業務及技術ニ対スル能率的経済的批判ヲ為スモノトス
　　第四章　収入及支出
第五十一条　収入ハ之ヲ会費，特別負担及補助ノ三種トス
第五十二条　会費ハ加入者ヨリ徴収スルモノニシテ定額トシ半ケ年分宛納入ス
　　前項ノ会費ハ入社脱退ノ場合ハ月割ト為ス，但シ脱退ノ場合ト雖モ返済セズ，其ノ持分ニ付テモ亦同ジ
第五十三条　コンツェルンハ理事会ノ決議ヲ経テ特別ノ計算方法ニヨリ会費徴収ノ方法ヲ決定スルコトヲ得
第五十四条　特別負担ハ事業工作ガ特ニ一部ノ者ニ関スル場合，其ノ所要金額ノ全部又ハ一部ヲ負担セシムルモノニシテ其ノ率及額ハ常任評議会ノ承認ヲ経テ決定ス
第五十五条　補助ハ日産本社又ハ加入者ヨリ寄付ニヨル其ノ方法ハ別ニ定ム
第五十六条　コンツェルンハ事業上必要ナリト認ムル場合ハ特ニ之ガ資金ニ充当スル為メ其ノ積立ヲ命ズルコト得ベシ
第五十七条　コンツェルンハ年二期ニ分チ収支計算ノ報告ヲ為ス
前項ノ会計監査ハ評議員総会ヨリ委任サレタ検査員之ヲ行フ
第五十八条　コンツェルンノ会計期間ハ毎年五月一日ヨリ十月末日，十一月ヨリ四月末日トス　　　　　　　　　　　　　　　　　　　　　　　」

　この「日産コンツェルン約款」は，宇原によれば自分のコンツェルン管理構想を体系的に「整ヘテ法制的効果をあらしむために中口末松氏（日本産業文書課長—引用者）に請ふて作成[21]」したものであるとされる。そして，この「約款」の表紙には1935年4月16日の日付と第2回訂正案と明記されており，さらにその右肩には仮定案という書き込みがある。それゆえ，この「約款」は最終的なものではなく，多分に日産コンツェルン全体の管理構想・方法についての宇原の中間報告的なものであったと思われる。

　したがって，この「約款」は財閥コンツェルン組織・管理の実体についての興味深い史料ではあるが，ここでは立ち入った評価・検討は差し控え，次の2点を指摘しておくことにとどめる。

第1点。宇原が「日産と関係会社は法人としての人格を異にするが故に，日産会社が直截的に関連会社を統制せんとするは合法的ではない[22]」として，日産コンツェルンの統括管理機関を2つに分け，コンツェルン全体の運営，管理計画については日本産業の職能とし，その執行については同社と傘下企業の間に両社の参加による「日産コンツェルン」機構を創設し，この機構を通じて傘下企業の事業活動を管理しようと構想した点である。宇原のこの構想は，日産コンツェルンの形成事情を考慮したためであると思われる。すなわち，日産は前章で見たように，「コングロマリット」戦略の展開によって，それまで独立経営を行っていた企業が参集してできたコンツェルンであったから，日本産業が傘下企業を直接的に統括管理する方式よりも，傘下企業自身も参加する管理機構を通じて管理するという方式の方が，抵抗・摩擦も少なく，また，そうした管理方式の方がコンツェルン内部の結束を図る上でも効果的であると考えたからである。

　第2点。「日産コンツェルン」機構は，建前としてはコンツェルン加盟企業の自主的意思によって形成・運営される監督機関であったが，その統括管理権限は加盟企業の事業活動のあらゆる面にわたって，極めて集権的かつ強力なものであった。これは，日産が上記のような事情をもって形成されたコンツェルンであるがゆえに，傘下企業の活動を厳しく統制するルールを成文化しておかないと秩序ある企業集団として機能し得ないという側面があったからであると思われる。

　では，日本産業の職制整備と「日産コンツェルン約款」に代表される縦断的管理方式はどの程度実施され，その成果はいかなるものであったろうか。しかし，残念ながらそれについても解明する史料を欠いており，今後の課題とせざるを得ない。ただ，そうした管理方法を構想し推進してきた宇原は次のように述べている。

　　「筆者の日産ブロック統制案は鮎川社長により採用せられ自分は其陣頭に立ったのであるが，自由主義華かなりし当時の事として，仮令官界並に一部の民間先覚者間には非常時局対策として日本将来のため統制経済の必要を感じ，産業合理化に共鳴して居たものもあったが実際の経営者の多数は自分の行動を制肘せられることを嫌ひ，表面反対す可き正論なき場合は蔭に廻って各種の反対運動を敢

てし，筆者の合理化運動を制肘するに致った[23]。」

他方，管理される側にいた日本水産社長田村啓三は次のように語っている。

「統制課（監査課の誤り―引用者）をつくったため，決算のたびに日本産業の人が各社へ検査に来るわけです。私どもの日本水産では好意的でした。自分の会社ではうまくやっているつもりでも，外から，つまり日本産業からくる人に検査されることによって，いけない点がわかりますから。ところが，これは人の性格ですが，嫌う人はたくさんいました。検査もスムーズに進んでいるときはよいが，何かトラブルでも起きたときは困る[24]。」

立場を異にする2人の以上の発言からして，この縦断的管理方式には傘下企業の側からかなりの反発があり，その実施に際しては宇原の当初の構想から相当後退したものにならざるを得なかったようである。

事実，現在，史料的に確かめられる限り，1936年下期から翌年上期にかけて，日本産業の経営組織は大幅に再編された。その要点の第1は経営政策職能を担当する企業関係―鉱山部，工業部，水産部によるブロック別統制―の廃止，第2は企画部の新設と統制課の部昇格である。

この業種別ブロック制度の廃止に伴う親会社日本産業と傘下企業の間の業務上の連絡調整の処置として，傘下主要企業の社長を日本産業の役員に就任させるとともに（表2-12），そうした傘下企業の中に常務取締役以上と会長（鮎川義介）の指名する取締役，監査役からなる要務役員会を設置し，その企業の重要政策事項については，そこへ日本産業の役員が出席することにした。鮎川はこれについて次のように言っている。「先般来日本水産に於ては要務役員会を組織し首脳役員のみが会合して事要事項につき会議して居るが，其成績は頗る宜い。仍て此例に倣って今後は関係会社に夫々要務役員会を設置して頂き，日産から私以下常勤役員が出張って行って経営方針，新計画，社業の模様等に就き時々御報告を受け相談に与ることにする積である[25]」。

鮎川の以上の談話からも明らかなように，傘下企業の経営政策権限については，このブロック別制度の廃止により，当該企業に大幅に委譲されたのである。そして同時に，日本産業は，傘下それぞれの事業を鉱業分野＝日本鉱業，工業分野＝日立製作所，化学工業分野＝日本化学工業，日本油脂，水産分野＝

第2章　日産コンツェルンの戦略・金融・組織　59

図2-2　日産コンツェルン組織図（1937年6月）

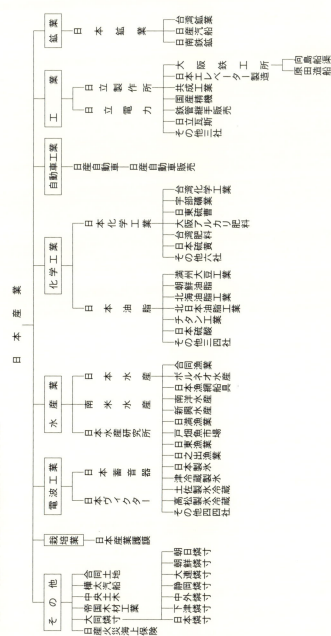

(出所)　和田日出吉『日産コンツェルン読本』春秋社、1937年の巻末図。

日本水産という具合に，支柱会社ごとに集中させ，さらに支柱会社に傘下の孫会社を管理させる方式をとり，コンツェルン機構の合理化を図ったのであった（図2-2）。

新設の企画部（部長浅原源七）は日本産業およびコンツェルン全体の企画職能を担当する鮎川社長のゼネラル・スタッフ的部門であり，また統制課の部への昇格（部長島本徳三郎）は，次の節で見るコンツェルンの横断的管理の推進・実施部門としての体制の整備を図るためであった。

後者の部昇格についての鮎川の談話を紹介しておけば，次のようである。

「最近日産コンツェルンの会社，従業員数は著しく増加して来た為め日産本社に於ては従来通りには各社の事情に通じがたき憾あり，常に其実相を知悉し容易に其全貌を明かにせしむる機構が必要となって来た。又関係会社相互に連絡を取って事を進める必要を生ずるに至った事項も尠くないが之等幾多の事務は共同して之を行へば単独に行う場合に比し合理的且つ能率に運ばれること無論である。例えば労務関係の問題の如きは之を関係事業間に協議協調して解決すべきもの多々あり又福利施設の如きは協同して之を実施することにより著しく其の効果を挙げ得る筈である。

仍て斯うした事務の面倒を見る中心を日産に設けることにして今回統制課を昇格して統制部を新設する次第である。勿論各社色々の事情のあること故共通事項を全部画一的にする意向ではない。統制部の仕事は関係会社に相互協議共同施設の利益を与へることにある。従って限られた範囲内に於て或る程度の統制を行ふことになると思ふが，それは関係各社の事業に干渉するものでは毛頭無いのであって此点は篤と御了解願ひたい[26]。」

(2) 横断的管理方式

宇原義豊は日本産業の統制課長に就任すると，前節で見た縦断的管理方式を構想・実施する一方，日産系「各社常勤重役間の個人的懇親を計り，旁々智徳涵養の機会を作って，各社業務上の連絡提携に資するを可とするの主旨に基き[27]」，1934年7月，統制課内に本部を置く日産木曜会を組織した。

日産木曜会は東京在住の日産系各社の常勤役員が毎月の第1木曜日に日本工業倶楽部に参集して午餐会を開き相互の親睦を深めるとともに，その席上鮎川義介や役員から事業上あるいは視察などに関する講演を聞くことによって各社

間の業務内容の相互認識と連絡提携を強め,「コングロマリット」的企業集団としての日産コンツェルンの結束を図ることを目的としていた。表2-13は1937年12月までの日産木曜会(1936年12月以降は東京支部)での講演テーマと報告書の一覧である。

表2-13 日産木曜会(懇話会)東京支部における講演テーマとその報告者

回数	年月日	講演テーマ	報告者
第1回	1934年8月30日	発会挨拶	日本産業社長　鮎川義介
2	34. 9. 6	(午餐会のみ)	
3	34. 9.20	大豆のアルコール抽出法	満州大豆工業取締役　二見松三
4	34.11. 1	自動車工業の現況	日産自動車専務　山本惣治
5	34.12. 6	捕鯨事業の現況	日本捕鯨常務　桑田透一
6	35. 1.10	(午餐会のみ)	
7	35. 2. 7	南洋視察談	日本産業護謨常務　阿部常太郎
8	35. 3. 7	欧米視察談	日本合同工船常務　西村有作
		北洋漁業取締法案に就いて	日本産業社長　鮎川義介
9	35. 4.11	タワオ護謨園事情	日本産業護謨タワオ出張所長　前田惟智
		南極捕鯨法	日本捕鯨常務　渋谷辰三郎
		映画「南極に於ける捕鯨実況」	
10	35. 5. 2	水産研究所設立に就いて	日本水産研究所専務　長友寛
		萩博覧会報告	日本産業統制課長　宇原義豊
11	35. 6. 6	日立製作所電気部取扱製品の紹介	日立製作所電気部長　大庭満平
		映画「日立製作所作業に関する実況」	
12	35. 7. 4	欧米視察談	大同燃寸常務　三保幹太郎
13	35. 8. 1	南米の感想	南米水産専務　甘利造次
14	35. 9. 5	金銀銅市場漫談	日本鉱業常務　椎名芳胤
15	35.10. 3	用紙標準化委員会経過報告	日本産業統制課長　宇原義豊
		ボルネオの水産業に就いて	ボルネオ水産専務　中村精一
16	35.11. 7	満州大豆製品の用途と会社の方針	大豆製品取締役　金井真澄
17	35.12. 5	南京土産話	日本産業取締役鉱山部長　保田保治郎
18	36. 1.16	映画「日本鉱業高玉鉱山の実況」	
19	36. 2.26	宇部礦業の創業に就いて	宇部礦業取締役　中尾謹治郎
20	36. 4. 9	山陽無煙炭株式会社と独逸に於ける最新煉炭事情	日本産業取締役鉱山部長　保田保治郎
21	36. 5. 7	その後の捕鯨事情	日本捕鯨常務　桑田透一
		輝く日本大博覧会と日産館の話	日本産業統制課長　宇原義豊
		映画「輝く日本大博覧会と日産館」	
22	36. 6. 4	満州視察談	共同漁業社長　田村啓三
23	36. 7. 2	欧米雑談	日本食糧工業取締役　白洲次郎

24	36. 9. 3	台湾の土産話 ヅングン鉄山，タンドウ満鉱山に就いて 映画「ヅングン鉄山，タンドウ満鉱山作業状況」	日本産業社長　鮎川義介 日本鉱業ヅングン鉱山事務所長　熊田磊蔵
（「日産木曜会規程」制定後）			
1	36.12.22	アメリカ視察談 映画「フォードの小工場」「トラックの登山検査」	日産自動車常務　久保田篤次郎
2	37. 1. 7	新年挨拶	日本産業社長　鮎川義介 日本鉱業社長　伊藤文吉
3	37. 2. 4	節分の話 日本水産研究所の新研究	日本化学工業常務　保田保治郎 日本水産研究所取締役　熊田頭四郎
4	37. 3. 4	日産の将来に就いて 映画「相州真鶴に於ける鰤大漁網」	日本産業社長　鮎川義介
5	37. 4. 1	香港より見たる日本及び日本人 マニラ麻に就いて	日本水産取締役　前根寿一 日本産業護謨取締役　前田惟智
6	37. 5. 6	第三次南氷洋捕鯨より帰りて 映画「第三次南氷洋捕鯨実況」	日本水産工船課長　馬場駒雄
7	37. 6. 3	日産火災海上保険会社に就いて 日産の職制変更と要務役員会に就いて ヤムピーサウトンド鉄鉱開発に就いて	日本産業社長　鮎川義介 日本産業社長　鮎川義介 日本鉱業臨時企画部長　藤村幸一
8	37. 7. 1	油脂工業に就いて	日本油脂常務　久保田四郎
9	37. 8. 5	ドライアイスの話	日本水産冷凍部研究課長　長野悌介
10	37. 9. 2	日産館の話	中央土木専務　宮長平作
11	37.10. 7	映画「支那事変ニュース」	
12	37.11.17	日産の満州国移駐に就いて	日本産業社長　鮎川義介
13	37.12. 2	船と虫と塗料 近衛首相演説レコード 映画「鰯鰹漁」	日本油脂取締役　斎藤定蔵

（出所）　日産懇話会本部編・刊『日産懇話会の梗概』1937年，4-8頁。

　要するに，宇原の狙いは縦断的管理方式をスムーズに実施する前提として，この日産木曜会の活動によって日産「大家族制度を築き上げることにあった[28]」のである。

　しかしながら，前節で見たように，縦断的管理方式の実施には傘下企業からの強い反発があり，宇原の構想通りには進まなかった。そこで，宇原は上記の方式によるコンツェルン管理から，日産木曜会組織を拡大・強化し，それを通

してコンツェルンを実質的に管理する方式に，その主眼を移してゆくことになる。縦断的管理方式から横断的管理方式への移行である。そして，1936年12月，下記のような「日産木曜会規程[29)]」を制定し，さらに翌年6月には前述したような日本産業の組織再編によって統制課を部に昇格させ，その横断的管理方式を本格的に実施したのである。

「　　　　　　　　　日産木曜会規程
　　　　第一章　総則
第一条　本会ハ日産木曜会ト称シ本部及支部ヲ以テ組織ス
　　　本部ハ支部ノ中央機関トシ地方ハ別ニ定ムル所ニヨリ支部ニ所属スルモノトス
第二条　本会ノ本部事務所之ヲ東京市日本産業株式会社内ニ置キ
　　　支部事務所ハ之ヲ支部所在地ニ置ク
第三条　本会ハ会員会社間ノ業務上ニ於ケル連絡協調ヲ主トシ，併セテ会員ノ智徳涵養竝ニ相互ノ親睦ヲ計ルヲ以テ目的トス
第四条　本会ハ前条ノ目的ヲ達スルタメ必要ナル計画又ハ施設ヲ為ス
第五条　支部ノ設置ヲ為サムトスル場合ハ発起会社ニ於テ会員名簿ヲ作成シ之ニ当該支部規程案ヲ添付シ本部常務幹事ニ提示シ評議員会ヲ経テ会長ノ承諾ヲ得ルモノトス
第六条　本会ノ支部規程ハ本規程ニ準ジ別ニ之ヲ定ム
　　　　第二章　会員
第七条　日産発行ノ名簿ニ登録セル日産及関係会社ヲ会員会社トシ会員会社所属ノ常勤重役部課長竝ニ之ニ準ズル者ヲ以テ本会ノ会員トス，但シ前記名簿ニ於ケル（E）其他ノ関係会社ハ会長ニ於テ適当ト認メタル者ニ限リ本会ノ会員会社ト為スモノトス
第八条　地方ニ於ケル会員会社ノ本支社出張所又ハ之ニ準ズル者ヲ以テ当該支部会員会社トシ其所属常勤重役，部課長竝ニ之ニ準ズル者ヲ当該支部会員トス但シ支部会員ハ同時ニ本会々員タルモノトス
第九条　本会ノ会員タル資格ヲ有スル者ハ会員会社ニ入社又ハ登用ノ日ヲ以テ本会ニ入会シ死亡又ハ退職ト同時ニ退会シタルモノト看做ス
　　　　第三章　役員
第十条　本会ニ会長ノ諮問竝ニ常務処理一任スル機関トシテ左ノ役員ヲ置キ其分掌ヲ定ム

会長――日産社長ヲ推戴ス
　　　評議員会ヲ招集シテ議長トナリ本会ノ会務ヲ総理ス
副会長――評議員中ヨリ会長ノ指名ニヨリ之ヲ定ム
　　　会長ヲ補佐シ会長支障アル場合ハ之ヲ代行ス
評議員――日産常勤重役，各産業部門会社代表社長又ハ筆頭常務取締役ヲ以テ之ニ充ツ，但シ各支部長ハ本部評議員又ハ幹事トシ会長ニ於テ之ヲ決ス
　　　会長ノ諮問ニ応ジ本会ノ重要事項ヲ評議ス
常務幹事――正副二名トシ日産統制課長並ニ庶務課長ヲ以テ之ニ充テ東京支部常務幹事ヲ兼務シ幹事会ヲ招集シテ議長トナリ会務ヲ処理ス
　　　正幹事支障アル場合副幹事之ヲ代行ス
会計監督――日産経理課長ヲ以テ之ニ充テ本部並ニ東京支部ノ会計監査ニ関スル事項ヲ担当ス
幹事――任期六ヶ月トシ，各支部ヨリ支部長ヲ除キ一名宛ヲ当該支部常務幹事中ヨリ選出ス
　　　本部常務幹事ヲ補佐シ各支部ヲ代表シテ本会トノ連絡ニ当ル
書記――若干名トシ常務幹事ノ指名ニヨリ日産社員ヨリ選出ス，常務幹事ノ命ヲ享ケ本会ノ庶務会計其他ノ事務ヲ担当ス

第十一条　支部役員ノ本部役員兼務，会務ノ報告其他適当ナル方法ニヨリ本部ト各支部トノ連絡ヲ保持スルモノトス

第十二条　本会役員ニシテ失格又ハ辞任シタル場合ハ新ニ選任スルコトヲ得，但シ其任期ハ前任者ノ残任期間トス

　　　第四章　会　合

第十三条　評議員会ハ会長，副会長，評議員及常務幹事ヲ以テ組織シ本会ノ重要ナル事項ニ関シ会長ノ諮問ニ応ジ，必要ノ場合之ヲ開催ス

第十四条　幹事会ハ常務幹事，会計幹事ヲ以テ組織シ本会事業ノ計画又ハ実施ニ関スル協議ヲ為シ，必要ニ応ジ開催ス

第十五条　評議員会又ハ幹事会ニ於ケル重要事項ハ常務幹事ヨリ之ヲ各支部ニ通達スルモノトス

第十六条　必要ニ応ジ年一回又ハ二回本部役員会ヲ開キ本支部ノ連絡ヲ計ルモノトス

第十七条　支部ニ於テ規程改正，必要生ジタル場合ハ当該支部ヲ代表スル本部幹事ヲ経テ本部ノ承認ヲ得ルヲ要ス，但シ経費決算等其他重要事項ハ毎月末之

ヲ本部ニ報告スルモノトス
第十八条　会長，副会長及評議員ニシテ支部例会ニ常時出席スル必要アル場合ハ之ヲ当該支部顧問トシテ待遇スルモノトス
第十九条　本会ノ会員ハ各支部例会ニ出席シ当該支部会員ト同一ノ待遇ヲ受クルコトヲ得，但シ此場合ニ於ケル経費ハ例会開催支部ノ負担トス
第二十条　決議事項ハ各会議ニ於ケル所属役員総数ノ三分ノ一以上出席シ其過半数ヲ以テ之ヲ決ス，可否同数ナルトキハ議長ノ決スル所ニヨル
　　前項ノ場合ニ於テ文書回付ヲ以テ会議ニ代ヘ又ハ文書ヲ以テ出席ニ代フルコトヲ得

　　　　第五章　会　計
第二十一条　本部ニ要スル経費並ニ支部ニ対スル補助額ハ当分ノ間日産ニ於テ之ヲ本部ニ寄附スルモノトス
支部ニ要スル経費ハ当該支部所属会員会社ノ負担トシ，当分ノ間在籍会員一人ニ付月額三円ヲ醵出シ本部ヨリ其三分ノ一ニ該当スル額ヲ補助ス
第二十二条　本支部ニ於ケル会費徴収ノ方針並ニ毎期決算ニ於ケル過不足金ノ処置ニ関シテハ幹事会ニ於テ原案ヲ作成シ会長之ヲ評議会ニ諮リテ決ス
　前項ノ決定事項ハ本部常務幹事ヨリ之ヲ各支部長ニ通達スルモノトス　　　」

　従来の日産木曜会は日本産業およびその傘下企業の常勤役員間の親睦活動が主要目的であり，あわせて縦断的管理方式実施のための潤滑油的役割を期待されていた。しかし，この「日産木曜会規程」制定後の日産木曜会は，その第三条に「本会ハ会員会社間ノ業務上ニ於ケル連絡協調ヲ主トシ，併セテ全員ノ智徳涵養並ニ相互ノ親睦ヲ計ルヲ以テ目的トス」とあるように，日産系企業間の横断的提携がその主要目的になり，役員間の親睦活動は副次的目的とされた。そして，この2つの目的を実現するために，その機構を本部と支部に分けた。すなわち支部の中央機関としての本部は前者の目的を，支部は後者の目的を遂行する機構であった。「日産木曜会規程」制定当時の会員会社は表2-14の通りであった。

　まず中央機関の本部について言えば，その組織，役員構成は先に紹介した「日産コンツェルン約款」のそれに類似している。すなわち，日本産業の常勤役員とその主要傘下企業の代表者をメンバーとする評議委員会は会長（日本産業社会兼務）の諮問機関であると同時に，それは日産コンツェルン全体の連絡

表 2-14　日産木曜会会員会社（1936 年 12 月）

持株会社	日本産業
鉱業部	日本鉱業　合同土地　帝国木材工業　台湾鉱業　日本産業護謨　樺太汽船　日産汽船　中央土木　相浦炭礦　日本炭礦　宇部礦業
工業部	日立製作所　日産自動車　大阪鉄工所　日立電力　向島船渠　ダットサントラック　原田造船所
水産部	共同漁業　満州大豆製品　戸畑魚市場　新興水産　日本水産研究所　日本食料工業　日本ドライアイス　高速冷蔵汽船　日満漁業　合同漁業　ベルベット石鹸　ボルネオ水産　南洋水産　大北水産　日本水産　日本漁網船具　南米水産
その他	大同燐寸

（出所）「日産懇話会関係文書」（法政大学多摩図書館所蔵）より作成。

調整機関でもあった。また，日本産業の統制，庶務，経理の 3 課長の常任幹事と各支部代表者からなる幹事会は日産木曜会の業務事項を検討・処理すると同時に，会員会社の業務レベルの「委員会」的任務と役割を兼ねていた。そして，日産木曜会自体の運営・業務は常任幹事である日本産業の統制課長が掌握していた。

つまり，宇原は本来懇親会組織である日産木曜会の中に一種の管理機能をビルト・インさせ，その組織と活動を通して日産コンツェルン全体の管理を実質的に行おうと構想したのである。すなわち，宇原は次のように言っている。「『日産木曜会』（後日日産懇話会と改称す）なるものを創設し，其事務所を日産統制課内に置き統制課をして日産懇話会の幹事局たらしむることにして貰った。従而凡て協議会又は小委員会を催す場合には日産懇話会の部会又は小委員会の形態を以てし，其報告も懇話会の名義により関係会社の協力の下に捏ち上げた形をとる事にした。茲に於てか日産たる会社は関係会社に対しては単なる持株会社（後日反対に関係会社が其大株主に逆転した）たるに過ぎないが関係事業の関連運営に付ては会員会社の協議による懇話会なる機構を通して各社間を合理的且つ有機的に円滑なる連絡提携の実を挙ぐることが可能となったのである[30]」。

1937 年 6 月時点での日産木曜会本部役員を見ておけば表 2-15 のようである。上述した日本産業の組織再編によって統制課は部に昇格し，それに伴い日産木曜会の役員も若干変わったが，それぞれの役割については上記の「規程」

表 2-15　日産木曜会本部役員（1937 年 6 月）

役職名	氏名	備考
会長	鮎川義介	日本産業社長
評議員	小平浪平	日立製作所社長
〃	伊藤文吉	日本鉱業社長
〃	田中栄八郎	日本化学工業社長
〃	田村啓三	日本水産社長
〃	二神駿吉	日本油脂社長
〃	伊吹震	日産火災海上保険社長
〃	下河辺建二	日本産業専務取締役業務部長
〃	山田敬亮	日本産業専務取締役監理部長
〃	浅原源七	日本産業常務取締役企画部長
〃	島本徳三郎	日本産業常務取締役統制部長
理事長	島本徳三郎	
常務理事	宇原義豊	日本産業統制部嘱託兼日産火災海上保険取締役
理事	平井重美	日本産業社長秘書役
〃	吉田潤一	日本産業庶務課長
監事	川端良次郎	日本産業経理課長

（出所）『日産木曜会会報』第 13 号，日産木曜会，1937 年 7 月，2-3 頁。

のままであった。

　次に，支部について言えば，日産木曜会会員会社の本社，工場，事業所等の所在する全国主要都市に設置された（表 2-16）。その役割は本部での決定事項の推進・実行機関であると同時に，木曜会本来の目的である会員会社幹部間の親睦活動とそれを通じての各社間の業務活動の相互理解を主眼としていた。

　そして，日産木曜会はその目的を実現するために，1937 年 1 月から毎月 2 回『日産木曜会会報』を発行し，「会員会社並ニ会員各位ニ関スル『ニュース』ヲ報道シテ相互ノ連絡ヲ計リ旁々業務上ノ参考ニ供スル[31]」とともに，会員の参加範囲を常勤重役から部課長レベルまで拡げ，いわゆる「日産大家族制度」形成の母体としようとしたのである。

表 2-16　日産木曜会（懇話会）支部（1937年12月）

支部名	支部長名（所属会社）	会員数	その管轄地域	創立年月日
東京支部	鮎川義介（日本産業）	297名	東京府並びに其の近郊所在	1934年8月30日
大阪支部	六角三郎（大阪鉄工所）	72	京阪神並びに其の近郊所在	37. 3. 30
日立支部	馬場粂夫（日立製作所）	33	茨城県所在	37. 6. 17
戸畑支部	蓑田静夫（日本水産）		九州所在	37. 7. 4
戸畑分会	〃　　〃	54	福岡県糟屋郡以西，佐賀，長崎，熊本，鹿児島，沖縄各県	
福岡分会	横井信義（日立製作所）	25	福岡県遠賀，嘉穂郡以東，及び大分，宮崎各県	
宇部支部	城山保次郎（日本漁網船具）	43	山口県所在	
尾道支部	西牧忠治（大阪鉄工所）	35	広島，岡山二県所在	37. 7. 6
仙台支部	金子生一（日本水産）		東北六県所在	37. 11. 1
仙台分会	池田鎮夫（日本油脂）	30	福島，宮城，山形三県	
青森分会	栗田五郎（日本水産）	10	青森，岩手，秋田三県	
函館支部	西村有作（日本水産）		北海道並びに樺太所在	37. 11. 3
函館分会	〃　　〃	36	北海道寿都，長万部以南	
小樽分会	安久津庄右衛門（合同漁業）	29	北海道寿都，長万部以北	
金沢支部	安倍邦太郎（日東硫曹）		新潟，富山，石川，福井四県所在	37. 12.12
新潟分会	〃　　〃	10	新潟県	
富山分会	織田研一（日本化学工業）	15	富山県	
金沢分会	熊田磊蔵（日本鉱業）	15	石川，福井二県	
名古屋支部	武尾弥（日本水産）		愛知，三重，岐阜，長野，静岡五県所在	37. 12.24
名古屋分会	島田佐一（日本化学工業）	34	愛知，三重，岐阜，長野四県	
静岡分会	兼子起忠（日本水産）	18	静岡県	

（出所）　前掲，日産懇話会本部『日産懇話会の梗概』9-11頁，同『其後の日産懇話会』1938年，18-19頁より作成。

(3) 小括

　日産コンツェルンは，拡大戦略に対応する統括管理方策として縦断的管理と横断的管理の2つの方式を構想・実施した。当初，この2つの方式は前者が主体で後者がそれを補完するという関係にあった。しかし，その実施過程で前者はその席を後者に譲ることになる。とりわけコンツェルン管理の面においてはそうであった。その理由，すなわち縦断的管理方式が予期した程の成果をあげ得なかった要因として，次の2つの点が指摘できよう。

　第1点。日産コンツェルン傘下の主要企業は，その傘下に参集する以前，そ

表 2-17　1936 年下期における鉱工業上位 100 社の中の日産系会社順位

順位	社名	総資産額	創業年
6	日本鉱業	181,218	1905 年
18	日本水産	97,875	1911 年
26	日立製作所	81,412	1910 年
47	国産工業	39,174	1910 年
52	台湾鉱業	35,948	1925 年
64	大阪鉄工所	31,430	1881 年
71	日本炭礦	28,123	1934 年
27	大日本人造肥料	81,237	1887 年
93	合同油脂	20,594	1920 年

（注）　大日本人造肥料と合同油脂は 1937 年上期に日産コンツェルン傘下に入る。
（出所）　前掲，中村『わが国大企業の形成発展過程』32-37 頁，各社社史等より作成。

れぞれ独自の長い歴史を有している，わが国有数の大会社であった（表 2-17）。それゆえ，そうした独立志向の強い大企業からなる「混成グループ」を上から強力な権限をもって一元的に統括管理するという方式自体にはじめから無理があった。

　第 2 点。それでも，親会社の日本産業が豊富な資本力を保持して傘下企業を金融的に完全に支配していれば，この管理方式もそれなりの成果を上げえたと思われるが，前述したように，1935 年以降日本産業の資金調達能力では傘下企業の増大する資金需要を賄いきれなくなっていた。そのため，傘下の主要企業は独自で金融を行う度合が多くなり，この面からも傘下企業の自立性は強まる傾向にあったのである。

　そして，この縦断的管理方式から横断的管理方式への移行は，次章で考察する 1937 年 11 月の日産コンツェルンの本社日本産業の「満州国」移転による満州重工業開発（以下，満業と略記）の設立によって新たな局面を迎える。満業は半官半民の会社であり，その主要任務は「満州産業開発 5 ヶ年計画」の遂行にあり，在日系企業の持株会社であっても，それらの事業活動を統括管理することは実際上できなかった。

　日産コンツェルンの統括管理方策の縦断的方式から横断的方式への移行は，日本産業の「満州国」移転のちょうど 1 年前から始まっていた。すなわち，

1936年12月，横断的方式によるコンツェルン管理実施のために「日産木曜会規程」を制定し，同時に日本産業の職制を改正して傘下企業の事業活動の自由裁量の余地を大幅に拡大するとともに，上記の管理方式の推進・実施機関として統制課を部に昇格させた。そして，1937年9月，日本産業の「満州国」移転が決まると，「いわば親がいなくなったわけで，残された子供たちが仲よく手を組んでいこうという趣旨」のもとに，日産木曜会を日産懇話会と改称し，さらに翌38年には「残された子供たち」が中心となって合同土地の株式を満業から肩代わりするとともに，日産の名前を残すために社名を株式会社日産と変更し，在日系企業の連絡提携機関としたのであった[32]。

注
1) 特に鮎川の義兄・木村久寿弥太（当時三菱合資総理事）は，「これは一久原の問題じゃない，もし久原がどうこういうことがあれば，波紋は三菱にもほかにもやって来て，日本の財界は大混乱に陥る。あまりがたがたやっていると天下に知られてしまうから，素早く片付けないと収拾ができなくなる。お前でなければできぬ」と言って，久原家事業再建を引き受けるよう勧めた（宇田川勝「日産財閥成立前史についての一考察（下）」『経営志林』第9巻第4号，1973年，119頁）。
2) 「鮎川先生講演筆記(2)」（鮎川家所蔵）。
3) 鮎川義介「私の履歴書」『私の履歴書(9)』日本経済新聞社，1980年，59頁。前掲『久原房之助』312頁。
4) 日本産業株式会社編・刊『日産及関係会社事業要覧』1936年，2頁。
5) 高橋亀吉・青山二郎『日本財閥』春秋社，1937年，166，196頁。
6) 自動車工業振興会編・刊『日本自動車工業口述記録集』1975年，96頁。
7) 「膨脹日産の検討」『東洋経済新報』1935年6月29日号。
8) 正木久司『日本の株式金融』ミネルヴァ書房，1973年，142頁。
9) 安藤良雄編『昭和政治経済史への証言』上巻，毎日新聞社，1965年，272-273頁。
10) 「日産子会社の実体と日産株」『東洋経済新報』1936年5月9日号。
11) 鮎川義介『新資本主義と持株会社』東京銀行集会所，1934年，45頁。日本産業の資金調達活動と傘下企業の会計行動との関係について詳しく考察した論文として，小野武美「公開持株会社・日本産業と傘下企業の会計行動」『東京経大会報』第260号，2008年11月，がある。
12) 「日産は果して減配するか」『東洋経済新報』1935年9月21日号。
13) 和田日出吉『日産コンツェルン読本』春秋社，1937年，121頁。
14) 「日産グループと日産懇話会の生い立ち(1)」『日産懇話会会報』第6号，日産懇話会事務局，1978年5月，田村啓三（元日本水産社長）の談話，18頁。
15) 鮎川義介『日産の進路』日本産業株式会社，1934年，27-28頁。
16) 宇原義豊「日産綜合協力体制建設の梗概」『宇原全集』第1巻（未定稿）所収，頁数無し，春光懇話会事務局所蔵。
17) 同上。
18) 前掲，鮎川「日産の進路」22頁。
19) 同上，21頁。
20) 鈴木茂三郎『財界人物読本』春秋社，1937年，148-150頁。

21) 前掲，宇原「日産綜合協力体制建設の梗概」。51頁の□は欠字。
22) 同上。
23) 同上。
24) 前掲「日産グループと日産懇話会の生い立ち (1)」21頁。
25) 「日産の職制変更と要務役員会について」『日産木曜会会報』第11号添付史料，日産木曜会，1937年6月。
26) 同上。
27) 日産懇話会本部編・刊『日産懇話会の梗概』1937年，3頁。
28) 同上。
29) 「日産懇話会関係文書」所収，法政大学多摩図書館所蔵。
30) 前掲，宇原「日産綜合協力体制建設の梗説」。
31) 「通知」『日産木曜会会報』第1号，1937年1月，1頁。
32) 前掲，「日産グループと日産懇話会の生い立ち (1)」における藤本輝夫（元日産生命相談役）の談話，21頁。
　田村市郎，藤本輝夫に聞く限り，日産懇話会は日産木曜会（特に「日産木曜会規定」制定後）に比べて，管理機関として機能は希薄になり，懇親会的性格を強めていったと語っている。上記の「日産グループと日産懇話会の生い立ち」は，1978年3月20日に日産生命保険相互会社会議室で開催された田村，藤本，筆者の座談会を収録したものである。

〔付記〕
1）『日産木曜会会報』は1937年に『日産懇話会会報』と改称された。現在，第108号（1943年10月15日）の発行まで確認されており，春光懇話会事務局で保管している。戦後，1962年に同社コンツェルン系主要会社の社長会・春光会が発足すると，66年から『日産懇話会報』（2002年に『春光懇話会報』と改称）が復刊され，年4回発行されている。
2）本書で利用している鮎川家所蔵史料は，現在，国立国会図書館憲政資料室で「鮎川文書」として公開されている。

第3章

日産の満州進出と満業コンツェルン

1. 日産の満州進出

(1) 満州側の事情

　日産コンツェルンが，1937（昭和12）年上期までに三井，三菱両財閥に次ぐ一大企業集団を形成していたことは前章で見た。その日産が次の飛躍を求めてとった戦略は，「満州国」への進出であった。すなわち，日産コンツェルン本社・日本産業は，1937年11月，「満州国」に移転して半官半民の満州重工業開発株式会社（以下，満業と略記）に改組され，満州の産業開発を独占的に担当する国策会社となったのである。

　「財界の二・二六事件」，「満州産業独占の大芝居」などのセンセーショナルな話題を提供した，わが国第3位のコンツェルン本社の満州移転のきっかけは，受け入れ側の「満州国」政府・関東軍からもたらされた。「満州国」政府・関東軍は，1933年3月，「満州経済建設基本綱要」を発表し，南満州鉄道（以下，満鉄と略記）を主体とする一業一社方式の「満州第1期経済建設計画」を実施した。だが，この「第1期計画」は満鉄の資金難，経営能力の欠如，あるいはわが国資本家の満州投資に対する危惧などによって，十分な成果を上げることができなかった。

　そこで，「二・二六事件」以後の戦時体制強化，それに伴う日「満」両国の一体化政策の推進の一環として，「満州国」政府・関東軍は陸軍省参謀本部石原莞爾作戦課長の意を受け，日満経済研究所で立案された「満州第2期経済建設計画」をベースに，やはり一業一社方式に基づく総投資額22億円の「満州産業開発5ヵ年計画」を作成し，1937年4月から実施することにした。そして，その実施に先立って，関東軍は，1936年秋，日本内地の産業資本家を招

いて全満州の産業事情を視察させた上で,「5ヵ年計画」についての彼らの所見を求めた。この時渡満したのは津田信吾,安川雄之助,野口遵,森矗昶,鮎川義介らであったが,中でも鮎川の下記の意見が注目をあつめた。

　「㈠　産業五ヵ年計画に挙げられている目標数字はそれで結構だが,この計画は資源のたらいまわしで,各品目別の生産力拡充の間に横の連携に乏しく,かつ実施上のタイミングが不備である。すなわち,これは,日満両国の国防経済の需要を満たすという点に主眼をおいて,単に五ヵ年間に鉄は何屯,石炭は何屯という具合に編成された数字の並列に過ぎない。計画が別々の数字から成り立っており,その開発運営の方法も一業一社主義になっていて,相互関係に時間のファクターが抜けている。そのため,どのような手がかりから解きほぐし,繰り広げていって物にするかという総合的な企業計画が盲点となっている。

　㈡　満州のような広大な地域で,資源を開発し産業を興こすには,二つの方式がある。個々別々の各業主義で行くライン式と,総合的なピラミッド式である。普通考えられるのがライン式で,満州国の特殊会社制度もこれに属する。この際,従来の独立した一業一社のライン方式を思い切って捨ててしまい,ピラミッド式に総合的な形で資源開発するのでなければ不可である。

　㈢　先進国から資材と技術,さらに資本をも採り入れる必要がある。満洲はアメリカに似て,土地は広いし,物も豊富である。しかもへたに手がつけられていないからアメリカ式の本格的開発が可能である。アメリカの近代的機械をもって開発すれば,日本の工業よりも骨格の太い,力強い工業を作り上げることができる。

　㈣　自動車工業は,日本でもまだまだ大量生産まで行かず,ようやく経営単位に達した程度である。それよりも狭い満洲の市場相手では,本格的な自動車工業は興こせない。自動車工業には,多くの下請工業が必要だが,満洲には全然それがない。自動車や飛行機工業はそれだけを確立しようとしても無理で,関連する機械工業を同時に開発しなければならない1)。」

　「5ヵ年計画」実施直後,日中戦争が勃発した。その結果,日「満」両国を一体とする戦時ブロック経済体制の確立,満州の兵站基地建設は緊急課題となり,「5ヵ年計画」は鉱工業部門を中心に約2倍に拡大修正された。しかし,この「修正5ヵ年計画」を,上述のような隘路を持ち,しかも国策線の増新設を要求されていた満鉄が中心となって実施することは困難であった。そこで,

「5ヵ年計画」の推進者たちは満鉄に代わる計画遂行主体を探し，結局，鮎川の率いる日産コンツェルンに白羽の矢を立てた。その理由は下記の3点にあったとされる[2]。

(1) 日産コンツェルンは「5ヵ年計画」の眼目である鉱工業部門に基盤を置いた企業集団であり，特に軍部が渇望していた自動車工業を傘下に有していたこと。

(2) 日産本社は5万人以上の株主を有する公開持株会社で，株式の分散化が進んでおり，「満州国」建国以来「反財閥」イデオロギーを標榜していた関東軍にとって好都合であったこと。

(3) 短期間にわが国第3位の企業集団を築きあげた鮎川の経営手腕と彼の提唱する満州産業開発構想のうち，総合的ピラミッド方式と外国資本・技術導入構想が注目されたこと。

鮎川の総合開発構想は関東軍の「満州国」成立以来の念願であった満鉄コンツェルンを解体して，満鉄自身を本来の鉄道経営一本に専念させる，いわゆる「満鉄改組」策を可能にするばかりか，「5ヵ年計画」実施上のネックとなると考えられた資本・技術問題を解決する糸口になると思われたのである。

(2) 日産側の事情

次に日産コンツェルン側の事情を見てみよう。「満州国」政府・関東軍の要請を受け入れたのには，もちろん日産側にもそれなりの事情，願望，打算があった。行論の都合上，それらを先回りして言えば，日産の金融難と「二重課税」の負担増大，そして鮎川義介の企業家としての満州産業開発に賭けた「夢」，の3点を指摘することができる。

日産コンツェルンの拡大は，前章で考察したように，満州事変・金輸出再禁止以降の株式ブームを背景に展開された「コングロマリット」戦略を通じて達成された。そして，そうした戦略の原動力は，日本産業傘下企業の株式公開・売出しによる巨額の株式プレミアム稼ぎにあった。しかし，戦時経済体制の進展は株式市場の活況を沈静化させ，さらに既成財閥系企業の株式公開化を促し，その結果，彼らと同市場で競合しなければならないという事情も加わり，日本産業のプレミアム収入は減少した。(表2-2参照)。そして，プレミアム収

入の減少は日本産業の配当率・株価を下落させ，同社の高価格の株価を利用した既存企業吸収合併策を困難にさせたし，また，その収入減少を補うため，借入金を増大させなければならず，その支払利子が同社の資金繰りを一層圧迫した。

　こうした悪循環を打開する方策として，1935年4月，日本産業は所有する子会社株式を信託会社に委託し，それによって得た証書を担保とする5,000万円の社債発行を計画したことは前述した。しかし，この計画は，大蔵省の反対にあって実現できなかった。それゆえ，以後，日産コンツェルンの資金調達は次第に傘下支柱会社単位で行われるようになり，日本産業のこれら会社に対する統制力は弱体化していったのである。

　さらに1937年に入ると，こうした金融難に追い打ちをかけるように，臨時租税増徴法，北支事件特別税法が矢継ぎ早に実施され，子会社の所得税および臨時利得特別税の増徴ほか，持株会社の取得配当金，プレミアム収入にも特別税が課せられた。そのため日本産業の被る「二重課税」による増徴は半期で約74万円にも達し，「日産系全体の負担増は年5百万円を越すこと」が予想された[3]。それゆえ，傘下に優良企業を擁してはいたが，日本産業の公開持株会社としての妙味はなくなり，財務担当役員下河辺建二が「解散より他ない，日産の所有している他社の株式を日産の株主に返してしまうより他ないとの意見[4]」を主張するまでに，同社の経営難は深刻化した。

　このように，金融難と「二重課税」の負担増加によって，1937年当時の日産コンツェルンは外面的膨張とは裏腹に，その内面に立ち入れば「まさにダンケルクの水際までに追いつめられたピンチ[5]」に直面していた。

　そうした折，「満州産業開発5ヵ年計画」が実施されると，1937年5月，陸軍省軍務局満州班と「満州国」政府は協議の上，一業一社方式に基づく自動車，飛行機両工業建設に鮎川の出馬を求めてきた。この要請に対して鮎川は上記の満州産業開発構想を強く主張し，さらに「満洲国の産業開発のためには，単に自分ひとりの渡満でなく，優秀な人材，技術，資材とも一括移入の必要がある，また自動車，飛行機工業には，これらに不可離の鉄，石炭，軽金属工業等をも総合的に開発するのが能率的で，このためには全日産をあげて満洲に移駐してもよい[6]」という決意を告げた。

表 3-1　日本産業の借入金と支払利子　　　　　（単位：千円）

期別	借入金	支払利子	総支出に占める支払利子の割合
1929 年下期	13,010	522	57.9%
30　上	15,078	560	59.6
下	13,961	623	62.7
31　上	14,573	606	69.8
下	14,984	552	73.3
32　上	15,158	652	61.9
下	15,156	651	63.7
33　上	13,642	485	27.6
下	7,100	458	26.9
34　上	37,000	825	21.7
下	53,543	1,419	31.9
35　上	54,035	1,368	52.2
下	54,924	1,490	42.4
36　上	51,168	1,560	48.1
下	44,720	1,174	39.8
37　上	71,490	1,040	30.1
下	72,910	2,357	49.9

（出所）　日本産業株式会社各期「営業報告書」より作成。

　この鮎川の発言が1つの契機となり，さらに日中戦争の勃発に伴う「5ヵ年計画」自体の拡大という決定的事情も加わり，「満州国」政府・関東軍の満州産業開発方式は従来の一業一社主義から鮎川の主張する総合開発主義に転換された。そして，日「満」両国政府と鮎川は具体的協議に入り，その結果，1937年10月22日，日本産業の満州移転のベースとなる「満州重工業確立要綱」が閣議決定され，「満州国」政府もそれを承認した。この「要綱」は「日満両国政府援助の下に満洲国に於ける重工業の確立発展を図る為新に重工業の総合的経営を目的とする強力な国策会社を設立する」。そして，その国策会社の総裁には「現日産社長鮎川義介氏を予定」し，また，「諸事業の開発経営資金に付ては外国資本の参加を認め外国の技術設備と共に努めて外資の導入を図るものとす，右は本案の要件として特に重きを置くものとす[7]」と明記していた。
　このように，鮎川の満州産業開発構想は全面的に受け入れられたのである。そして，その総合開発方式の主体となる日本産業の満州移転条件として，①

「満州国」内の新規投資資金に対する年6分配当と元本の保証, ②「二重課税」負担の軽減, ③株式の市場性の尊重, ④株式担保付社債発行の認可, ⑤配当政策の自由, ⑥日本銀行, 日本興業銀行等の援助, の6特典が日「満」両国政府によって示された[8]。

　こうした特典は「ダンケルクのピンチ」に直面していた日産コンツェルンにとって確かに魅力であり, その限りでは日本産業の満州移転は「渡りに船」と言えないこともない。しかし, それらは半面, 海外に本社機構を移転させるリスクを考慮に入れた当然の要求であり[9], この特典からのみ日本産業の満州移転を説明するのは一面的である。それゆえ, ここで鮎川の満州産業開発に賭けた「夢」, すなわち日産コンツェルンの満州進出の積極面が問題となる。

　戦時経済の進展は, 日産コンツェルンにとって, 上述のように発展の制約要因となったが, 他方, 満州事変期の「財閥攻撃」にさらされていた三井, 三菱, 住友などの大財閥にとっては, いわゆる「軍財抱合」気運を生じせしめた。そして, 彼らはそうした情勢の中で公開コンツェルンへの脱皮を図りつつ, 新興財閥の活動分野である重化学工業分野への進出を強行した。

　しかしながら, このような事態の進行は新興財閥の総帥を自負し, 時代を先取りする形で公開コンツェルンの形成と重化学工業分野への進出を図り, それを梃子に大財閥に追いつき追い越すことを念願としてきた鮎川にとって耐え難いことであった[10]。それゆえ, 大財閥と対抗して日産コンツェルンの一層の拡大を図るためには, 鮎川は経営戦略, 機構の両面で新機軸を打ち出さなければならなかった。

　そこへ,「満州産業開発5ヵ年計画」問題が持ち上がり, 鮎川の構想が全面的に受け入れられ, しかも公開持株会社を本社に持つ日産コンツェルンにとって有利な条件が提示された。そこで, 鮎川自身, 満州産業開発に楽観的見通しを持っていたこともあって[11], この機会に本社機構を満州に移転するとともに, 事業活動の範囲を満州にまで拡大し, 日「満」両国にまたがる一大コンツェルンの建設を企図したのである。要するに, 日産コンツェルン本社の「満州国」移転は, 戦時経済体制ならびに大財閥の企業行動への対応策であったのであった。

2. 満業のコンツェルン経営

(1) 巨大コンツェルンの形成

「満州国」政府・関東軍と日産コンツェルンの利害・願望が合致し，同コンツェルンの本社日本産業は，1937年11月，「満州国」の新京（満鉄付属地内）に移転した。そして，同年12月1日の「満州国」の治外法権撤廃によって日本産業は同国法人となり[12]，社名を満州重工業開発株式会社と改称するとともに，資本金を倍額の4億4,000万円に増資し，その増資株式を同国政府に所有させた。

こうして誕生した満業は，「満州国」政府および満鉄が所有する特殊・準特殊会社の株式を肩代わりし，「満州産業開発5ヵ年計画」の遂行機関としての活動を開始した。まず，満業の投資実績を表3-2によって概観すれば，同社の投資残高は1938年上期末の5億7,525万円から45年上期末の41億7,471万円へと，この7年間で7.3倍に増加した。そして，その内訳を見れば，1939年下期末には早くも満州関係事業への投資残高が日本関係事業へのそれを上回り，以後前者は45年上期に至るまで毎期増加の一途をたどった。これに対して，

表3-2　満業の事業投資残高　　　　　　　　　　　　　　　　　　　　　（単位：千円）

		満州開発事業			日本関係事業			合計
		株式	貸付金	計	株式	貸付金	計	
1938年	下期	247,199	3,035	250,235	267,464	57,553	325,019	575,254
39	下	572,333	66,138	638,471	267,654	54,085	321,739	960,210
40	下	953,557	169,746	1,123,303	270,876	47,718	318,594	1,441,897
41	下	1,026,582	471,457	1,498,039	187,983	42,651	230,634	1,728,673
42	下	1,286,225	495,414	1,781,639	49,113	1,409	50,522	1,832,161
43	下	1,735,161	628,609	2,363,770	—	—	—	2,363,770
44	下	1,915,545	1,342,957	3,258,502	—	—	—	3,258,502
45	上	2,033,426	2,141,285	4,174,711	—	—	—	4,174,711

（出所）　原朗「『満州』における戦時統制策の展開―満鉄改組と満業設立をめぐって―」安藤良雄編『日本経済政策史論』下巻，東京大学出版会，1976年，287頁。

後者の投資残高は漸次減少を続け，1943年下期末をもって皆無となった。これは，後述するように，満業所有の在日系会社株式を満州投資証券に肩代わりさせた結果であった。

次に満業の対満投資の内訳を表3-3によって見れば，鉄鋼，石炭両部門に全体の60%強を投資しており，これに東辺道開発（鉄鋼・石炭中心），石炭以外の諸鉱山，軽金属，飛行機などの部門が続いていた。要するに，満業の投資の大半は各種鉱山，鉄鋼，軽金属などの基礎資材部門の開発に向けられており，日本産業の満州移転の契機であった飛行機，自動車などの機械工業部門への投資はそれほど大きくなかったのである。

以上のような投資内容を持ってはいたが，それらの投資を通じて満業は膨張を続け，1941年には傘下に在満系企業31社，在日系企業63社の計94社を擁し，その払込資本金合計額は22億6,455万円に達した。この時点での三井財

表3-3　満業の産業別投資額推計　　　　　　　　　　　　（単位：千円，カッコ内は%）

	鉄鋼	石炭	東辺道	鉱山	軽金属	飛行機	自動車	機械他
1938年上期	83,050	47,283	—	17,757	24,000	—	1,880	—
下	25,000	16,000	6,800	12,500	6,250	5,000	1,680	—
39 上	25,000	53,000	7,200	12,500	6,250	5,000	25,000	—
下	69,000	73,000	34,231	21,000	25,618	19,879	10,940	—
40 上	30,016	78,719	26,719	27,114	18,279	22,007	10,940	—
下	61,905	88,200	24,021	16,588	14,054	14,496	10,133	41,800
41 上	51,133	118,039	23,400	18,085	12,842	22,000	—	△3,200
下	39,534	44,971	26,419	25,000	6,084	10,437	△16,122	6,400
42 上	69,017	43,270	25,883	25,000	4,336	10,000	8,116	—
下	62,068	51,819	11,535	8,596	2,662	10,000	34,429	27,510
43 上	70,971	263,754	—	24,958	8,813	—	6,350	11,726
下	129,500	△178,525	—	7,500	59,400	—	—	62
44 上	140,000	43,830	△139,000	51,500	27,500	—	25,000	△2,682
下	△13,000	48,457	—	△76,907	6,250	25,000	—	10,755
45 上	—	45,457	—	—	12,500	50,000	—	9,450
計	2,783,599 (△215,907)	843,195 (30.3)	837,274 (30.1)	186,208 (△139,000) (6.7)	268,098 (△76,907) (9.6)	234,838 (8.5)	193,819 (7.0)	118,346 (4.2)	101,821 (3.6)

（注）　区分可能なもののみの合計。
（出所）　第3-2表と同じ，290頁。

閥傘下企業払込資本金合計額は13億6,299万円，また三菱財閥のそれは12億6,399万円であったから[13]，満業の規模は三井，三菱両財閥のそれを上回っていたのである。

(2) 満業経営の失敗

では，こうした満業の事業活動の中で，日本産業の満州移転による鮎川義介の満州産業開発構想は成功裏に実現されたのであろうか。それらについての詳細は原朗，梅井義雄，井口治夫らの研究に譲らなければならないが[14]，結論的に言うならば，その答えは「否」であった。その主たる要因をあげれば，次の4点に集約することができよう。

〔外資導入の失敗〕

前記の「満州重工業確立要綱」は「右（外国資本の導入―引用者）は本案の要件として特に重きを置くものとす」として，外資導入を満業による満州産業開発の最重要項目に位置づけていた。鮎川は，「満州の重工業を5カ年（実際は10年かかると思った）で建設するには30億円を要するものとして少なくともその3分の1，願わくは半分は外資（主として米ドル）に依存すべきである」と考え[15]，満業成立後直ちに渡米し，自ら外資導入の打診と画策にあたる予定であった。そして，彼はアメリカ資本の満州導入によって日米間に共通の利害関係を作り上げ，それを梃子に両国の関係改善を図り，最終的にはアメリカの「満州国」承認を得るという，遠大な構想を抱いていた。

しかし，満業成立直後に発生した「パネー号事件[16]」を契機にアメリカの対日世論は一段と悪化し，さらに日中戦争の拡大という悪条件が加わり，鮎川自身の渡米機会はついに訪れなかった。また，鮎川の指示を受けて欧米諸国に派遣された腹心の浅原源七，三保幹太郎ら（両者とも満業理事）の外資導入工作は，その交渉相手は常に「二流三流の金融ブローカー[17]」でしかなく，それとてもいずれも失敗に終わった。このほか，外国人金融仲介業者による直接的引き合いもかなりの数にのぼったが，すべて交渉の域を出るものではなく，結局，鮎川は，1939年7月20日付で「外資問題経過報告書」を「満州国」政府と関東軍に提出し，外資導入が事実上失敗したことを認めた[18]。参考までに満業の外資導入成約件数を見ておけば，表3-4の9件のみであった。

表 3-4 満州重工業開発のクレジットによる機材・製品購入（確定分）

国籍	相手方	品名	買付額総額	現金払	延払額	クレジット期間
米	エマーマン	古 機 械	427,470 ドル	275,410	152,000	1年6月
米	ペン	古 機 関 車	146,000 ドル	91,000	55,000	1年
米	コッペル	鉱 山 用 貨 車	177,160 ドル	84,380	92,780	2年6月
米	ドル	鉱 山 用 設 備	186,270 ドル	62,090	124,180	1年
米	フォード	自動車及び部品	3,495,000 円	—	3,495,000	1/5は2年 4/5は1年
米	GM	自 動 車 部 品	5,000,000 円	500,000	4,500,000	1年5月
独	ベンツ	ディーゼル車及び部品	489,900 ポンド	48,990	440,910	11月
オーストリア	ボーレル	特 殊 鋼	30,000 ポンド	—	30,000	8月
独	カーロウキツ	機 械 類	2,000〜4,000万円	3割	7割	2年
延払額通計		約 50,000,000 円				

（注）このほか，満州重工業開発はチェコスロバキアのスコダ社，ドイツのヘンセル社，フランスのユージヌ社と交渉をもっていた。
（出所）「外資問題経過報告書」（鮎川家所蔵）より作成。

その後，鮎川は1939年12月から翌年4月にかけて欧州諸国を訪問した際，ドイツでヒットラー総統と会見し，「満州国」産の大豆とドイツ製機械の「バーター取引」を提案したが，これも実を結ぶに至らなかった。

〔資源開発の誤算〕

鮎川は満州の鉱工業資源については満鉄，「満州国」政府の調査を鵜呑みにした感があり，当時「東洋のザール」として鳴り物入りで宣伝されていた東辺道地域の地下資源を開発し，それを既存の鞍山・本渓湖地域の鉱工業ならびに鴨緑江本流の電源開発と結合させれば，南満州に世界的規模の重化学工業地帯を建設することができると考えていた[19]。

しかし，満業設立直後行った日本鉱業技術陣の東辺道地域の資源調査の結論は，「赤鉄鉱も見かけはまれなる美人ですが体格は問題になりません。粘結炭も無類の上物ですが，賦存状態は飛龍型で量産は不可能です。そのほかないものはありませんが，鉱物の標本室みたいなものです[20]」というものであった。また，世界的な鉱物資源調査の権威である元米国政府鉱山局長フースター・ベーン博士を招いての東辺道地域を含む全満州の調査の結果も，鮎川の期待に大きく反するものであった。

鮎川とすれば東辺道地域の資源開発を外資導入の「呼び水」にしようとして

いただけに，この2つの調査，特に後者の結果は，彼の満州産業開発構想を根底から揺るがした。そこで，鮎川は開発構想を練り直し，一時，その中心を重工業建設からアメリカ式大農法の導入による農業開発に切りかえる計画を立てたが，関東軍は認めなかった[21]。

〔統制経済体制の弊害〕

満業の満州産業開発計画の，外資導入と並ぶもう一つの眼目は総合開発方式の実施であった。そして，確かに満業は総合開発の主体であった。ただ，同社がその主体にふさわしい活動を行う上で多くの障害が存在した。特に最大の障害は「満州国」政府ならびに関東軍の存在であった。

満業傘下であるか否かにかかわらず，満州の特殊・準特殊会社の最終監督権限は「満州国」政府にあり，しかも，それら会社の経営活動に関東軍第4課が「内面指導」と称してたえず介入した。その上，特殊会社は法律上同格であったから，その面で満業による総合開発方式と抵触する場合が少なくなかった。中でも「満州国」内の重要物資の配給統制を一元的に取り扱っていた日満商事は「満業関係会社間ノ配給（ノ）最終ノ決定権[22]」を握っていた。それゆえ，満業は傘下企業間の原材料の配分と融通を自由に行いえず，その総合経営のメリットを十全に発揮することはできなかった。

鮎川とすれば，前述のように，満州の重工業建設はあげて満業に一任するという約束であったから，同社の総合経営主体としての法規上の権限を要求し，あわせて日満商事の満業傘下入りを画策した。しかし，満業を特殊会社の上に位置づける要求も，また日満商事の満業傘下への移行も，戦時統制の確立と満州の兵站基地化を目指す「満州国」政府・関東軍の認めるところではなかった。

また，満業とその在満系企業の役員人事にたえず関東軍が干渉した。しかも日産コンツェルン関係会社から満業とその在満傘下企業に入った役職員は少数で，その多くは満鉄出身者であった。しかし，彼らは必ずしも日本産業の満州移転を歓迎した者ばかりではなかったから，「『満業』内のチームワークもしっくりいかなかった[23]」。

こうした人事面での障害は，「人間を上手に操縦してゆくことがホールデング・カンパニー経営のコツだ[24]」という鮎川にとって，満業経営の困難を倍

［「満州産業開発5ヵ年計画」の破綻］

満業の投資活動のベースとなった「満州産業開発5ヵ年計画」に対する日本政府の反応は，当初，陸軍省を除けば積極的なものではなく，その結果，閣議決定は得られず，対満事務局の決定のみで実施に移された。

しかるに，実施初年度に日中戦争が勃発したことによって，「5ヵ年計画」の投資規模は一挙に2倍に拡大修正され，その上，実施方針も日「満」両国のブロック経済確立と軍需生産力拡充が前面に打ち出された。そして，この方針は戦争の拡大とともにますます強化され，「5ヵ年計画」の第4年度の1940年に入ると，それは，①全面的総合開発方針→重点主義的開発方針，②生産能力拡大方針→生産量増大方針，③現地調達主義による「満州国」の重化学工業化方針→日本に対しての可及的大量基礎資材提供方針，へと抜本的に再編されてしまい，事実上，この時点で「5ヵ年計画」の理念は破綻してしまった[25]。

3．満業の改組と在日系企業の奪回

(1) 満業の改組

以上のような悪条件の重なった中で，満業は設立の使命を果たすべく懸命な努力を続けた。しかし，周囲の情勢は好転するどころかますます悪化していった。そして，1940年4月の「満州産業開発5ヵ年計画」実施方針の根本的転換と前記のドイツとの「バーター交渉」の失敗に直面すると，鮎川義介は満業の経営に見切りをつけ[26]，秘かに満州撤退方策を構想し，実施していった。

その方策は第1に満業を「満州国」全体の産業開発遂行機関から単なる傘下諸企業の統括管理機関にすること，第2に満業傘下企業を在満系と在日系に分離し，それぞれを二元的に管理運営するというものであった。

前者の方策から見れば，満業は1941年3月と8月に2度の機構改組を行った。3月のそれは戦時体制下の物動計画の強化に対応する目的で行われたもので，従来の職能部門別組織を再編して，総裁室，企画部，東京支社のほか，鉄

鋼部，石炭部，非鉄金属部，機械工業部を置いた。この「機構改革ノ要旨ハ，当会社ノ満洲関係企業を業種別ニ大別して」，右の4産業部門に所属させ，統轄理事の指揮のもとに「各業種毎ニ一元的統制ヲ行フ」と同時に，関係会社の事業計画，資金計画，物動計画および要員計画の調整統合権限を企画部に集中するというものであった[27]。

　要するに，この機構改組の狙いは，在満系傘下企業の事業計画ごとに割り当てられていた，いわゆるヒト，モノ，カネの経営諸資源を満業本社企画部に集め，それらを満業の計画と責任において各産業部門に再配分することを通じて本社の傘下企業に対する統制力を強化し，その総合経営の実を上げることにあった。

　しかし，満業はこの機構改組の成果を見る前に再度の再編を余儀なくされた。1941年8月，重要産業団体令の制定によって満州をも含む形で重要産業部門ごとに統制会が設置され，当該産業における生産・配給計画の割当と経営諸資源の配分が強行されたからである。それゆえ，満業の新機構は存在意義を失い，同月，業種別の各部と企画部を廃止して総裁室と東京支社のほか総務，財務，監査，調査，鉄鋼工務の5部を設置し，本社職能を下記の3点に限定した。

　　「満業創立当初，日満両国カラ負担セラレタ重工業開発ニ関スル綜合経営ノ中，企画，物動，労務等ハ総テ之ヲ他ノ全体主義機関ノ裁量ニ委譲シ去ッテ，今後ノ業種ハ概ネ
　　一，傘下事業会社ノ人事ノ支配及ビ経営指導
　　一，投資及ビ金融
　　一，投資会社ノ業務及ビ会計監査
　　以上ノ三領域ヲ出デヌコトトシタ　　　　　　　　　　　　　　[28]」

　この8月の改組の結果，満業は副総裁高碕達之助の次の談話にもあるように，「満業国」の産業開発主体としての役割を著しく低下させたのである。

　　「満業が其の本来の目的たる多数の傘下会社の有機的綜合経営を，新に生まれんとする統制会に一任し，満業は単純なる持株会社として統制会の運営に協力すると謂ふ風に弱化し，一歩退けば満業は根本的に其の存在の要なきが如く観察さ

れる虞れも有る様に考えられるのであります29)。」

(2) 満州投資証券の設立

満州撤退の第2の方策として，1941年6月，満州投資証券株式会社（以下，満投と略記）が設立された。満業は，前掲「満州重工業確立要綱」の「処置」(3) により，在日系会社株式の資金化を順次行い，それを満州産業開発に投下する責務が課せられていた。この資金化を一度に，しかも在日系会社の支配権を満業から奪回する構想のもとに設立されたのが満投であった。

戦時経済の進展に伴い多量の低利公債を購入させられていた生命保険会社は，業績好調な軍需関連会社への投資に強い関心を持っていた。このことを察知した鮎川義介は，日「満」両国政府の了解のもとに生命18社の共同出資による「満州国」法人の満投を設立して，満業所有の在日系会社の株式を肩代わりさせ，その代金を満州に投下する計画を立て，それを約2年間で実施する予定であった30)。

満投の資本金は，満業所有の在日系会社の株式価格の総額に等しい4億円であった。そして，同社の株式は1株1,000円の無議決権株式39万5,000株と議決権付株式5,000株からなっており，前者の株式には「満州国」政府から年5分の配当保証と元本の10年後償還条件が付与され，生保各社によって引き受けられた。また，後者の議決権付株式は満業成立後の在日系会社の連絡調整機関であった株式会社日産によって所有された。この株式はその後，鮎川が主宰する財団法人義済会が保有する。

満投の設立と満業所有の在日系会社株式の前者への売却によって，満業傘下企業は在満系の満業が統括管理する会社群と，満投がその株式の大半を所有する在日系会社群に分断され，事実上，満業コンツェルンは解体してしまった。そして，こうした処置を通じて，鮎川は日本産業の満州移転に際しての責務を果たすとともに，在日系企業の経営権を満業から取り戻すことに成功した。そして，鮎川は，1942年12月，満業総裁を辞任してしまった。

4. 戦時下の日産コンツェルンの動向

(1) 重化学工業分野への投資増大

　表3-5は1937（昭和12）年，41年，そして財閥指定時の46年の3時点で，日産コンツェルンの傘下企業数とその業種別払込資本金合計額を見たものである（1941年の数字には満業の在満系直接投資会社10社，その払込資本金合計額10億4,357万円を含む）。これによれば，この9年間で会社数は49社から172社に増加しており，特に太平洋戦争期にその数が激増していることがわかる。また，コンツェルン傘下企業の払込資本金合計額はこの間に4億3,438万円から17億9,166万円へと4倍強の増加を見ている。なお，財閥指定時の払込資本金合計額は三井財閥の34億9,862万円，三菱財閥の31億1,673万円，住友財閥の19億2,183万円に次ぐものであった[31]。

　そして，この間のコンツェルン全体の払込資本金額の増加の中で特徴的なことは，鉱工業を含む重化学工業分野への投資が急増していることである。すなわち，払込資本金合計額に占める重化学工業分野の比率は1937年の83.5％から41年の88.2％を経て，46年には91.5％にまで達している。他方，軽工業，その他分野の比率は，この間に，13.0％から5.9％，3.3％から2.3％へとそれぞれ低下しており，日産コンツェルンは戦時経済の中で，ますます重化学工業中心の企業集団となっていったのである。

　こうした重化学工業投下資本の増加，その結果としての日産コンツェルンの膨張は，「時局会社」である日立製作所，日本鉱業の2大会社を傘下に有していたことによって実現されたものであった。表3-6は1937年と46年の両時点での日産コンツェルンの払込資本金合計額の中に占める上位10社とその比率，およびこの間の各社の払込資本金増加動向を見たものである。これによれば，戦時経済統制強化の中で台湾鉱業，日立電力，日本産業護謨の3社が退場し，代わってヂーゼル自動車工業，日本炭礦，南方日本鉱業，日立精機，日興工業の軍需関連5社が登場している。退場3社のうち，日本産業護謨は民需に基盤を置く企業であり，また，台湾鉱業と日立電力はそれぞれ日本鉱業，日本発送

第3章　日産の満州進出と満業コンツェルン

表 3-5　日産コンツェルンの傘下会社業種別払込資本金集計表

(単位：千円、％)

部門別	業種別	1937年 払込資本金	社数	対総計比率	1941年 払込資本金	社数	対総計比率	1946年 払込資本金	社数	対総計比率
金融業	保険業	1,250 (—)	1 (—)	0.3	2,750 (—)	2 (—)	0.1	4,650 (—)	2 (—)	0.3
	小計	1,250 (—)	1 (—)	0.3	2,750 (—)	2 (—)	0.1	4,650 (—)	2 (—)	0.3
重化学工業	鉱業	193,350 (30,000)	5 (1)	44.5	822,572 (573,922)	9 (6)	39.8	584,316 (18,850)	21 (5)	32.6
	金属工業	75,927 (—)	—	—	280,000 (280,000)	2 (2)	13.6	20,900 (2,000)	5 (1)	1.2
	機械器具工業		8 (—)	17.5	524,118 (112,500)	11 (3)	25.4	784,079 (23,550)	68 (8)	43.8
	造船工業							111,750 (—)	2 (—)	6.2
	化学工業	93,527 (9,839)	17 (4)	21.5	194,392 (21,657)	19 (7)	9.4	138,650 (37,235)	32 (13)	7.7
	小計	362,804 (39,839)	30 (5)	83.5	1,822,082 (988,079)	41 (18)	88.2	1,639,695 (81,635)	126 (27)	91.5
軽工業	窯業				— (—)		—	2,850 (—)	2 (—)	0.2
	農林・水産・食品業	54,817 (1,350)	8 (3)	12.6	85,650 (—)	2 (—)	4.2	81,495 (3,275)	10 (3)	4.5
	雑業	1,750 (—)	2 (—)	0.4	— (—)		—	22,000 (200)	7 (1)	1.2
	小計	56,567 (1,350)	10 (3)	13.0	85,650 (—)	2 (—)	4.2	106,347 (3,475)	19 (4)	5.9
その他	電力業	6,375 (—)	2 (—)	1.7	10,250 (—)	2 (—)	0.5	1,253 (—)	2 (—)	0.1
	瓦斯業	138 (—)	1 (—)	—	— (—)		—	5,825 (600)	6 (1)	0.3
	陸運業	4,000 (—)	2 (—)	0.9	29,950 (—)	2 (—)	1.5	1,145 (—)	3 (—)	0.1
	海運業	3,000 (—)	2 (—)	0.7	1,000 (—)	1 (—)	—	5,550 (—)	4 (—)	0.3
	土地・建物・倉庫業	250 (—)	1 (—)	—	114,650 (114,650)	1 (1)	5.5	27,200 (2,500)	10 (2)	1.5
	商事・貿易									
	小計	13,763 (—)	8 (—)	3.3	155,850 (144,650)	6 (1)	7.5	40,973 (3,100)	25 (3)	2.3
総計		434,384 (41,189)	49 (8)	100.0	2,066,332 (1,102,729)	51 (19)	100.0	1,791,665 (88,210)	172 (34)	100.0

(出所)　持株会社整理委員会編・刊『日本財閥とその解体』下巻、436、437、453、464 頁より作成。

88　第1部　日産コンツェルンの経営史

表3-6　日産コンツェルン上位10社の払込資本金増加状況

(単位:千円、カッコ内は%)

	1937年			1946年			1937～46年の払込資本金増加額	
順位	会社名	払込資本金	順位	会社名	払込資本金	順位	会社名	増加額
①	日本鉱業	138,750 (31.9)	①	日本鉱業	441,806 (24.7)	①	日立製作所	392,500 (28.9)
②	日本化学工業	53,900 (12.4)	②	日立製作所	437,500 (24.4)	②	日本鉱業	303,056 (22.3)
③	日本水産	51,918 (12.0)	③	日立造船	91,350 (5.1)	③	日立造船	79,350 (5.8)
④	日立製作所	45,000 (10.4)	④	日産重工業	75,000 (4.2)	④	日産重工業	65,000 (4.8)
⑤	台湾鉱業	30,000 (6.9)	⑤	日本海洋漁業統制	69,512 (3.9)	⑤	デーゼル自動車工業	64,581 (4.8)
⑥	大阪鉄工所	12,000 (2.8)	⑥	デーゼル自動車工業	64,581 (3.6)	⑥	日本炭礦	50,000 (3.7)
⑦	日産自動車	10,000 (2.3)	⑦	日本炭礦	52,600 (2.9)	⑦	南方日本鉱業	45,000 (3.3)
⑧	日本油脂	10,000 (2.3)	⑧	南方日本鉱業	50,000 (2.8)	⑧	日立精機	30,000 (2.2)
⑨	日立電力	6,250 (1.4)	⑨	日立精機	45,000 (2.5)	⑧	日興工業	30,000 (2.2)
⑩	日本産業護謨	6,000 (1.4)	⑩	日興工業	30,000 (1.7)	⑨	日本造船	20,400 (1.5)
			⑩	日本造船	30,000 (1.7)			
上位10社計 (49社)		363,818 (83.8)	上位11社計 (172社)		1,387,349 (77.5)	上位10社計		1,079,887 (79.5)
総計		434,384 (100.0)	総計		1,791,665 (100.0)	総計		1,357,281 (100.0)

(注) 1. 日本化学工業 (1937年12月、大阪鉄工所と日本油脂工所が合併し、日産化学工業と改称) は43年3月日本鉱業に合併された。そして、2年後の1945年3月、旧日産化学工業の化学工業部門は日本油脂と合同し、日産化学工業となった。また、旧日産化学工業の炭礦部門は1945年7月分離独立して日本炭礦と改称した。44年3月日産自動車は日産重工業と改称し、45年3月日産自動車、日立造船、デーゼル自動車工業、日興工業、日立製作所の、また、日本炭礦、南方日本鉱業の2社は日本鉱業の子会社であった。
2. 日本水産と大阪鉄工所上位10社のうち、日立造船、日立製作所の4社は日立製作所の、また、日本炭礦、南方日本鉱業の2社は日本鉱業の子会社であった。
3. 払込資本金増加上位10社のうち、日立造船、デーゼル自動車工業、日興工業、日立精機、日立製作所の4社は日立製作所の、また、日本炭礦、南方日本鉱業の2社は日本鉱業の子会社であった。

(出所) 表3-5と同じ、378-384、413-414頁より作成。

電に吸収された。

　重化学工業分野企業の台頭と民需産業分野企業の地位低下という現象は，上位10社にとどまっていた企業の間でも指摘できる。すなわち，日本海洋漁業統制と民需産業的性格の強い日産化学工業（日本油脂＋旧日産化学工業の化学工業部門）はその順位を下げているのに対して，日立製作所，日立造船，日産重工業の3社はその順位を上げている。

　この間の払込資本金増加企業を見れば，日立製作所を筆頭に日本鉱業，日立造船，日産重工業の順で，それを大幅に増加させている。そして，なによりも顕著なことは，日立製作所と日本鉱業の2社によってこの間のコンツェルン傘下企業の払込資本金増加額の過半を制していることであり，また，同資本金を増加させた企業の大半が両社の子会社であったという事実である。

　以上のことから，戦時下の日産コンツェルンの膨張は，「時局」に適合し得た日立製作所と日本鉱業の2大会社の急成長を通じて達成されたと言うことができよう。

(2) 多頭的企業集団の形成

　1936年下期から翌37年上期にかけて，日産コンツェルン全体の統括管理システムが，傘下企業の活動を日本産業が縦断的に統括する方式から，傘下支柱会社に大幅な経営権限を委譲し，それら企業間の連絡提携を基軸とする，いわゆる横断的管理方式へ移行・変容していったことはすでに前章で論じた。そして，こうした統括管理システムの変容は，1937年11月の日本産業の「満州国」移転による満業への改組によって，一気に進行した。満業の主要任務は「満州産業開発5ヵ年計画」の遂行にあったから，在日系会社の持株会社ではあっても，それら企業の事業活動を統括管理することは事実上できなかった。そこで，1937年9月，日本産業の「満州国」移転が確実になると，横断的管理の要であった日産木曜会を日産懇話会と改称し，その活動を一層活発にするとともに，翌38年には在日系企業従業員の健康・福祉増進を図る目的で日産会を設置し，さらに各産業分野の支柱会社が合同土地の株式を満業から肩代わりして，社名を株式会社日産と変更し，在日系企業の連絡提携のための機関とした。そして，1939年には日産懇話会，日産会，株式会社日産の活動の一

元化を図るため,株式会社日産に連絡課を新設し,「満業同系会社(在日系会社―引用者)間ノ連絡提携ニ関スル事務ヲ分掌」させるとともに,「従来ノ『日産会』及ビ『日産懇話会』ノ事務ハ……同課ニ於テ之ヲ取扱フコト」とした[32]。

こうした日産懇話会,日産会,そして株式会社日産の活動の結果,満業傘下の在日系各社はばらばらにならず,企業集団としての組織的統一性を維持することができた。ただし,親会社の満業がそれら会社に対する統括職能のみならず,資金供給職能をも事実上停止したから,在日系各社の自立化は進行した。そうした自立化と並行して,主要事業部門の統括管理機関でもあった支柱各社は,その分野の企業の資金需要に応じなければならなくなり,支柱各社自体の持株会社化が急速に進んだ。

要するに,満業傘下在日系企業は連絡提携機関の株式会社日産と,日産懇話会,日産会の活動を通じて,グループ意識の涵養・強化を図り,それぞれの支柱会社のもとに結集していったのである。そして,そうした支柱会社を中核とする多頭的企業集団形態は,1941年6月,満投が設立され,満業所有の在日系会社株式が同社に移管された後も,支柱会社間の比重の変化はあったが,基本的には変わらなかった。満投は持株会社ではあったが,その実体は生保各社の資産運用機関であり,同社の議決権株式を所有した株式会社日産,財団法人義済会にしても,異種多彩な事業会社をコントロールする機構も,資金力も持っていなかったからである。

その結果,日産コンツェルンは傘下企業172社,その払込資本金合計額17億9,166万円のわが国第4位の企業集団を満投,株式会社日産,義済会と日本鉱業,日立製作所,日産化学工業の事業持株会社が共同して支配・統括する形で,戦後の財閥解体を迎えたのであった。

注
1) 満州国史編纂刊行会編『満州国史』総論,国際善隣協会,1970年,546-548頁。
2) 宇田川勝「日産財閥の満州進出」『経営史学』第11巻第1号,1976年,59-60頁。
3) 原朗「『満州』における戦時統制策の展開―満鉄改組と満業設立をめぐって―」安藤良雄編『日本経済政策史論』下巻,東京大学出版会,1976年,240頁。
4) 「鮎川邸における満州関係者懇談会記録」(1951年10月26日)『満業重要書類(4)』(鮎川家所蔵)。
5) 同上。

6) 前掲『満州国史』548頁。なお、鮎川との交渉にあたっていた「満州国」総務長官星野直樹は、著書『見果てぬ夢』の中で「まさに、アジアを釣りに行って、クジラがかかったような話であった」と記している（ダイヤモンド社、1964年、212頁）。
7) 前掲『満業国史』554-555頁。
8) 持株会社整理委員会編・刊『日本財閥とその解体』上巻、1951年、78頁。
9) 野田正穂「満州に賭けた日産の夢と現実」『別冊・中央公論 経営問題』1965年秋季特大号、359頁。
10) 安藤良雄編『昭和政治経済史への証言』上巻、毎日新聞社、1965年、276頁。
11) 同上、280頁。
12)「この方式は鮎川の秘書岸本勘太郎の着想による。これによって（中略）日産は日本法人の解散にともなう巨額の精算所得税の負担を免れることができた」（前掲、原『「満州における戦時統制策の展開』246頁）。
13) 前掲『日本財閥とその解体』445-446頁。
14) 前掲、原『「満州」における戦時統制の展開』、栂井義雄「満業（満州重工業開発株式会社）傘下企業の生産活動」『松山商大論集』第31巻第2号、1980年6月、井口治夫『鮎川義介と経済的国際主義』名古屋大学出版会、2012年。
15) 鮎川義介「私の履歴書」『私の履歴書・経済人(9)』日本経済新聞社、1980年、65-66頁。
16) 1937年12月12日、中国・揚子江を航行中のアメリカ砲艦「パネー号」を日本軍が誤爆撃沈した事件。
17) 吉野信次「おもかじとりかじ―裏からみた日本産業の歩み―」通商産業研究社、1962年、428頁。
18) 満業の外資導入についての研究として、田代文幸「満州重工業開発株式会社の設立と外資導入交渉」『北大法学研究科ジュニア・リーサーチ・ジャーナル』、2001年12月、前掲、井口『鮎川義介と経済的国際主義』がある。
19) 前掲、原「『満州』における戦時統制の展開」264-265頁。
20) 前掲、鮎川「私の履歴書」69頁。
21) 同上、69-70頁。
22)「満業関係会社製品販売方針ニ関スル件」『満業重要書類(2)』（鮎川家所蔵）、カッコ内は引用者。
23) 松岡洋石伝記刊行会編『松岡洋石―その人と生涯』講談社、1974年、690頁。
24) 野田一夫「財閥」中央公論社、1967年、270頁。
25) 前掲、原「『満州』における戦時統制の展開」107-108頁。
26)「満州国」産の大豆とドイツ製機械の「バーター交渉」の失敗後、鮎川がその経過を同国総務長官星野直樹に報告した際、星野は「この豆のワクは実は"殻ワク"でほんとうに使われたら処置なしであった。できないで幸であった」と語った。信頼していた星野からこの言葉を聞いたとき、鮎川は「諸事、満州行きの初志は期待を裏切られ、私は完全に満州に望みを失った。満州に見切りをつける決心をしたのはこのときである」と述べている（前掲、鮎川「私の履歴書」73頁）。
27)「満業ノ機構改革ニ関スル鮎川総裁ノ説明」『日産懇話会会報』第96号、日産懇話会、1941年7月、10頁。
28) 満洲国政府編『満洲建国十年史』明治百年史叢書91巻、原書房、1969年、588-589頁。
29)「満業の再改組に就いて」『満業』第36号、満業懇話会、1941年8月、9頁。
30) しかし、最近の研究によれば、実際には満投による在日系企業株式の資金化と「その資金の満州への再投下は叶わなかった」とされている（小林和子「戦時投資信託の誕生」『証券経済研究』第74号、日本証券経済研究所、2011年6月、17頁）。また、安富歩『「満州国」の金融』は、満

業が「優良な在日関係会社の株式を切り売ることで日本からの資金調達を行う」方式は,1943年以降,「不可能となり,…日本からの資金導入は完全に途絶,」したと記している(創文社,1997年,178頁)。
31) 前掲『日本財閥とその解体』下巻,422-429頁。
32) 「在日関係会社ニュース」『日産懇話会会報』第65号,1939年10月,10頁。

第2部
日産コンツェルンの諸様相

第4章

田村家の水産業経営

はじめに

　本章では，日産コンツェルンの水産業部門形成に中心的役割を果たした久原房之助の次兄田村市郎家の事業活動をとりあげる。田村家の事業経営を問題にするのには，それなりの理由がある。第1に，日産コンツェルンの本社・日本産業の株価が回復し，同社株と引き換えに既存企業の買収が可能となった時，その戦略によって最初に日産傘下に入った企業が田村家の共同漁業であったこと，第2に，共同漁業を中核とする水産業部門を有していたことが，日産の化学事業分野，特に油脂工業部門に進出する契機となったこと，第3に，水産業部門は重化学工業分野の比重が高い日産にあって異色の事業部門であり（1937年上期末の水産業部門の日産投資総額に占める比率は14.7％），しかも，既成・新興財閥で水産事業を直営していたのは日産だけであったこと，第4に，日産傘下事業部門の中で水産事業分野の研究が等閑視されていたこと，などがそれである。

　それゆえ，田村家の事業経営，なかんずく共同漁業の生成・発展・過程を考察し，さらに同社の日産入りの含意を検討することは，日産コンツェルンの形成プロセス，およびその事業活動の特徴を浮き彫りにすると思われるからである。

1．田村家の事業経営

　久原庄三郎には，幾太・市郎・房之助の3人の成人した男子があった（次男

の浅槌は 1864 年 4 月 10 日没)。幾太と市郎は,それぞれ斎藤家・田村家へ養子にゆき,房之助が末子相続の風習にしたがい久原家を継いだ。房之助は,1891 (明治 24) 年 11 月から藤田組の経営の中心であった小坂鉱山に勤務し,第 1 章で考察したように,閉山の危機に直面した同山を製錬法の刷新によって見事に再建したのち,同族間の事業継承をめぐって生じた対立のため藤田組を退社した。そして,房之助は,出資権譲渡の代償として叔父藤田伝三郎家から分与される資金をあてに,1905 年 12 月,茨城県下の赤沢銅山を買収し,これを久原鉱業所日立鉱山と改称して独立した。久原鉱業所は,1912 (大正元) 年 9 月には資本金 1,000 万円の久原鉱業株式会社となり,さらに 28 (昭和 3) 年 12 月,同社が改組され公開持株会社日本産業となった。房之助の長兄斎藤幾太は神戸の大地主になり,次兄の田村市郎は分与された父庄三郎の遺産を活用して水産業に進出した。そして,田村家の漁業経営は,後述するように,久原房之助と彼の事業後継者鮎川義介の企業家活動と密接に結びついて発展してゆくことになる。

田村市郎は,最初,朝鮮の釜山に田村商店を開いて海産物の仲買をしたり,また,新甫でメンタイの肝油製造を試みたりしていたが,「本業はトロール漁業と北洋漁業とを中心とする漁業経営であった[1]」。

行論の都合上,後者の北洋漁業の方から見てゆこう。

(1) 北洋漁業

1907 (明治 40) 年 7 月の日露漁業協約の調印によって,本格的な北洋漁業開発の途が開かれた。この時期に田村は,北洋漁業にも積極的に進出した。1905 年 10 月,自ら経営する田村汽船会社の専務取締役中山説太郎を中心として大阪興業会社を設立し,樺太のニシン漁業に乗り出した。そして,同じく樺太に進出してニシン漁業を経営していた米林伊三郎の営業が不振になったのを見て,共同経営を申し込み,11 年,市郎の市を「一」に伊三郎の伊を「井」に変えて,新しく合名会社一井組を創設し,本店を函館においた。一井組の資本の大部分は田村家からの出資であった。そのため問屋の支配をうけなかったということもあって,一井組は,「たちまち堤商会,輸出食品株式会社とともにカムサッカ三羽烏の 1 つに成長した[2]」。

さらに事業の拡大を期した田村は，共同経営者の米林伊三郎と別れ，1914（大正3）年3月，一井組を発展的に解消して新たに日魯漁業株式会社を創立した[3]。新会社の資本金は200万円（2分の1払込）で，その4万株のうち，社長の田村が1万5,000株，久原が1万株，専務取締役の中山が1,000株，すなわち総株数の60%以上を田村系の人たちで所有していた[4]。そして，経営の実権は中山が握った。

日魯漁業の事業活動を期別に見たのが表4-1である。これによると，同社の経営はかなり順調に推移していったようである。しかし，結論的に言えば，田村一派は，1916年の第3営業期の終了とともに，その持株を大阪の株仲買人島徳造らに譲渡し，北洋漁業から手を引いてしまう。

その間の事情を，表4-1，2に依拠して見てみよう。第1営業期の業績は，30万3,000円の利益金を計上し，8万7,000円の漁場競落費償却金と4万7,000円の後期繰越金と5万円の積立金を除いて，10万円の配当を行い，順調なすべり出しであった。第2営業期は，漁獲量では前期に比べて減少しているにもかかわらず，前期を大幅に上回る56万2,000円の利益金を計上し，2分増配の1割2分の配当を行った。しかし，その利益の大部分は漁業経営によるものではなく，船舶部門から生じたものであった。1915年下期から，第一次世界大戦の影響を受け，船舶需要が急速に拡大した。日魯漁業でもこの状況に応じて，15年度は船舶部門の拡充に努め，船舶の建造・売却を活発に行ったほかに，カムサッカ漁場への輸送に使う長期契約の傭船を海運会社に転貸して大きな利益をあげた。すなわち，この期の利益金の約70%にあたる39万4,000円は船舶利益金であった。

結果的には，この船舶部門からもたらされた高収益が，田村一派をして北洋漁業から退陣させる主因となった。大戦の拡大によって，ますます活況になってゆく海運業に目を付けた専務の中山説太郎と主任の植木憲吉は，漁業経営に専念するよりも海運業を兼営する方が高収益を上げることができると考えた。そこで，中山らは田村と久原に働きかけ，北洋漁業の閑散期にあたる冬期に計画していたブリ定置網漁業経営のための資金を転用して，中古船を買い集め，それを海運会社にチャーターした。たまたま75万円で買った久美丸を200万円で売却することができたので，この利益金125万円をもとに，田村と久原が

表 4-1 日魯漁業の漁獲・営業成績

営業期間	ニシン(及び雑)	マス	サケ	合計	収入	支出	利益	配当金
	石	石	石	石	円	円	円	円
第1期 1914年3月〜11月	12,852	18,031	51,979	82,863	1,307,065	1,003,918	303,146	100,000(年1割)
第2期 14年12月〜15年11月	9,676	36,166	33,528	79,371	1,775,827	1,213,230	562,597	120,000(1.2割)
第3期 15年12月〜16年11月	7,206	17,289	14,847	39,343	1,375,572	962,603	412,969	486,801(4.8割)
第4期 16年12月〜17年11月	9,830	36,809	21,225	67,864	2,649,239	2,089,259	559,979	384,100(1.7割)
第5期 17年12月〜18年11月	7,007	11,746	43,911	62,664	4,638,854	4,280,070	358,784	300,000(1割)
第6期 18年12月〜19年3月	—	—	—	—	736,485	669,225	67,260	100,000(1割)
第7期 19年4月〜19年9月	2,509	86,489		88,998	3,047,823	2,109,142	938,681	225,000(1.5割)

(出所) 三島康雄『北洋漁業の経営史的研究』ミネルヴァ書房,1972年,38,45頁より作成。

発起人となり,1915年12月,日本汽船合資会社(資本金500万円,4分の1払込,翌年から株式会社)を設立した。しかし,この会社は,主任の植木憲吉ほか5名しか社員がいなかった。こうした事情からも示唆されるように,日本汽船は,海運業よりもむしろ戦時景気の先行きをあてこんでの船舶の売買や建造売却を,主たる事業目的とする,いわば船舶ブローカーであった。そして,その事業目的を容易にするため,既存の造船所を買収し,それによって船舶の補充・建造の迅速化を図ろうとした。

久原,田村らが,白羽の矢を立てたのが株式会社大阪鉄工所(のちに日立造船と改称)であった。同鉄工所の増資を機会に,株式買占めに取りかかり,1918年下期には過半数を手中にして,久原らの大阪鉄工所乗っ取り策は成功した。専属の造船所を確保した日本汽船は,1916年から19年の船腹不足時代に大阪鉄工所において16隻,計7万9,828トンの船舶を建造し,それを全部売却することで巨利を得た。

しかし,この間,日魯漁業の経営は必ずしも縮小されていたわけではなかった。1915年度には,カラフト西海岸のニシン漁場15,エトロフ島2,カムサッカ32のサケ・マス漁場を経営し,缶詰も3万2,000函余を製造した。さ

表 4-2 日露主要企業の缶詰製造高 (単位:函)

	堤商会	輸出食品	一井組～日魯漁業	日本人経営者数	日本側合計	デンビー	露人経営者数	露人側合計
1910年	704			1	704	9,300	1	9,300
11	3,532			2	4,322	18,764	2	19,914
12	5,890	8,211		3	24,801	26,170	3	32,935
13	28,561	26,200	16,449	8	81,518	54,322	3	58,326
14	15,537	20,444	17,585	6	60,566	55,000	3	77,000
15	47,249	34,143	32,672	5	117,984	105,000	3	145,050
16	123,986	44,736	42,998	6	220,627	137,109	5	246,581
17	169,688	51,372	24,312	5	258,700	189,640	2	235,271

(出所) 表 4-1 と同じ, 21 頁。

らに翌16年には, ニシン漁場12, エトロフ島3, カムサッカ19のサケ・マス漁場のほかに, 新たに北千島のカニ漁場4を経営し, 缶詰工場も北千島の幌筵島に2工場を新設し, サケ缶詰4万2,000函余, カニ缶詰2万3,000函余を製造した。しかし, 16年度の第3営業期の業績はふるわず, 利益金は前年度より15万円程減少した。その原因は, カムサッカ半島東海岸の大不漁のために漁獲量が半減したことと, 収益率の高い船舶部門を新設の日本汽船に譲渡したことにあった。

1916年11月, 日魯漁業は臨時株主総会を開き, 資本金を200万円から500万円に増資すること, 会社の事業目的を「漁業及水産物製造売買」から「漁業及水産物・農林産物製造売買」へと変更し, さらに「牧蓄」をも加えるという, 拡張案を打ち出した。しかし, その直後の翌12月, 大阪株仲買人島徳造から日魯漁業買収の話がでると, 田村らは, 惜しげもなく所有株を売り渡し, 同社の経営から手を引いてしまった。それも徹底したやり方である。まず1916年度の利益金41万2,000円に前期繰越金14万9,000円を加えた計56万1,000円から, 漁場償却金3万5,000円と法定積立金4万円を差し引いた残りの48万6,000円を, 1銭も次期繰越金に回さず, 全額を配当金に落してしまった。払込資本金100万円に対して実に48.6％という高い配当率である。しかも, 田村と久原で総株数の60％以上を保有しており, さらに社員に分与してあった株式も全部高価で買い取る処置をとったから, 配当金の大部分はこの兄弟が手中にしたわけである。

では，田村らはせっかく北洋漁業に進出したのに，なぜかくも早期に事業を放棄したのであろうか。その理由として2つのことが考えられる。一つは，北洋漁業の性格そのものについてであり，他は，経営者の企業家性能の問題である。

北洋漁業は本国を遠くはなれた異国の自然的条件の厳しい北限の地で営まれるものであり，しかも，漁場は競売によって落札するものであったから，巨額の資本が必要であった。しかし，その漁法は，沿岸での定置網方式をとっていたから，多くの資本を投下し多数の漁区を経営しても，魚がその漁区に回遊してこなければ不漁となり，したがって漁獲量の増加につながらなかった。日魯漁業の1916年第3営業期の不漁はその結果であった。

さらに言えば，北洋漁業での成功の鍵は，缶詰生産能力そのものにかかっていた。つまり「西日本漁業においては漁獲物の鮮度が価格決定の重要要素たる漁獲物すなわち商品であり，しかもこれが多種類であって，けっきょくいかにより多く漁獲するかが経営の第一義的目的であるのに反し，北洋漁業においては漁獲物は缶詰商品の原料であるにすぎず，缶詰製造能力の多少が経営の良否を決定するという相違がある。ことに北洋漁業の中心をなすさけ・ます漁業はロシア領沿岸漁業であって，漁船それ自体の性能の良否に関係なく，陸上の缶詰製造施設が決定的であ[5]」った。しかるに日魯漁業の缶詰製造能力は，表4-2から明らかなように，当時の北洋漁業における主要会社の中では一番劣っていた。

以上のことから次のことが言えよう。北洋漁業においては資本投下量の拡大と経営規模の拡充が，必ずしもその漁獲量の増大に結びつくものではなかった。それゆえ，北洋漁業の経営は「経験とあくなき執念なくては，必ずしも儲かる事業ではなかった[6]」。しかも長期にわたって高収益を上げる経営を安定化するためには，漁獲実績のある漁区を確保するだけでなく，政情の不安定な異国の辺地に巨額の固定資本を必要とする缶詰工場を建設しなければならなかった。

しかし，日魯漁業は，そうした条件を欠いていた。すなわち，日魯漁業は，上述のように，同業他社に比べて缶詰生産能力では決定的に劣っていたし，そして，より重要なことは，その事業を担当した中山が漁業経営に何らの経験も

情熱も持っていなかったことである。ここで，経営者の企業家性能の問題がクローズ・アップされてくる。

　田村市郎は出資者ではあったが直接経営には従事せず，専門経営者に事業運営を任せていた。後述するトロール漁業の場合は国司浩助であり，北洋漁業の場合は中山説太郎である。トロール漁業と北洋漁業とでは，その漁業としての性格が異なるから一概に論ずることはできないが，中山と国司の漁業経営に対する姿勢には歴然とした差があった。国司の企業家活動については次節で詳しくみるが，彼は「わが国トロール漁業界最初の本格的なトロール漁業人」であり[7]，その52歳の生涯をかけてわが国戦前最大の水産会社・日本水産（第3次）を形成した人である。これに対して，わが国の事業経営史上，中山説太郎の名前がでてくるのは，大正末期の久原鉱業の自社株買収事件，あるいは昭和初期の日魯漁業の経営権奪取を狙った島徳事件の中心的人物としてである。こうした事実からも示唆されるように，中山は，「企業家」というよりも，いわゆる「投機的事業家」と呼ぶにふさわしいタイプの経営者であり，堅実な企業家活動を旨として行動する人ではなかった。

　利にさとい中山は，日露戦争の勝利によって，ロシア沿岸の権益が確保されると，田村を説いて黎明期の北洋漁業に積極的に進出した。しかし，そこでの成果は予期した程のものではなかった。そこへ，第一次世界大戦が勃発し，海運・造船事業は空前の活況時代を迎えることとなった。すると，中山の関心は，上述のような厳しい条件下の漁業経営よりも，巨利を獲得できる時代の産業たる海運・造船事業に移行していった。そして，その関心が日魯漁業の船舶部門から生ずる高収益に魅せられてますます強くなり，彼自身「ブリを船に乗り替え[8]」たというように，日本汽船の設立につながったことはすでに述べた通りである。

　この間，中山の漁業経営に対する情熱は冷めていった。そして，1916年第3営業期の不漁によってそれは決定的となった。確かに，この年度は不漁であった。しかし，それでも表4-1に見るように，収入金137万5,000円，利益金41万2,000円を計上している。したがって，利益の対収入比は30.0％，対資本比は41.2％となり，事業を放棄するほど経営が悪化しているとも思えない。ただ，日魯漁業がその経営を継続してゆき，先発企業を凌駕するために

は，巨額の資金を必要とする缶詰工場の増設が不可欠であることは前述した。

　しかし，中山にはもはやそうした意思はなかった。彼の関心は日本汽船の拡充であり，その専属造船所の確保であった。そして，それにはやはり巨額の資金が必要であった。

　そこへ，1916年12月，島徳造から日魯漁業買収の話が持ち込まれて来た。中山とすれば，この話は，いわば「渡りに船」であった。そして，上述したような徹底した方法で，田村らは，所有株を手放し，北洋漁業から退陣したのであった。こうした決定に対して，岡本正男『近代漁業発達史』は，「田村はトロールの共同漁業の場合でも表面に出ず，資本家として経営はいっさい首脳者に任せているところをみると，もし中山が目先の利に走らず，同社を充実させていく能力があるとすれば，田村，久原の産業資本を背景として，露領企業史を大きく変えていったかも知れない[9]）」と述べている。

　しかし，国司と中山では，その経営者としての企業家性能が異質であったから，中山が国司の行動を，国司が中山の行動をとることは考えられないことであった。そして，結果的に見れば，第一次世界大戦時の好景気に乗じて，中山は，久原房之助の配下にあって，その「投機的事業家」としての手腕をいかんなく発揮する。その顕著な事例が，上記の大阪鉄工所の株式買占めによる乗っ取りであった。そして，大阪鉄工所を久原・田村家傘下に収めていたことが，後述するように国司浩助の主宰する共同漁業のトロール漁業集中化過程において大きな役割を果たすことになる。

(2) トロール漁業

　次に田村家のもう1つの事業であるトロール漁業について見てゆこう。田村市郎が1908（明治41）年10月に大阪鉄工所において建造した最初の国産鋼製トロール汽船第一丸は，翌年「汽船トロール取締規制」による許可第1号船となった。しかし，操業の成果は期待した程のものではなかった。ところが，第一丸より6カ月前から操業している長崎の倉場富三郎がイギリスから購入した深江丸は好成績をあげていた。そこで，田村はその差は汽船の設計と漁法の未熟さにあると判断し，10年7月，イギリスでトロール汽船を建造するため，配下の国司浩助を派遣した。翌11年5月，国司は，漁撈長ハージスティーを

ともない，スミス造船所で竣工した湊丸（188 トン）に乗って帰国した。田村は，直ちに田村汽船に新たに漁業部を設け，国司を主任として本格的にトロール漁業の経営に着手した。

ここで，国司の経歴と水産業に従事するきっかけを簡単に見ておこう。国司は，1877 年 2 月 10 日，山口県士族乃美平太の 3 男として兵庫県神戸市に生まれ，93 年 8 月，同じ山口県士族国司助十の養嗣子となった。養父助十は，鮎川義介の父弥八の姉の子であったから，義介の従兄にあたる。その関係で，1896 年 3 月，助十が死去すると国司は鮎川家に身を寄せていた。

国司は，1904 年 3 月，山口中学を卒業すると，前年東京帝国大学を出た鮎川義介に将来水産業に進みたいとの希望を打ち明けた。そこで，鮎川は，さっそく農商務省水産講習所の所長松原新之助，および同省水産局長牧朴真に面会して，水産業の将来性を確認し，国司に水産講習所へ入ることを勧めたといわれる[10]。

慎重な国司は，さらに縁戚にあたる明治の元勲井上馨，鮎川の姉が嫁いでいた三菱財閥の木村久寿弥太（1920 年から 35 年まで三菱合資総理事）に相談したのち，農商務省水産講習所本科漁撈科に入学した。そして，1907 年 7 月，同科を卒業すると，農商務省から引き続き遠洋漁業科入学を命ぜられ，さらに翌年 2 月，同省から遠洋漁業実習のため欧州に派遣され，イギリス・ドイツにおいて汽船トロール漁業の実地研修を行った。1 年半の留学を終えて帰国し，遠洋漁業科を卒業した国司は，すぐに田村市郎の経営していた対馬豆酸での鰤大敷網漁業に従事するが，1910 年，田村が英国に発注したトロール船湊丸の造船監督と回航のため渡英した。そして，この湊丸の到着とともに，上述したように，田村汽船漁業部が設立され，国司が主任としてトロール漁業に本格的に取り組むわけである。この間の事情を，鮎川は次のように言っている。「故人（国司のこと—引用者）の仕事として一番初めには，私が資本的には久原に紹介しまして，久原の方から久原の兄でありまする田村の資本を使はせて，そうして田村漁業部といふものを拵へ，それから事業的に発展させたのであります[11]」。

このように国司をとりまく「門閥の良さ」は，彼の水産経営者としてのスタートに恵まれた環境を提供したのであった。

田村汽船漁業部が設立された1911年には50隻の新造船が建造され，さらに翌12年には69隻を加えて操業船は139隻を数え，トロール漁業は黄金時代を迎えた。しかし，初期トロール漁業の盛況もこの12年までで，大正期に入ると，急転直下して衰退の一途をたどることになる。

　田村汽船漁業部は，正にトロール・ブームが最高潮に達していたときに誕生した。だが，所有船は，3隻しかなく群小経営体の1つにすぎなかった。しかし，田村汽船漁業部は，大正初期同業他社が不振にあえいでいる中，高収益をあげ，1912年には第二湊丸（224トン）を建造し，4年には鳥海丸（222トン），明治丸（214トン）海洋丸（225トン），第三西宗丸（251トン），大徳丸（251トン）等を購入して，合計7隻のトロール汽船を経営するまでに成長する。では，なぜ同業他社の倒産を尻目に，ひとり田村汽船漁業部だけが良好な業績を上げることができたのであろうか。その理由として，2つの要因が考えられる。1つは，大型優秀船の採用であり，他は，国司浩助の存在である。

　明治末期の熱狂的なトロール・ブームは企業の乱立と乱獲をもたらし，同漁業衰退の素因となった。特に，当時建造されたトロール汽船の多くは，船体過小，航続力も十分でなく遠洋に10日以上出漁することが困難であった。そのため，トロール漁業は本来遠洋に発展すべき事業にもかかわらず，多くの漁船は，近海の漁場で操業を続けて沿岸漁民との対立抗争を起こし，あるいは禁漁区域を侵犯することによって，一層の取締の強化，禁止区域の拡大を招くという具合に，自縄自縛を招いていた。

　前述した田村市郎の英国へのトロール汽船発注は，大型優秀船を建造することによって上記の困難を克服することに眼目があった。すなわち，「田村氏は予めこのこと（漁場の遠隔化—引用者）あるべきを察知し，〔明治〕44年最新式のトロール汽船湊丸をイギリスで建造し，これに熟練なるイギリス人漁撈長を聘して黄海及び支那東海に操業せしめ，その成績頗る良好であった[12]」。田村の意思は国司に引き継がれ，田村汽船漁業部は一貫して大型優秀船主義を取り続けた。その効果は近海海域での酷漁・禁漁区域の拡大によって漁場が遠隔化すればするほど明らかになり，大正初期のトロール漁業の苦境に際して決定的となった。たとえば，1916年5月発行の『水産界』は，田村汽船漁業部と

他のトロール業者を比較して次のように記している。

> 「トロール漁業界が一時の盛運より急転直下して極端なる反動を惹起し，斯業の恐慌時代に船主と云ふ船主一として顔色なき当時の恐慌時代にありてすら，別に慌てるでもなければ，悲観の色も浮べず，常に怡然として緩なるも亦確なる歩調を刻んで，始終一貫の経営振りに永続的に相当の利益を収めつつあるのは彼れ国司君の主宰せる事業である。斯業不振の主因は云ふ迄もなく勃興時代に前後の見境もなく船舶の濫造是れ事とせるが為めにして，多くの同業者が僅かに五六万を投じ小型で脆弱なる船を造り，只管営利に急がはしきが裡に在りて，噸数と云ひ，馬力と云ひ，研究に研究を重ね造船所の如き特に其の選択に意を用ひ，他の多くの僚船に較ぶれば二三万円も高価な船を造って，敢て時流を趁はざりし君は，当時にありては一種の嘲笑を以て迎へられたものだ，而かも固く自己の信念に従って邁往せる君は曩きの嘲笑者をして今日の嘆賞者たるに至らしめた。君が時流に卓然たりしは斯業困憊の今日独り君の事業をして成功の異彩を放たしむる所以であった[13)]。」

第2の要因は，田村汽船漁業部が国司浩助を得たことである。トロール・ブームを扇動した人々の多くは，いわば「一旗組[14)]」で，船主といえども漁業経営には何らの経験もなく，事業活動の一切を雇い入れた漁撈長に任せ，自分は陸上にいて利益の配分に与るだけであったのに対して，田村汽船の場合は，国司が自ら資材の購入・漁撈・販売・労務にいたる水産経営全般を指揮・監督していた。当時の国司の活動を回顧して，田村啓三（田村市郎の女婿）は次のように述べている。

> 「自らトロール船に乗って漁場に行き，魚を獲って帰って来るとこれを荷揚げして自ら市場に持って行って売る。そしてその仕事が済むと，又直ぐにトロール船に乗って漁場に向ふと云ふ風な熱心さを以て，トロール事業に従事致しました。〔中略〕他のトロール業者は皆引合はないと云ふことになりましたが，国司君のやって居た――その当時は田村汽船漁業部と申して居りましたが，ここだけは何時も利益を上げて行けたといふことは，一に国司君が魚を獲って売るまで自分で手がけたのに外ならないと思ふのであります[15)]。」

要するに，田村汽船漁業部と他のトロール業者では，トロール漁業に取り組む姿勢，それに対する情熱が異なっていたのであり，また，その差にこそ，国

司が，先に述べたように，業界最初の本格的トロール漁業人と言われる所以があったのである。

そうした姿勢・情熱の差は，第一次世界大戦の勃発による船舶の暴騰の中でより一層顕著になり，売船ブームの最中に田村汽船漁業部は，トロール業界で覇権を握る機会をつかんだのであった。すなわち大戦時の船価暴騰に際会すると，困窮していたトロール業者は，漁業経営にいち早く見切りをつけ，先を競って所有船を売却した。そうした状況の中，ひとり非売船主義を標榜したのが田村汽船漁業部である。田村汽船漁業部でも，1917年，所轄管庁の要請で，やむをえず漁撈に不適当な第三湊丸，大徳丸，鳥海丸の3隻を売却したが，国司は，「残余の四隻は船価の如何に関せずトロール漁業の存立とその将来の発展のため絶対に売却せざるべきことを上司に訴へてその諒解を得，種々の方法を講じて熟練なるトロール船員の維持に努め，斯業の継続と再興とのため準備怠りなかった[16)]。」

この間の事情を，先に引用した田村の回顧談によって見れば以下のようである。

> 「当時五一六万円乃至七一八万円で出来たトロール船が，一番高いのは二十五一六万円にも売れたと云ふやうなことになって，百四十隻もあったトロール船が殆んど売れてしまひ，残って居る船が田村汽船漁業部の国司君のやって居る船だけ約五隻位になってしまったのであります。……そんな訳でこの田村汽船漁業部の船はこの際売って他の仕事をした方がよかろうと勧告する人が非常に沢山出て参りました。国司君はこれに対して極力防戦に力め，何とかして汽船を売らないで漁業を続けたいと申して居ったのであります。国司君が却々云ふことを肯かないものですから，……周囲の者が私の親父のところにゆき，色々云ふのですけれども，私の親父は国司君がさう云ふためにどうしても売らない[17)]。」

同じ田村家の資本を使って北洋漁業の経営を主宰していた，前述の中山説太郎の行動と国司のそれとはまったく正反対であったことがわかる。

こうして，一時139隻も出漁した漁場に田村汽船漁業部の4隻が操業を行って，顕著な漁獲成績をあげて高収益を得，企業基盤をますます強固なものにした。そして，田村・国司らが，次の飛躍の手段として目を付けたのが，100トン級の小型船1隻を残して，他は全部売却し，起業認可申請権18隻を持つだ

けの休眠会社となっていた，業界大手の共同漁業であった．

　1917年1月の「汽船トロール漁業取締規則」の改正によって，トロール汽船の隻数は70隻に制限された．しかし，その改正後も売船ブームは続き，実際に操業しているのは田村汽船漁業部の4隻だけになってしまった．だが，当時のトロール漁業の高収益からして，大戦の終結によって船価が低落すれば，再び再興気運が盛り上がり，すぐに制限隻数の70隻に達するのは必至と思われた．そこで，田村と国司は，トロール汽船の隻数が制限された以上，いち早くその権利を確保しなければならないと考え，上記規則の改正当時18隻のトロール汽船を持ち，それがそのまま既得権となっている共同漁業に着目したのであった．そして，その年のうちに，同社の株式の大半を買収した．

　そして，田村汽船漁業部は共同漁業の合併を試みるが，その経緯はかなり複雑であった．まず1916年5月，田村汽船漁業部を改組改称して日本トロール株式会社（資本金70万円，全額払込）とした．次いで翌9月，傘下に収めていた共同漁業（船舶売却により17年資本金を30万円に減資していた）に日本トロールを吸収合併させ，その際400万円を増資して資本金500万円の会社とした．つまり，これまでの田村汽船漁業部が，共同漁業の名称を名乗ることになったわけである．これについては，次のような理由があった．当初，田村汽船漁業部を株式会社に改組して社名を日本トロールとするとともに，共同漁業を吸収合併し，その起業認可申請権によってトロール汽船の建造を進める計画であった．この場合は，共同漁業の名称はなくなるわけである．だが，そうすると，18隻の起業認可申請権の1件1件について合併を証明する書類を作成する手間がかかることと，さらに面倒なことに新規則による70隻中の新規申請分については，認可に際して申請者の経験・実績など評価されるという事情があったので，新社名の日本トロールよりも，むしろこれまでに農商務省や水産業界関係者によく知られている共同漁業という社名のほうが認可獲得に有利であると判断されたためであった[18]．

　こうして，その企業内容を一変した共同漁業は，本社を神戸に，営業所を下関に置き，以下の陣容で戦後トロール漁業の再建に乗り出すことになる[19]．

　　取締役社長　　松崎寿三
　　常務取締役　　林田甚八

同	国司浩助
取締役	植木憲吉
同	下村耕次郎
監査役	山脇宗次
同	鷲池平九郎
監査役	中山説太郎
相談役	田村市郎

　この場合も，田村市郎は相談役にとどまり，社長には元農商務省水産局長で，退任後，田村家の支配下にあった日本水産（第1次）の社長に就任していた松崎寿三が迎えられた。そして，常務取締役に田村の腹心国司浩助が，共同漁業出身の林田甚八と共に就任し，「名門揃いの役員を構成しているが，実質的には国司浩助が実際に手腕を振るための助力者といった顔振である[20]」といわれているように，経営の実権を握った。

2．共同漁業の経営戦略

(1) トロール漁業の拡大

　第一次世界大戦後のトロール漁業再建過程は，共同漁業の業界での集中・独占化の過程でもあった。戦争の終結によって造船価格低落の兆しが見えはじめると，田村・国司らの予想は見事にあたり，トロール漁業復興の気運が生じて来，トロール汽船の建造が相次いだ。すなわち，1919（大正8）年には4隻，翌20年には36隻，21年には9隻，22年には14隻の新造船を見，23年には早くも制限隻数の70隻に達したのであった。もちろん，この間，共同漁業は，所有する起業認可申請権を活用するとともに，さらに新たに申請権を買収し，再興トロール漁業の先駆者となった。

　かくて，大戦後，所有船8隻をもって出発した共同漁業は，すでに久原・田村系企業となっていた大阪鉄工所において1カ月に1隻の割でトロール汽船を建造し，1920年下期には早くも全トロール汽船48隻の58％にあたる28隻を所有した。そして，大戦直後の資源豊富な漁場に，その汽船をフル操業させ，

第 4 章　田村家の水産業経営　109

表 4-3　共同漁業株式会社の経営状況（1919 年下期―25 年下期）　　　　（単位：1,000 円）

年月	資産状態						利益金とその処分				
	資本金	払込金額	諸積立金累計	未払金	トロール船価	隻数	利益金	利益率	船価償却金	積立金	配当金	配当率
						(隻)		(割)				
1919年12月	5,000	2,000	61	501	620	3	159	1.116	24	51	71	7 分弱
20・6	5,000	3,000	112	1,637	4,437	21	726	5.344	148	250	272	2 割
20・12	5,000	3,400	362	2,190	4,593	28	861	5.065	230	301	340	2
21・6	5,000	3,400	663	1,554	5,599	28	912	5.364	552	216	340	2
21・12	5,000	3,400	877	810	5,003	28	981	5.775	641	278	340	2
22・6	5,000	3,400	1,185	179	4,365	28	998	5.870	680	260	340	2
22・12	5,000	3,400	1,334	228	3,849	28	796	4.683	270	175	340	2
23・6	5,000	3,400	1,361	250	3,724	28	837	4.926	283	168	340	2
23・12	5,000	3,400	1,462	335	3,689	29	736	4.330	272	168	340	2
24・6	5,000	3,400	1,468	273	3,417	29	992	3.892	190	155	340	2
24・12	5,000	3,400	1,468	193	3,237	29	625	3.677	186	148	340	2
25・6	5,000	3,400	1,458	231	3,051	29	573	3.372	124	79	340	2
25・12	5,000	3,400	1,516	231	2,927	29	582	3.425	124	78	340	2

（注）　1922 年下期より所有船 29 隻とあるは冷蔵船 1 隻を増したからである。
（出所）　二野瓶徳夫「沖合漁業の発展」，山口和雄編『現代日本産業発達史 XIX 水産』交詢社，
　　　　1965 年，210 頁，原史料は『共同漁業株式会社の事業』。

　表 4-3 に見るように，共同漁業は 1920 年上期から 22 年上期の 5 期にわたって 50％以上の利益率を計上するほどの巨利を博したのである。その後も，共同漁業の業績は好調を続け，戦後恐慌の中で一貫して 2 割配当を行った。
　このような巨額の収益金を利用して，共同漁業は，業界第 2 の日本トロール株式会社，および日正水産株式会社を傘下に収めるとともに，国司浩助の念願する水産業の「工業化[21]」を実現すべく，トロール漁業における汽船・漁具・漁港の機械化，近代化に着手した。ここで，それらを全部紹介する余裕はないが，その二，三の事例を挙げれば次のようである。
　1921 年 3 月，共同漁業は，宇品丸，武蔵丸にわが国漁船で最初の無線通信装置を付けたのを皮切りに，順次，所有船全部にそれを装備し，後述する戸畑漁港（29 年開設）に私設無線電信取扱所を設けた。無線電信が，海難の予防あるいは救助に効果を上げることは言うまでもないが，それは，「今後無線電信利用ニ依リ漁場トノ連絡及市況ノ通信ヲ敏活ナラシメ入船ヲ按配シテ魚類需給ノ調節ヲ図リ更ニ遺憾ナキヲ期セントス」といわれるように，漁業経営を従来

の成行主義から脱却させて計画的・組織的に営むための「必須ノ機関トナ」っ
たのである[22]。

　1925年には，英国で開発されたV・D式トロール漁法を採用した。この漁
法は，オッタ・ボールドと網の間に手綱を取り付けることによって従来の直結
式に比して網口を約3倍に拡張させ，さらにオッタ・ボールドと手綱が海底を
引きずるためにおこる泥煙が壁となって，その範囲に入った魚は逃げ場を失っ
て網の中に入り込むため，漁獲成績を向上させた。たとえば，共同漁業「営業
報告書」は，「前期末各船全部ニV，D，特許漁具ヲ使用セシメ其ノ成績ノ向上
ヲ期シ……漸次成績良好トナリ漁獲数量ハ漸増シ一航海平均六四四函ニシテ前
年同期ノ五四六函ニ対シ約一割七分強ヲ増シ毎航日数ハ前年同期ニ於テ一三，
五日ナリシニ対シ一割七分ヲ短縮シ航海度数四十八回ヲ増シ其漁獲成績ニ就テ
ハ相当ニ向上セシヲ認メントス[23]」と記している。事実，表4-4に見られる
ように，共同漁業の漁獲量は，V・D式漁法を採用した1925年下期以降，顕
著な増加を示している。

　1927（昭和2）年11月，共同漁業「営業報告書」が，「前期末竣工就業セル
ディゼル機附トロール漁船釧路丸ハ我国ニ於テ此種漁船ノ第一船ナルノミナラ
ズ，世界的ニモ未ダ前例ニ乏シク，ソノ成績如何ハ斯界ニ於テモ頗ル注目サル
ル[24]」と記している。わが国で最初のディーゼル・エンジン付きトロール汽
船釧路丸（311トン）を三菱長崎造船所で建造した。この釧路丸は，速力11.8
ノット，750馬力，約40日の航続力を持ち，また，2トン半冷蔵能力の冷蔵
機，深海200尋までの操業を可能にする電動トロール・ウインチ，1,600kmの
通信能力を持つバルブ式無線電信，80kmの通話能力を持つ無線電話を装備す
るなど，当時としては最新式技術を採用した最優秀のトロール汽船であった。

　ディーゼル・エンジン汽船の出現によって，従来のスチーム・トロール汽船
では最大航海数15日にすぎず，漁場はせいぜい黄海・東支那海に限られてい
たのが，一躍遠洋の南支那海，あるいは北洋のベーリング海にまで出漁が可能
となったのである。このことは，第一次世界大戦後の後述する以西底曳網漁業
の急速な発展によって，漁獲量の頭打ち状態に苦慮していたトロール漁業に新
たな発展の機会を与えることになり，政府が新漁場開発と遠洋漁業の一層の拡
大を奨励する目的で，1924年10月，「汽船『トロール』漁業取締規則」の一

表 4-4　共同漁業のトロール漁獲量　　　（単位：函）

年次	漁獲量	年次	漁獲量
1922 年上	213,592	下	255,327
下	168,291	28 上	303,397
23 上	186,163	下	306,220
下	167,354	29 上	321,834
24 上	180,301	下	304,469
下	169,208	30	774,290
25 上	190,495	31	914,324
下	206,941	32	875,196
26 上	206,941	33	851,174
下	223,794	34	964,919
27 年上	223,727	35	954,837

（出所）　前掲，共同漁業『共同漁業株式会社の事業』19 頁，前掲，日本水産『日本水産 50 年史』286 頁，共同漁業株式会社編『共同漁業株式会社に就て』1936 年，9 頁より作成。

部を改正し，内地近海・黄海・東支那海以外に出漁する汽船については 70 隻制限を適用しないとした施策も，ここに実を結ぶことになったのである。

こうした航続距離の拡大・海外漁場への進出は，同時に漁獲物の鮮度維持管理法の刷新を必要とした。釧路丸は，最初冷蔵装置として従来の空気冷却法と新しい海水冷却法を併用したが，結果は必ずしも良くなかった。そこで，共同漁業の研究機関である早鞆水産研究会でその開発が進められ，1930 年に船内急速冷凍装置の完成を見た。こうして，「世界に誇るディーゼル・トローラーの採用と，船内冷凍装置を利用する漁獲物輸送上の革新，この世界水産界における驚異的二大革命[25]」が結合し，共同漁業の海外漁場進出が積極的に開始されることになった。（表 4-5）。

このような汽船と漁具の機械化・近代化は，表 4-4 に示したように，直ちに漁獲量の増大に反映して，共同漁業に大きな収益をもたらし（表 4-6），さらに飛躍する基盤を与えることになった。すなわち，共同漁業は，自社船の増強に努めたほか，戦後の長期不況で経営不振に陥っていた長崎海運株式会社（1924 年），日本トロール株式会社（27 年），大海漁業合資会社（28 年），博多トロール株式会社（28 年），山田漁業株式会社（28 年）等の経営を受諾した。そして，共同漁業は，山田漁業を除くそれら会社を順次吸収合併してゆき，

表4-5 海外トロール海域別初出漁

年次	海域	出漁船
1928年	南支那海トンキン湾	苅藻丸（トロール）
29	ベーリング海	釧路丸（〃）
30	北洋	大北丸船団（ミール，カニかん）
35	豪州沖	新京丸（トロール）
〃	カリフォルニア湾	湊丸（〃）
36	アルゼンチン	姫路丸（〃）

（出所） 前掲『日本水産50年史』310頁。

表4-6 トロール部利益金

期別	金額	期別	金額
	円		円
1926年下	532,226.28	下	647,453.91
27　上	560,627.50	29　上	914,785.89
下	676,599.77	下	698,024.50
28　上	776,166.11	30　上	579,179.47

（出所） 共同漁業株式会社各期「決算報告書」より作成。

1934年までにわが国の全トロール汽船74隻のうちの53隻を所有し，トロール漁業における集中を実現したのである[26]。

(2) 母船式カニ漁業への進出

母船式カニ漁業が事業として有望視されたのは1920（大正9）年のことである。この年，富山県水産構習所の練習船呉羽丸（175トンの帆船）がカムサッカ西岸沖合に出漁し，それまで不可能であるとされていた海水を使用してのカニ罐詰の製造に成功して母船式カニ漁業発展の端緒を開いた。呉羽丸の成功を手がかりに，翌21年，北千島でカニ罐詰事業を営んでいた和島貞二（当時，北千島水産会長）は汽船喜多丸（389トン），帆船喜久丸（300トン）の2隻をもって出漁して，2,759函の罐詰を製造する良好な成績を上げ，カニ工船漁業の事業化を実証した。これ以後，母船式カニ工船漁業は急速に発展する。

こうした同漁業の急速な発展に応じて，1923年3月には「工船蟹漁業取締規則」が制定され，カニ工船隻数と製造函数も許可を受けなければならなかった。そして，1924年4月には工船蟹漁業水産組合が，さらに翌25年1月には

罐詰価格を調整する目的で，罐詰共同販売株式会社が設立された。

この母船式カニ漁業の勃興期に，わが国の3大漁業会社である日魯漁業，林兼商店，共同漁業は，きびすを接して同事業に乗り出した。そして，結論を先回りして言えば，日魯漁業は早期にその経営を断念し[27]，また，林兼商店は後述するように母船式カニ漁業諸会社の大合同への参加を余儀なくされ，ひとり共同漁業のみが母船式カニ漁業での集中を実現したのである。

田村市郎家は，かつて一井組を発展的に改組して日魯漁業株式会社を設立し，北洋漁業（サケ・マス漁業）に大規模に進出したが，1916年12月，その経営を島徳造らに譲渡し，北洋漁業から撤退したことは前述した。それから10年後の1926年，田村家は共同漁業を通じて再び北洋漁業（カニ漁業）の経営に着手した。

共同漁業幹部経営者の中で，カニ工船事業への進出を強く主張したのは植木憲吉取締役と山脇宗次監査役であった。松崎寿三社長，国司浩助・林田甚八両常務取締役は，ソ連官憲による漁船の拿捕事件や遭難事故の多発している「北洋の仕事は危くてやれない」として，その進出には反対であったと言われる[28]。植木は，1908（明治41）年の農商務省水産講習所卒業で，富山県水産講習所での技師生活を経たのち，田村市郎の招聘によって，10年から田村家の事業経営に従事していた。最初は朝鮮新甫でのメンタイ採油事業に携わっていたが，田村家が北洋漁業経営に進出すると自ら志望して北海道・函館に移り，中山説太郎のもとで漁区入札や漁場経営に取り組んだ。田村家が北洋漁業から撤退すると，植木は前述した日本汽船の経営に従事し，そして，1919（大正8）年から共同漁業の取締役に就任し，田村家生え抜きの経営者として国司と共にトロール漁業経営にあたった。したがって，「同じ田村の仕事に従事はしたが共同漁業の立場からすると，国司は初めから本流を，植木はこれを外れてドサ廻りをしていたことになる[29]」。

自ら志望して北洋漁業に従事したほどであるから，植木はその事業に強い愛着を持っていた。それゆえ，母船式カニ漁業が勃興してくると，植木はその有望性を国司らに説き，カニ工船事業への進出を再三主張した。そこへ，たまたま山脇宗次がすでにカニ工船出漁許可を受けていた北洋漁業者・須田孝太郎から経営を依頼され，それを植木に持ち込んだ。そこで，2人は意気統合し，も

し共同漁業が躊躇するなら，田村家との関係を断ってでも進出するつもりであると，その決意を国司に打ち開けた。国司も，2人の意思が固いことを考慮して，カニ工船事業進出に同意した。しかし，その成功を危ぶんで，初年度は別会社を設立して行うことにした。すなわち，1926年1月，植木憲吉を代表取締役とする資本金100万円の北洋水産株式会社を設立し，須田孝太郎および共同漁業傘下の日正水産の許可名義を使用して神宮丸，厳島丸の2隻を西カムサッカ沖に出漁させた。その業績は，前者が1万9,200函，後者が2万1,486函の罐詰を生産し，約60万円の利益を計上した[30]。共同漁業の首脳陣は，この初年度の好成績によって母船式カニ漁業経営に確信を得，当初の経営方針を変更して積極策に転じ，北洋水産を同社に吸収して新たに北洋部を設けた。そして，翌1927（昭和2年）には，須田孝太郎の仲介によって埜邑直次の経営する豊国丸および門司丸を買収し，一挙に4隻を出漁させた。この年度の成績も良好で，4隻の罐詰製造許可函数8万6,300函を軽く生産した。

　だが，急速に発展してきた母船式カニ漁業も昭和期に入ると大きな問題に直面した。それは，汽船の大型化・操業能率の向上とともに罐詰生産が需要を大幅に上回ったことにあった。1926年には7万函の滞貨を見，翌27年には母船と陸上を合わせて52万函の生産を上げたため，滞貨はさらに増大した。わが国のカニ罐詰生産高の50％以上は海外，主としてアメリカ市場に輸出されていた。しかし，上記のような過剰生産の結果，その輸出価格も値崩れが顕著になってきたのである。

　そこで，政府は，罐詰価格の安定化とカニ資源の保護によって母船式カニ漁業の健全な発展を期待して，工船業者に合同を慫慂した。業者もまたこれに同意し，1927年11月，新たに設立された下記の2社にそれぞれ合同した。

　まず日本工船漁業の設立が共同漁業を中心としてなされた。共同漁業は「蟹漁業独占の意欲が旺盛[31]」で全業者を打って一丸とする企業合同を画策した。しかし，西日本漁業において同社と覇を競っていた林兼商店は母船式カニ漁業が共同漁業の支配下に置かれることを危惧し，自社を中心に三菱商事より融資を受けていた5社6隻が合同して昭和工船漁業を設立した。

　しかし，1928年度の昭和工船漁業の業績は思わしくなかった。そこで，共同漁業は，「工船漁業ハ生産，販売共ニ同業者相互ノ協調ヲ基調トスベキ」で

あるとして，「昭和工船漁業株式会社ノ株式相当数ヲ譲受ケ」，同年度末に昭和工船漁業を共同漁業傘下に移行させ，その経営を日本工船漁業に委任した[32]。そして，昭和工船漁業の会長に田村啓三が就任した。

こうして，西カムサッカ沖を漁場とする母船式カニ漁業は，共同漁業の勢力下に統制されたのである。

西カムサッカ沖の漁場が共同漁業の独占に帰すと，カニ工船業者は，今度は東カムサッカ沖の漁場の開発に目を向けた。1929年，八木本店の経営する八郎丸の同沖への出漁によってその漁場の有望性が確認されると，同漁場への出漁許可申請が殺到し，1930年には5経営体6隻が東カムサッカ沖に出漁した。中でも，北洋漁業の直営化を企図する林兼商店の再度の出漁が注目される。

しかし，その成績は，操業隻数の過多のため，許可函数に達した船団は1つもなく。しかも漁場の遠隔化により経費もかさんだので，大北丸以外は採算割れとなった。その上，この年度は上記6隻の他に，西カムサッカ沖に日本工船漁業・昭和工船漁業の13隻が出漁してかなりの成績をあげ，また，陸上での生産も順調であったので，これまでの最高の57万函のカニ罐詰の生産を見た。その結果，折からの世界恐慌の影響と，アメリカ市場へのソ連製品の流入という事情もあって，そのかなりの部分が滞貨品となり，カニ工船業者は大きな打撃を受けた。

そこで，東カムサッカ沖漁場に出漁していたカニ工船業者の間にも，企業合同の気運が生じて来，それに反対する林兼商店の1隻を除く5隻が合同して，1931年3月，新たに東工船株式会社（資本金190万円）を設立した。そして，その経営は日本工船漁業があたることになった。この漁場も，また共同漁業の支配下に入ったのである。

この東沖漁場における企業合同は，翌1932年1月に成立する母船式カニ漁業の「全合同を前提とする下工作的な段階で[33]」もあった。1931年度，東工船は，20万函減産の実施およびアメリカ近海での操業はカニ罐詰の輸出市場である同国の業者を必要以上に刺激するとの政府の勧告に基づき，出漁を見合わせた。しかし，林兼商店は，「鱒鮭及び鱈，大評漁業は米国漁業者に大なる影響を及ぼすけれども底棲蟹族のみの漁獲をなすに於ては何等米国人漁業者に関係をなすことなきに依り米国政府の意に介せざるところなりとし[34]」て，

政府に出漁許可を迫り，所有する長門丸を東カムサッカ沖からアメリカ近海に操業させた。そして，長門丸は許可函数2万3,000函に対して実に3万3,002函を生産するという好成績を収めた。

しかし，林兼商店にとって，強力に出漁許可を取得し，しかも許可函数を無視して1万函もの超過生産を行ったたことが命取りになった。すなわち，この違反操業が発覚し，「長門丸が受有している二万三千函から，将来に向って五千函を削り，一ケ年の製造許可数を一万八千函にへらすという[35]」行政処分を受けたのである。この函数では出漁しても採算割れは必至であり，しかも蟹工船組合の定款によれば超過函数に対する違反金の追徴が定められていた。したがって，林兼商店は，あくまで全合同に反対する時は採算割れを覚悟で出漁した上に，超過1万函に対する違反金約30万円の追徴を余儀なくされるという事態に追い込まれたのであった。

北洋漁業の一角に拠点を築くべく，母船式カニ漁業の大合同に一貫して反対の態度をとってきた林兼商店も，ここに至って，その不利を考え，「東罐の専務取締役高崎達之助，三菱の水産部長柳瀬篤二郎らの斡旋と，水産局長長瀬貞一，漁政課長小浜八弥等の勧説により合同に参加すること[36]」を承認した。

その結果，1932年2月，日本工船漁業は資本金を700万円に増資し，「工船蟹漁業ハ其ノ現状ニ鑑ミ，生産ノ統制ヲ最モ必要トシ，其組織ノ単一化ヲ図ル為メ」，昭和工船漁業，東工船，林兼商店の「同業者全部ノ工船蟹漁業権並ニ漁船其他一切ヲ譲受ケ……斯業ノ大合同ヲ完成」したのであった[37]。

トロール漁業での独占化を達成した共同漁業は北洋漁業の工船カニ事業においても，以上のような企業合同を順次進行させ，その「事業に関する限り当社の独り舞台と称するも決して過言ではない」とする地位を確立したのである[38]。

(3) 機船底曳網漁業への進出

機船底曳網漁業（その主力は以西底曳網漁業）は，第一次世界大戦後急速に発展し，トロール漁業と黄海および東支那海で角逐するに至った。共同漁業は，トロール漁業と競合関係にあった以西底曳網漁業にも進出した。同社の斯業への進出は，戦後，以西底曳網漁業の開拓者の1人七田末吉の経営する匿名組合七田漁業部に融資したことに始まる。そして，1925（大正14）年11月，

共同漁業は七田漁業部の事業を引き継ぐ形で豊洋漁業株式会社(資本金60万円)を設立し,常務取締役に七田末吉を配し,7組14隻の汽船をもって以西底網漁業に着手した。この新会社設立は,「トロール漁業が大正一二年すでに制限許可数七〇隻に達したので当時以西底曳への積極的な進出によって勢力を拡大してきた林兼商店と対抗するため[39]」であった。豊洋漁業は,「一般ノ同業者ニ於テ其業績稍不振ノ色アルニ拘ラス経営其宜シキヲ得其成績良好ニシテ船価償却並ニ積立金等相当ニ之ヲ為シテ尚ホ優ニ二割ノ利益配当ヲ為スコトヲ得[40]」る成績を上げた。そして,同社は1928年にさらに3組6隻の汽船を買収して,30年にはディーゼル・エンジン付き鋼鉄船を採用するなど,積極的に設備の近代化を図った。

共同漁業は海外にも積極的に進出し,1927年には台湾に資本金100万円の蓬莱水産株式会社を設立した。この会社は底曳網漁業を営むほか,共同漁業の「南進計画」を実現させるための前進基地の役割を担い,台湾の高雄と基隆に大きな冷蔵設備を所有していた。そしてさらに,1931年には,やはりトロール漁業と底曳網漁業を経営する株式会社蓬莱漁業公司(資本金30万円)を香港に,35年には,旧羽月商店の事業を継承して日満漁業株式会社(資本金100万円)を大連に設立した。

この間,共同漁業は,扶桑漁業株式会社,日東漁業株式会社,日之出漁業株式会社等を融資を通じて,順次,傍系会社とし,1935年には「支那東海,黄海で操業を許可せられてゐる四万噸の内……其関係会社の分をも合せて噸数に於て約二割を占め[41]」,機船底曳網漁業において林兼商店に次ぐ経営体に成長したのであった。

これまで述べてきた遠洋漁業のほかに,共同漁業は大正末期から昭和初期にかけて,後述する日本水産(第1次)の漁撈部門であった旭水産,曙漁業,日鮮組を通じて巾着網漁業や大敷網漁業の経営にも着手している。しかし,これらの沿岸漁業経営の成果は思わしくなく,また「遠洋漁業に伸びる共同漁業としては定置漁業へのテコ入れは浅く[42]」,結局,1932年,「旭水産株式会社ノ北鮮ニ於ケル設備一切之ヲ」後述する合同水産工業が買収し,さらに翌8年,「曙漁業株式会社,株式会社日鮮組……ノ事業一切」は日本水産(第2次)に吸収されてしまった[43]。そして,共同漁業は前記の3遠洋漁業にもっぱら専

念することになる。

3．垂直的統合戦略

　共同漁業は，前述したような各遠洋漁業分野での集中化戦略による漁撈部門の強化・拡充だけでなく，漁獲物の運搬・販売・加工・その他関連部門へも積極的に進出していった。ここでは，共同漁業の後者諸部門への進出過程と，そこでの事業活動の一端を考察することにする。

　田村市郎家は，1917（大正6）年，共同漁業を買収したのと前後して，朝鮮沿海漁業を林兼商店と共に二分していた山神組に投資してその過半の株式を取得した。この山神組の買収によって，共同漁業の運搬・販売部門への進出が可能となり，その漁獲物を中央市場と直結させたのであった。1917年5月発行の『水産界』は，共同漁業の山神組への投資について次のように記している。

　　「昨年資本金を五十万円に増加し（払込四十万円）魚類の運搬売買，漁業資金の貸付け及諸種の付帯事業を経営せる下関市の山神組は，爾後益々業務拡張の方針を樹て予ねて計画中の所今回神戸田村市郎氏との間に協定をなし，之が為山神組については過日株主総会を催ふし，増資の件を可決し，去月三十一日を以て未払金十万円の払込を了すると共に，総会決定の増資額百三十万円中八十万円は全部田村氏の出資払込を受く可く，近々登記申請の筈なり，従来山神組の所属としては魚類運搬船五隻，発動機船三十七隻なるが，増資後に於ては更に百二十噸余の汽船五隻並に発動機船十隻を新造し，従来の漁業資金貸付事業を更に拡張して，全国各地に於ける敷網，巾着網，縛網等に対し利益金分配方法によりて投資すべく，又魚類販売に就ては下関東京の両市は之を直接販売として大阪は従来の如く，委託販売となし，要するに運搬，売買，仕込の各方面に於て大に事業の拡張をなすべしと云ふ[44]。」

　山神組は，1916年に事業拡張を計画して資本金50万円の株式会社に改組し，さらに翌17年80万円の増資を決定した。この事業拡大が田村家進出の好機となった。販売部門の強化を画策していた田村家は，さっそく国司浩助の知人で山神組幹部である白石康次郎を通じて未払込みの10万円と増資分80万円

の計90万円を投資し[45]，経営権を手中にすると，17年5月，社名を日本水産（第1次）と改称した。

しかし，山神組創設者の1人であった山野鶴松は，あくまで仕込資金の供給と魚類の買い付けを本業とすることを主張して，販売事業への進出を希望する他の経営陣と衝突し，1918年1月，山野一派を引き連れて辞任し，別個に山神組の名称で朝鮮海域通漁を開始した。この山野一派の脱退により，日本水産（第1次）は，名実ともに田村家傘下の会社となった。そして，同社は1919年の同海域漁業投資額の約26％を占めた。

田村家の直営事業となった日本水産（第1次）は，1919年9月，松崎寿三社長の共同漁業への転出に伴い，後任として農商務省水産局技師山脇宗次を迎えた。そして，山脇社長のもとで，日本水産（第1次）はその雑多な事業内容を整理し，水産物の運搬・販売事業を本業とする会社への脱皮を図った。すなわち，1920年から21年にかけて，その事業を下記のような3つの部門に分け，そして，それぞれの部門をさらに過程・地域別に区分して子会社として独立させ，日本水産（第1次）は，これら子会社の統括的持株会社となった[46]。

```
生産部門　旭水産株式会社　定置網漁業
運搬部門　株式会社日鮮組　海上運送
　　　　　株式会社丸神運送店　陸上運送
販売部門　株式会社中央水産販売所
　　　　　　　主として京阪神方面
　　　　　株式会社共同水産販売所
　　　　　　　主として東京方面
```

このほか，共同漁業は，1921年6月，日本水産（第1次）と共同で資本金10万円の株式会社日本チクワ製造所（23年5月に日本魚糧と改称）を設立した。同社は，トロール漁獲物のうちそのままでは鮮魚として販売できない魚種をチクワ，ミールに処理・加工し，それら製品の量産化を目的とする共同漁業の水産加工部門であった。さらに1919年8月，共同漁業は，高津英馬の経営する高津商店製網部の株式会社改組に際して出資し，同社を傘下に収めた。こ

の会社は漁具・製網事業を経営しており,翌20年6月,日本魚網漁具(資本金100万円)と改称した。また,共同漁業は,1920年2月,自社の研究機関として早鞆水産研究会を創立し,下記の調査研究にあたらせた。

「1. 漁場及び魚類の研究
 2. 水産物製造及び冷蔵冷凍法の研究
 3. 漁網漁具及び漁法の研究
 4. 造船及び諸機械器具の設計
 5. 内外水産に関する諸調査
 6. その他水産付帯事業の調査並に研究[47]」

以上の記述から明らかなように,共同漁業は,大正末期までに,水産事業における漁撈・運搬・販売・加工部門の垂直的統合を実現した。そして,昭和期に入ると,共同漁業は,上記部門と関連諸部門の強化を目的とした戦略を一層強力に展開してゆくことになる。まずその手始めに,組織機構の整備に着手した。1926年11月,共同漁業は,前述した北洋水産と日本水産(第1次)を吸収した。そして,その事業を(1)トロール部,(2)北洋部,(3)投資部に分けた。このうち北洋部は1928年上期に投資部に併合された。投資部は,「概ネ従来日本水産株式会社ノ投資ニ係ハル事業ヲ継承管理」したもので,下記の事業を包括していた。

「一,鮮魚問屋業
　　イ．日本水産株式会社(株式会社中央水産販売所改メ)販売所々在地　下関,岡山,神戸,大阪三ケ所,京都二ケ所,静岡,名古屋二ケ所,
　　ロ．株式会社共同水産販売所　東京
 二,トロール漁業
　　イ．日正水産株式会社
　　ロ．日本トロール株式会社
 三,機船底曳網漁業　豊洋漁業株式会社
 四,鮮魚運搬業　株式会社日鮮組
 五,定置漁業　旭水産株式会社
 六,竹輪及魚肥製造所　日本魚糧株式会社
 七,鮮魚陸上運送業　株式会社丸神運送店

八,漁具漁網及船具製造販売業
　　　　　日本魚網船具株式会社
九,蛤養殖並ニ製造　東京水産株式会社
十,冷蔵庫　中央冷蔵庫　　　　　　　　　　　　　　　48)」

　この改組の結果,共同漁業はトロール漁業を経営する事業会社であると同時に,傘下諸企業の持株的管理機関ともなったのである。
　投資部の統括・管理した諸会社は表4-7の通りであり,その利益金を見たのが表4-8である。
　次に,投資部が管理する表4-7に示した諸部門のうち,上記の漁撈部門を除く諸部門諸会社の設立・整理統合の経緯を見てみよう。共同漁業の冷蔵事業は,日本水産(第1次)を吸収した時,同社が経営していた冷蔵部門を引き継ぎ,1927年6月にそれを中央冷蔵株式会社(資本金20万円)として独立させたことに始まる。また,この年,九州戸畑に戸畑冷蔵株式会社(資本金100万円)を設立した。これは,後述する共同漁業の戸畑漁港建設の布石でもあった。翌1928年7月には「当会社並ニ関係会社ニ於テ漁業用魚箱ノ使用数逐年増加シ,製函事業ニ対シ,当会社ノ投資ヲ為スコトノ事業上必要ヲ認メ[49]」,籠寅製函株式会社(資本金15万円)を設立した。
　そして,1929年から30年にかけて「国司の生涯の中で特筆すべきことは戸畑漁港の建設である[50]」とされる共同漁業の戸畑移転を国司浩助は敢行した。既述したように,西日本漁業,特にトロール漁業の根拠地は下関であった。しかし,下関漁港も各種漁業の発展に伴い狭隘になり,1929年から向こう17年間,半額利用者負担の総計700万円の予算でその大修築が行われることになった。だが,その資金負担と工業期間中の不便さを考えた国司は,この機会に共同漁業の根拠地を下関から戸畑に移転して自社の独占的に使用できる漁港を建設し,そこに漁撈から加工にいたるまでの一切の諸施設を完備して,念願である「水産業の合理化」を図ろうとした。国司はその決意を次のように述べている。

　「従来の如く漁業の根拠地が下関に在っては,如何に事業の合理化を高調し,無駄の排除に努めても,又,従業員の生活改善や福祉増進を唱へた所で,そ

表 4-7　共同漁業投資部傘下企業一覧

	会社名	1926年下期	27年上	27年下	28年上	28年下	29年上	29年下
漁撈部門	日　正　水　産	17,600						
	日 本 ト ロ ー ル	10,620	28,200	28,020	41,970	41,470	40,970	40,970
	博 多 ト ロ ー ル							
	豊　洋　漁　業	11,200	11,200	11,000	11,200	11,200	11,200	11,200
	蓬　莱　漁　業			12,000	12,300	12,300	12,300	12,300
	扶　桑　漁　業				1,400	1,400	1,400	1,400
	蓬 莱 漁 業 公 司							
	南　米　水　産							
	日 本 工 船 漁 業			34,577	45,649	45,649	97,210	97,210
	（日本合同工船）							
	昭 和 工 船 漁 業					19,600	22,300	22,300
	旭　　水　　産	2,890	2,890	2,890	2,890	2,890		
	曙　　漁　　業						2,890	2,890
	東　京　水　産	3,100						
運搬販売部門	丸 神 運 送 店	1,250	1,100	1,100	1,100	1,100	1,100	1,100
	日　鮮　　組	9,423						
	日　本　水　産	9,265	旧 8,415	旧 8,415	旧 8,415	旧 8,415	旧 8,245	18,245
			新 10,000	新 10,000	新 10,000	新 10,000	新 10,000	
	共 同 水 産 販 売 所	10,881	10,000	10,881	10,881	10,881	10,881	10,881
	（共同水産）							
	三　共　水　産							
加工冷蔵部門	日　本　漁　糧	旧 640	旧 440	旧 440	旧 440	1,244	1,244	1,244
		新 954	新 804	新 804	新 804			
	中　央　冷　蔵		3,000	3,000	3,000	3,000	3,000	3,000
	戸　畑　冷　蔵							
	合 同 水 産 工 業							
その他諸部門	日 本 魚 網 船 具	旧 650	旧 920	旧 920	旧 920	旧 920	旧 920	旧 920
		新 2,100	新 655	新 4,655	新 4,005	新 4,005	新 4,005	新 4,005
	籠　寅　製　函				1,400	1,400	1,400	1,400
	（日本魚函）							
	戸　畑　製　罐							8,000
	そ　の　他							
	投資金額（円）	2,237,756	2,456,682	4,547,332	5,850,844	7,534,301	10,750,639	11,443,477

（出所）　共同漁業株式会社各期「営業報告書」より作成。

第4章 田村家の水産業経営　123

(単位：株)

	30年上	30年下	31年上	31年下	32年上	32年下	33年上	33年下
漁撈部門	57,800							
		18,926	18,926	18,926	18,926	18,926	18,926	20,022
	11,200	11,650	11,700	11,700	11,700	11,700	19,700	19,700
	12,300	16,400	16,400	16,400	16,400	16,400	16,500	17,500
	1,400	2,000	2,000	2,000	2,000	2,000	2,000	
			2,750	2,750	2,750	2,750	2,600	2,600
						19,200	19,200	19,200
	97,210	97,210	97,210	97,210	72,788	72,788	72,788	51,843
	22,300	22,300	22,300	22,300	22,300	22,300	22,300	22,300
	2,890	2,890	2,890	2,890	3,010	3,010	3,010	
運搬販売部門	1,000	1,600	1,600	1,600	1,100	1,600	1,600	
	18,245	18,245	18,245	18,245	19,240	19,040	19,040	39,040
	11,881	11,881	11,881	11,881	11,881	11,881	11,881	11,881
			2,500	2,500	2,500	2,500	2,500	2,500
加工冷蔵部門	1,244	1,840	1,840	1,840	1,840			
	3,200	3,650	3,650	3,660	3,660			
		11,000	11,000	11,000				
					45,000	44,652	44,652	19,800
その他諸部門	4,925	7,325	7,325	7,325	7,325	7,325	7,325	7,325
	1,400	1,800	1,800	1,800	1,800	1,800	1,800	
	8,000	8,000	8,000	8,000	8,000			
	12,215,488	11,552,826	11,623,201	11,726,826	11,692,459	11,819,899	12,067,399	10,218,696

表 4-8　投資部利益金

期　別	金　額
	円
1926年　下期	84,833.83
27　上	182,521.74
下	374,599.50
28　上	416,392.77
下	464,711.31
29　上	630,267.60
下	820,570.13
30　上	763,625.42

（出所）　共同漁業株式会社各期「決算報告書」より作成。

（れ）は机上の空論で，無理を強ふるものと謂ふべく，恰かも昔ながらの道路や橋梁に自動車を走らすと同様，いくら文明の利器でも，其の能率は到底発揮し得らるべきではない。〔中略〕産業合理化とは，産業の立て直しであり革新である。革新は精神的心理的更生を意味する。従って，従来の行掛りを捨てゝ実行を期せねばならぬ。茲に革新の現実化には非常の努力を要する。又，適当の機会を捉へねばならぬ。〔中略〕戸畑移転の決行も……我が社並に関係会社の事業の上から見ると，一つの革新であり，又，一大エポック・メーキングであり，実に至難の事業で，一歩を誤れば頗る憂慮すべき結果を招来することなきを保し難きものがあった。併しながら，危険を冒して敢て移転を決行したについては，『事業成功の要は時勢に順応して業界の適者たるにあり』てふ真理を信じ，之を逐ふ者は必ず救はるべしと云ふ固き信念に立脚し，此の際之を断行するにあらざれば，終に救はれざる運命に陥るやも測り難いとまで考へて，万難を排し一意断行したのである[51]。」

こうして，共同漁業は図 4-1 に示されているように，資材・販売・冷凍冷蔵・運搬・加工・製罐等の諸部門を戸畑漁港に集結して各部門の業務を総合的に調整し，提携・連絡の効果を一層高めるとともに，無線電信取扱所，乗組員の福祉厚生施設を整備したのであった。そして，この戸畑漁港の開設は，当初の狙い通り，昭和初期の不況の中で共同漁業の経営合理化を促進させ，その後の同社の発展の設備基盤を強化した。同社「営業報告書」は，戸畑漁港開設の効果を次のように記している。

図 4-1　戸畑工場建設略図

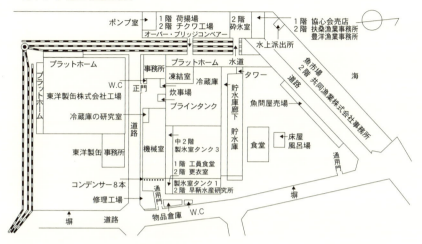

（出所）　前掲『日本水産 50 年史』282 頁。

　「下関漁港ノ修築ハ諸種ノ事情ノ為メ，其完成ノ前途遼遠ナル事情ニ鑑ミ，当社ハ戸畑ニ於テ漁港的施設ヲナシ，之ニ移転スルコトノ将来事業経営上遙ニ有利ナルヲ認メ，遂ニ十二月中旬トロール漁船ノ根拠ヲ移転シ，漁獲物ノ陸揚ゲ並ニ焚料石炭，凍氷，水，魚函，食糧品其他需要品一切ノ積込ヲ同地ニ於テ為スコトトセリ。蓋シ戸畑ハ港内潮流緩慢ニシテ，漁船ノ出入ニ安全ナル上，岸壁ニ横付ケシテ貨車ニ漁獲物ノ積込ミヲナシ，需要品ノ積込ミヲ為シ得ル等諸般ノ点ニ至便ニシテ，一面戸畑冷蔵株式会社ニ於ケル冷凍装置及冷蔵庫ノ利用ニヨリ漁獲物ノ処理ニモ利便少カラズ，輸送上鉄道運賃ニ於テ幾分不利ノ点ナキニアラザルモ，北九州ノ工業地帯一円ヲ市場トシ将来低廉ナル魚種ヲ有利ニ配給シ得ル利益アリ，今後更ニ漸ヲ遂フテ適切ナル漁港的施設ヲ完成スルニ於テハ之ニ依リテ更ニ経費ト労力ノ節約ヲナシ得ルノミナラズ，従業員ニ対シテモ可及的多クノ休養ヲ与ヘ且其福祉増進ヲ図リ得ル等有形無形ニ其得ル所少カラザルモノアルベシ52）。」

　表 4-9 は，1931 年度の国鉄各駅の鮮魚発送高を見たものである。それによると，戸畑駅は早くも下関駅に次いで第 2 位を占めている。しかもその大半は共同漁業関係の漁獲物であった。いかに戸畑漁港の水揚げ量が大きかったかわかる。

表 4-9　1931 年度の各国鉄駅の鮮魚取扱高

駅　　名	発送高（トン）
下関	112,740
戸畑	65,000
長崎	34,473
青森	31,720
塩釜	23,193
気仙沼	17,180
小樽	15,824
鮫	12,205
新生（銚子）	9,089
函館	9,083
舞鶴	8,977

（出所）　前掲，桑田『国司浩助氏論叢』453 頁より作成。

共同漁業は国内ばかりでなく海外市場の開拓にも積極的で，1931 年 6 月には，「水産物特ニ冷凍魚介類ヲ輸出[53]」する目的で，共同漁業，共同水産，三菱商事の 3 社の出資によって資本金 50 万円の三共水産株式会社（資本金 50 万円）を設立した。上記 3 社によって締結された「協約書」から，その内容を抜粋すれば以下のようである。

「第弐条　三共水産ノ株式ハ三社ニテ左記ノ通リ引受クルモノトス
　三菱商事　　五千株
　共同漁業　　弐千五百株
　共同水産　　弐千五百株
第参条　共同漁業ハ自己及ヒ現ニ自己ノ統制ノ下ニアル各社並ニ将来其統制ニ帰スヘキ各社ノ生産又ハ取扱ニ係ル輸出向冷凍魚介其他水産物一切ノ海外ニ対スル販売ヲ三共水産ニ一手ニ委託ス
第壱項委託販売手数料ハ冷凍魚介ハ売値ノ百分ノ七ヲ最高トシ冷凍魚介以外ハ百分ノ五ヲ最高トシテ共同漁業並ニ三共水産両会社間ニ於テ協定ス但シ右手数料ノ外第五条ニヨリ三共水産カ三菱商事ニ支払フ手数料並ニ三菱商事ノ代理店，販売下請人又ハ販売仲立人ノ口銭ハ共同漁業ノ負担トス
第五条　三共水産ハ其取扱ニ係ル輸出向冷凍魚介其他水産物一切ノ諸外国ニ於ケル販売並ニ外国水産物ノ諸外国ニ於ケル買付ヲ三菱商事ニ一手ニ委託シ売買価格ノ百分ノ五ニ相当スル手数料ヲ三菱商事ニ支払フ
第拾弐条　三共水産ハ共同水産ノ貿易業全部並ニ共同漁業ノ冷凍品貿易業全部ヲ

承継ス
第拾参条　共同漁業カ生産品又ハ取扱品ヲ三共水産ニ供給シタル場合ニ於テ三共水産ノ資金不足ノ場合ニ共同漁業ハ核商品販売代金回収迄手形融通ノ便ヲ図ルモノトス
第拾四条　三共水産ノ資金不足ノ場合ニハ三菱商事ハ或ル限度ヲ定メ三共水産ノ財産ヲ担保トシテ商品販売代金回収迄資金融通ノ途ヲ図ルモノトス
第拾五条　三共水産ハ三菱商事カ既ニ取扱ヒ居ル冷凍魚介以外ノ商品及開拓セル販路等ニ関シテハ一切単独行為ヲ為サス夫々三菱商事ト協議ノ上両社カ双方ノ為メ有利ト認ムル場合ニ限リ同種商品ヲ取扱ヒ又ハ同一販路ニ於テ販売スルコトヲ得ルモノトス
第拾六条　三菱商事カ冷凍魚介ノ海外輸出ヲ為ス場合ニハ三共水産ヲ経由スルモノトス但シ現ニ三菱商事ニテ取扱ヒ居レル日魯漁業会社及大北漁業会社ノ冷凍魚介ニ就テハ之ヲ除外ス　　　　　　　　　　　　　　　　　　　　54)」

　さらに，1932年5月，共同漁業は「水産物ノ加工，冷凍，冷蔵等水産工業ニ属スル事業ハ時代ノ趨勢ニ鑑ミ，其ノ統制ヲ必要トシ，之レニヨッテ其経営宜シキヲ得バ新興事業ノ一トシテ将来発展ノ余地相当大ナルモノアルベキ」とする観点から55)，冷蔵部門と加工部門の統合化を図り，戸畑冷蔵，中央冷蔵および日本魚糧，さらに蓬莱水産の台湾高雄にある冷蔵庫，旭水産の北朝鮮にある設備一切を合同して合同水産工業株式会社（資本金350万円）を設立した。そして後述するように，この合同水産工業がのちにわが国最大の製氷会社・大日本製氷株式会社と合併して社名を日本食料工業と改称し，日産コンツェルンの油脂化学工業進出の拠点となる。
　そして翌1933年には，西日本地域の販売機関である日本水産（第2次）を強化するために，「日本水産株式会社ハ従来ノ魚問屋業ノ外全国枢要ノ地に広ク魚類ノ販売網ヲ設ケ，大連，上海等ニモ出張所ヲ設置シテ満州並ニ支那長江筋ニモ販路ノ拡張ヲ図リ」，さらに「資本金ヲ弐百万円ニ増資シ事業統制上密接ノ関係ニアル興洋水産株式会社鮮魚部，曙漁業株式会社，株式会社日鮮組及ビ日本魚函株式会社ノ事業一切並ニ丸神運送店ノ事業ノ一部ヲ買収シ」た56)。
　以上のような諸部門の整理統合の結果，共同漁業は，漁撈，販売，加工部門の基盤を一層強固にして，垂直的統合による経営合理化を促進したのであっ

次に，共同漁業の総合水産事業経営の一端を見ることにしよう。大正末期から昭和初期にいたる不況の影響を受けて，漁獲物の価格は低落した。表 4-10 は，1929 年の魚価指数を 100 として，各漁業種目別の魚価のその後の推移を見たものである。それによると，沿岸，沖合漁業の魚価に対してトロール，母船式カニ漁業のそれは，その低落の度合が小さく，また，回復も早かったことがわかる。後者の種目は，すでに詳述したように共同漁業が独占化を実現した分野である。それゆえ，両者の魚価の低落・回復度合の差は注目に値する。カニ漁業の場合は，その漁獲物は罐詰の原料であり，その上，罐詰の主力市場は外国であったから一応ここでは除外するが，トロール漁業と沿岸，沖合漁業では，その漁獲物はだいたい同じで，それらは相互に代替関係にあった。それでは，上記のような差は，いったいどこから生じたのであろうか。結論を先回りして言えば，沿岸，沖合漁業の場合は，漁獲量の調節はもちろんのこと，その市場価格に関与する何らの力も備えていなかった。しかるにトロール漁業の場合は，ほぼ共同漁業の独占に帰しており，しかも同社は上述したように大規模な販売・加工部門を兼営し，その諸部門を有効に活用することで市場に積極的な影響を及ぼすことが可能であった。すなわち，両漁業のこうした相違が，表 4-10 に見られる魚価推移の差に反映されたのである。

以下，共同漁業のこうした活動の事例を紹介しよう。共同漁業は，「冷凍冷蔵施設を利用して市価の調節を[57]」実現するため，前述の受託会社との間に，その施設の利用および販売に関する多くの協定を結んでいる。以下の史料は，その「協定書」の 1 つである。

表 4-10 漁業種類別魚価指数の推移

年次	沿岸漁業	沖合漁業	トロール漁業	母船式カニ漁業
1929 年	100	100	100	100
30	77	79	78	78
31	59	64	68	73
32	54	55	63	76
33	44	58	79	117
34	56	62	83	118

（出所）前掲『日本水産 50 年史』295 頁。

「　　　　　　　鮮魚冷凍保蔵ニ関スル協定書
　共同漁業株式会社ト日本トロール株式会社トノ間ニ於テ共同漁業株式会社カ自己ノ所有船並ニ其経営ヲ受託セル船舶ノ漁獲物販売上市価ノ調節ヲ図ル為ニ左ノ通リ協定ス
一、漁獲物ノ市価調節上魚類ヲ冷凍若クハ塩蔵保蔵シタル場合ハ之力販売ニ際シ売出時期ノ公平ヲ期シ難ク強イテ公平ナラシメントセバ勢ヒ保蔵品引出取扱上不利不便不尠ニ付之力取扱並ニ損益計算分担方法ヲ左ノ通リ定ム
一、漁獲物ヲ冷凍若クハ塩蔵保蔵（数日間ノ短期保蔵ハ除外ス）スル場合ハ之力取扱ヲ決定シタル際適当ナル時価（全部一時ニ売出ス時ハ市価甚敷暴落スルヲ以テ当日売最低手取値段ヲ適当ト見做ス）ヲ付シ冷凍及塩蔵勘定トシテ別途会計ニ依リ其計算ヲ明瞭ニスルコト
一、冷凍若クハ塩蔵品売出ノ際ハ社名又ハ船名ニ何等顧慮スルコトナク便宜ノ方法ヲ以テ之ヲ有利ニ販売スルコト
一、冷蔵庫若クハ保蔵庫迄ノ運賃諸掛ハ当該船舶ニ於テ之ヲ負担シ入庫後ノ諸経費ハ一切別途会計ヲ以テ支出スルコト而シテ一定ノ時期ニ精算シ其損益金ハ左ノ方法ニ依リ之ヲ処分スルモノトス
　　損益金ニ対シ
　　　其半額ハ　入庫ノ際評価シタル魚価ノ按分比例ニ依リ其扱高ニ応ジ各自分担スルコト
　　　残半額ハ　入庫函数（改良函ハ二分ノートス）ノ按分比例ニ依リ其扱函数ニ応ジ各自分担スルコト
　右之通リ協定候也
　　昭和参年七月壱日
　　　　　　　　　　　　　　　　　共同漁業株式会社
　　　　　　　　　　　　　　　　　常務取締役　国司浩助㊞
　　　　　　　　　　　　　　　　　日本トロール株式会社
　　　　　　　　　　　　　　　　　専務取締役　今井直城㊞[58]」

　また，共同漁業は，「漁獲物ノ処理配給及ビ販売ニ関シ常ニ特別ノ注意ヲ払ヒ[59]」，前述したような販売・加工部門の拡充強化，およびその業務の改善，新販路の開拓に努力した。まず，1927年「12月中旬ヨリ新タニ実施サレル鮮魚特別急行列車ヲ利用シテ新鮮ナル漁獲物ヲ各消費市場ニ供給[60]」し，輸送時間の短縮に努めた。さらに輸搬面では，同年から，中央冷蔵および日本魚糧

による大阪市鶴町の漁港の整備，冷凍・加工工場の完成を待って，以西底曳網機船の大阪への直接乗り入れも開始された。

販売面では，冷凍魚の新販路開拓が注目される。まず，船内急速冷凍装置，陸上の冷凍冷蔵施設の完備によって，冷凍魚の軍隊への大量納入が可能となった。下記の「契約書」は，佐世保海軍軍需部と共同漁業との間に締結されたものである。

　　　　　「　　　　　　　　　契約書
　佐世保海軍軍需部　第三課長笠間尚三（以下甲ト称ス）ハ左ノ条項ニ依リ物品購買契約ヲ共同漁業株式会社（以下乙ト称ス）ト締結スルコト左ノ如シ
　第一条　購買スヘキ物品ノ名称数量単価代価並納品規格ハ別紙明細書記載ノ通トス
　第二条　本品納入場所及納入期限ヲ左ノ通トス但納品手続ハ当部ノ指示ニ従フモノトス
　　　佐世保海軍軍需部指定ノ場所
　　　昭和五年九月二十四日
　第三条　本品検査引渡済ノ後ト雖モ其ノ引渡済ノ日ヨリ六ケ月以内ニ於テ保管上ノ欠点ニヨルニアラスシテ品質ノ不良冷凍法ノ粗悪等ニ基因シ腐敗変質シ兵食ニ適セサルモノヲ生シタルトキハ直ニ引換ヲナスカ該品代価ヲ弁償スルモノトス
　第四条　乙本契約ニ基ク義務ノ履行ヲ完了セサリシ場合ハ甲ハ何等ノ意思表示ナクシテ本契約ヲ解除スルコトアルヘシ
　第五条　代金ハ佐世保海軍経理部ニ於テ支払フモノトス
　第六条　前条項ノ外ハ大正十一年四月海軍省令第十一号海軍契約規程及昭和三年七月経物第三六〇号海軍契約規程施行手続ニ依ルモノトス
　右正本弐通ヲ作リ当事者各自記名捺印シ各壱通ヲ保有スルモノナリ
　　　　昭和五年九月十一日
　　　　　佐世保海軍軍需部第三課長　笠間尚三㊞
　　　　　戸畑市汐井崎二十四番地
　　　　　　共同漁業株式会社
　　　　　　　専務取締役　国司浩助㊞
　　規格
　一，新鮮ナル生魚ヲ完全ニ冷凍処理シタルモノニシテ魚ノ太サハ凡ソ見本ノ通若クハ同等以上ナルコト

二，新巻鮭ハ数量五歩増ニテ納入ノコト
三，木箱ニテ完全ナル荷造ヲ為シ縄掛ケノ上品名，一箱ノ容量及納入者氏名ヲ明記シタル荷札ヲ附スルモノトス
但一箱ノ容量ハ九貫匁ヲ例トス

(了)[61]」

さらに共同漁業は，直接消費者に販売する方法も採用した。この直接販売方式について，同社「営業報告書」は次のように記している。

「此種冷凍魚ニヨリ一定ノ規格アル商品トシテ生産者ヨリ直接需要者ヘ配給ノ可能ナルニ到リシヲ以テ，時勢ノ要求ニ応ジ市場外ノ販売ヲ為スベク東京，大阪，戸畑ニ海幸商会ナル直売機関ヲ特設シ，冷凍品及水産加工品ノ配給ニ当ラシメ，市場販売ト相俟ツテ一層宣伝的販売ニ努力ヲ払ハントス。[62]」

また，加工部門の日本魚糧も，「原料用鮮魚ノ需要ヲ旺盛ナラシメ安物（竹輪向原料）魚類ノ市価調節ヲ図ルタメ」，1928年までに日産蒲鉾1万板，チクワ3万本の大量生産設備を完成した[63]。日本魚糧の業績は好調で，中央冷蔵と並んで，日本水産（第1次）の「ドル箱[64]」と言われた。

以上のような共同漁業の事業活動によって，表4-10で示したように，トロール漁業の場合は沿岸，沖合漁業に比して，その魚価の低落を緩和させ，その回復力を強めたのであった。たとえば，共同漁業の関東方面の販売機関であった共同水産は，昭和恐慌最中の1929年度上期の営業状況を以下のように記している。

「今期ハ近年稀有ノ魚価ノ暴落ニ遭遇セルニ係ラズ当社ハ委託販売ニ於ケル其取扱数量前年同期ニ比シ著シク増加シ従テ売揚高ニ於テモ相当ノ累増ヲ見且ツ委託販売ノ事業トシテ経営セル対米貿易及冷凍魚ノ販売業ニ於テモ又良好ナル成績ニ終始シ概シテ予期ノ成績ヲ挙クルヲ得タリ[65]」

こうして，共同漁業は，2つの経営戦略，すなわち，前節で見たような各遠洋漁撈種目の兼営とその分野での集中化，本節で述べた垂直的統合を推進することによって，大正末期から昭和初期にかけての深刻な不況を乗り切り，表4-11で示されているような高業績を上げたのである。

132　第2部　日産コンツェルンの諸様相

表 4-11　昭和恐慌前後における共同漁業の業績

決算期	利益金	資本金	払込金額	平均払込金額	利益率	配当率
	千円	千円	千円	千円	%	%
1926 年下期	682	5,740	4,940	4,280	36	20
27 年上期	901	5,740	5,740	5,075	35	20
下期	1,051	5,740	5,740	5,740	36	20
28 年上期	1,081	15,000	8,055	7,669	28	18
下期	1,102	15,000	8,055	8,055	27	18
29 年上期	1,104	15,000	8,055	8,055	27	18
下期	1,115	15,000	10,370	8,120	27	18
30 年上期	1,038	15,000	10,370	10,370	20	14
下期	824	15,000	10,370	10,370	15	10
31 年上期	857	15,000	10,370	10,370	16	10
下期	861	15,000	10,370	10,370	16	10
32 年上期	856	15,000	10,370	10,370	16	10
下期	869	15,000	10,370	10,370	16	10
33 年上期	949	15,000	12,685	11,013	17	10
下期	1,098	15,000	12,685	12,685	17	10

（出所）　前掲「日本水産 50 年史」296 頁。

おわりに―共同漁業の日産コンツェルン傘下への移行

　以上述べてきたような経緯をもって，わが国水産界における独占的経営体となった共同漁業は 1933 (昭和 8) 年 7 月，日産コンツェルン傘下へ移行した。本章の結語としてここでは，その移行が持っていた含意について検討することにする。具体的な考察に入る前に，日産の水産部門への進出過程を年表式に改めて記しておこう。

　　1933 年 7 月，鮎川義介，共同漁業の取締役会長に就任する。
　　同下期，日産は共同漁業株式 8 万 9,660 株（旧 4 万 7,980 株，新 4 万 1,680 株），
　　　日本合同工船株式 3 万 6,300 株，合同水産工業株式 3 万 3,880 株を所有した。
　　1934 年 3 月，日産は共同漁業（払込資本金 1,268 万円），東洋捕鯨（払込資本金
　　　375 万円），大日本製氷（払込資本金 2,867 万円）を吸収合併した。
　　同 6 月，日産は水産関係事業部門を一元的に統括するため水産部を新設し，国司
　　　浩助を常務取締役に抜擢してその部長に就任させた。

同月，以西底曳網漁業を経営する豊洋漁業（資本金200万円）は，さきに日産に合併した共同漁業のトロール部門を継承する前提として，資本金を1,000万円に増資した。

同7月，日産は，すでに合併した共同漁業，東洋捕鯨，大日本製氷の事業を，それぞれ豊洋漁業（資本金1,000万円），日本捕鯨（資本金200万円），日本食料工業（資本金1,500万円）として分離独立させた。日本食料工業は大日本製氷と合同水産工業が合併して設立された会社であった。なお，豊洋漁業は分離独立直後，共同漁業と改称した。

同9月，日産は，合同漁業（資本金1,009万8,000円）を買収した。

1936年9月，日産は，その直系漁業会社である共同漁業（資本金1,000万円），日本合同工船（資本金1,400万円），日本捕鯨（資本金400万円）を，共同漁業を中心に合併させた。

同月，さらに日産は水産事業の統合を図るため，共同漁業に対し日本食料工業（資本金2,097万円）の株式40万余株を1株当たり65円をもって全部譲渡した。

1937年1月，共同漁業は日本水産（第2次）の事業全部を引き継いだ。

同3月，共同漁業は日本食料工業を合併し，その社名を日本水産（第3次）と改称した。この結果，日本水産（第3次）は，資本金9,150万円（払込5,550万円）の，わが国最大の水産会社となった。

同6月，さらに日産は，すでに合併した大日本人造肥料の子会社合同油脂と日産傘下の油脂工業部門（主力は日本食料工業が共同漁業に合併されるに際して，分離した鰮肥料部門）を統合して日本油脂（資本金1,750万円）を設立し，油脂工業への進出を開始した。

こうして，日本水産（第3次）は，(1)漁撈部門＝(a)トロール部：トロール漁業，以西底曳網漁港，(b)捕鯨部—母船式捕鯨業，近海捕鯨業，(c)北洋部：母式カニ漁業，(2)加工部門＝製氷，冷凍，冷蔵事業ならびに水産加工業，(3)販売部門＝水産物の販売業，(4)投資部＝上記投資事業の4部門を総合的に経営する一大水産会社となったのである（表4-12）。

では，なぜかくも短期間に日産コンツェルンは水産関連会社を次々に吸収合併し，水産事業に進出したのであろうか。その理由は3つあった。その第1は日産コンツェルンの事業構成を是正するためであった。第2章で考察したように，発足時の日本産業は旧久原鉱業の鉱山部門を引き継いで設立された日本鉱

業に資産額の約70%を投下していた。しかし，日本鉱業は折からの世界恐慌の影響を受けて1930年上期から32年上期にかけて5期無配を続けていたため，日本産業も公開持株会社でありながら，1930年上期以降3期連続無配を余儀なくされていた。それゆえ，日本産業は設立目標である株式市場から社会的資金を動員・糾合して，その投下事業収益を配当金の形で株主に還元すると言う「国民の産業投資信託機関」としての機能を果たすことができなかった。日本産業にとって，異業種事業の組み合せ経営を行い，危険の分散と事業収入の安定を図ることが，緊急課題であったのである。

　日本産業の傘下事業再編成の機会は，1931年の金輸出再禁止措置に伴う金属価格の好転，とりわけ政府による金の買上げ価格の急上昇によって訪れた。日本鉱業は当時わが国の金産出のトップ会社であったからである（前掲，表1-1参照）。日本鉱業の経営好転を反映して日本産業の株価が高騰すると，鮎川は傘下企業株式の公開・売出しによる株式プレミアム資金の獲得と，日本産業株式と既存企業株式の交換による後者企業の吸収合併を両軸とする「コングロマリット」戦略を展開して，日産コンツェルンの事業再編成に着手した。その際，鮎川が事業再編の起点として選んだのが田村市郎家の経営する共同漁業とその関連会社であった。共同漁業は，上述したように，昭和初期までに各種遠洋漁業の兼営と水産事業における垂直的統合を実現し，水産卸価格に多大な影

表4-12　日本水産（第三次）の現有勢力（1937年時点）

各　事　業	全体の中で日本水産の占める割合	備　　　考
	％	
ト　ロ　ー　ル　漁　業	75	支那東海黄海に於ける許可船数
母　船　式　カ　ニ　漁　業	99	カニ罐詰製造許可函数
母　船　式　捕　鯨　業	40	南氷洋に於ける許可船数
内　地　沿　岸　捕　鯨　業	76	許可船数
製　　氷　　事　　業	50	製氷能力
冷　　蔵　　事　　業	61	冷蔵能力
貿　　易　　事　　業	20	水産物の輸出入

　　（注）　1934年7月に共同漁業は東洋捕鯨株式会社を買収するが，前者が日本水産と改称して，母船式南氷洋捕鯨業に進出するのは37年9月からであるので，本書では捕鯨漁業については記述していない。
　　（出所）　日本水産株式会社編・刊『日本水産株式会社概要』1937年，より作成。

響力を行使できる大規模経営体を構築し，大正末期から昭和初期の不況時にも安定した業績をあげていた。

それゆえ，鮎川は異業種事業の組み合せ経営を行って事業収益の安定を図るためにも，また，価格変動の激しい鉱山部門の補完事業としても水産事業は格好の業種であると見なしたのである。鮎川は，水産事業に着目した理由を次のように説明している。

　「今，日産は日本鉱業の活躍，日立製作の発展により面目一新の域に達した。けれども，産金事情の発達には凡そその限度があらう。機器の製作とて同様だ。無限に発展し利益増加の源泉となり得るものではない。そう思ってゐたら間違ひを来たす。日産の繁栄を永遠に保持する必要から新たな天地への進出を必要とするのです〔中略〕。日本鉱業発展は大きな期待は六ケしいと思ふ。鉱山事業は山に限りがあって無制限に拡大されるものではない。山あっての鉱業だ。鉱脈などは昔から人智の限りを尽くして広く深く探鉱されてゐるから，今日大金山銅山が容易に発見されようとは思はれぬ。これに反し，水産界の天地は広潤悠久である。世界の大部分は大洋だ。大洋の真中でやる仕事に何人からも苦情を受ける筋はない水産事業の有望さは産金以上のものである。海底の宝庫を開くのは日本人に与へられた特権だ。これに努力しなければならぬ[66])。」

　第2の理由は，共同漁業が久原房之助の次兄田村市郎の家業会社であったことである。田村と女婿の啓三はオーナー経営者であったが事業経営には直接携らず，専門経営者，特に国司浩助に事業活動一切を任せ，次第に投資資産家の傾向を強めていった。その結果，田村家は鮎川と国司から親族の事業経営を軸に日産コンツェルンを形成する上で共同漁業の参加は不可欠であるという要請を受けると，共同漁業株式と日本産業株式を交換して後者株式を所有した方が投資運用の面からも有利であると考え，共同漁業の日産コンツェルン入りを決断したのである。

　第3の理由は国司浩助の存在である。国司は鮎川の従兄の養嗣子で幼年時から鮎川家で生活していた。鮎川は国司の人柄と経営者的資質を見抜き，彼の事業活動を全面的にサポートした。また，国司も「兄貴分」の鮎川を尊敬し，経営上の諸問題について常に相談していた。そして，両者は協力して水産事業を近代産業に発展させることを構想し，共同漁業の日産コンツェルン入りを実現

すると，鮎川は国司を日本産業の水産事業担当の常務取締役に就任させた。そして，国司は鮎川の期待に応えて共同漁業を中核に水産関連会社を吸収合併の上，1937年3月，日産コンツェルンでは日本鉱業に次ぐ資産額を有する日本水産（第3次）を成立させた[67]。

次にこうして形成された日産コンツェルンの水産事業部門の成果について検証するため，同コンツェルンの傘下企業からの取得配当金のうち水産関連会社の比率ついて見れば，1933年下期の共同漁業，合同工船漁業，日本食料工業3社で10.6％，1935年下期の前3社で25.6％，そして1937年上期の日本水産一社で26.7％を占めている（前掲，表2-4参照）。日産の鉱山事業依存からの脱却を目指して水産関連事業分野への進出はコンツェルンの安定経営に寄与していたといえる。

そして，水産事業を兼営したことが，日産コンツェルンの化学工業分野への進出を可能にした。1936年，日本食料工業は漁油を利用した油脂工業分野進出を計画し，業界大手の合同油脂に合併話しを持ちかけた。その結果，両社の交渉過程で合同油脂の「親会社の大日本人造肥料（株）が，肥料界不況のため，合同油脂と一緒に日産への合併を希望[68]」したので，日産は当初の計画を急きょ変更し，「正に青天の霹靂[69]」と評された，1887（明治20）年設立の名門化学工業会社・大日本人造肥料と合同油脂を1937年5月に吸収合併して，傘下の化学事業部門と整理統合の上，日本化学工業（同年12月，日産化学工業と改称）と日本油脂として分割独立させた。ちなみに1937年上期末での両社の日本産業への配当比率合計は11％であった（同上表）。化学工業部門もまた日産コンツェルンの安定収入確保に貢献したのである。

注
1) 日本水産株式会社編・刊『日本水産50年史』1961年，261頁。
2) 同上，266頁。
3) 「日露漁業会社計画」『大日本水産会報』第378号，大日本水産会，1914年3月，75頁。
　　ただし，実際の社名は日々魚がとれるという願いを込めて「日魯漁業会社」と名付けられた（岡本信男『日魯漁業経営史』第1巻，水産社，1971年，49頁）。
4) 三島康雄『北洋漁業の経営史的研究』ミネルヴァ書房，1972年，35頁。
5) 新川伝助『日本における資本主義の発達』東洋経済新報社，1958年，206頁。
6) 岡本信男『近代漁業発達史』水産社，1965年，215頁。
7) 桑田透一『水産日本』大日本雄弁会講談社，1942年，166-167頁。
8) 久原房之助翁伝記編纂会編『久原房之助』日本鉱業株式会社，1970年，216頁。

9) 前掲，岡本『近代漁業発達史』215頁。
10) 前掲，桑田『国司浩助氏論叢』23-26頁。国司自身は水産事業に進む理由について何も語っていないが，学費が免除される士官学校，師範学校，水産講習所のうち，将来，事業経営者として自立できる水産講習所を選んだと思われる。
 最近，国司浩助の四男・国司義彦によって『理想・熟慮・断行　国司浩助伝』牧歌社，2011年，が刊行された。
11) 同上，桑田『国司浩助氏論叢』28-29頁。
12) 共同漁業株式会社編・刊『共同漁業株式会社の事業』1929年，12頁。
13) 「水産界の麒麟児」『水産界』第404号，大日本水産会，1916年5月，26-27頁。
14) 前掲，桑田『国司浩助氏論叢』35-36頁。
15) 同上，35-36頁。
16) 前掲，『共同漁業株式会社の事業』14頁。
17) 前掲，桑田『国司浩助氏論叢』36-37頁。
18) 宇田川勝・上原征彦監修『日本水産百年史』日本水産株式会社，2011年，62-63頁。
19) 共同漁業株式会社「取締役決議書」1919年11月1日。
20) 前掲，岡本『近代漁業発達史』174頁。
21) 前掲，桑田『国司浩助氏論叢』28頁。
22) 共同漁業株式会社「営業報告書」第9回，1920年上期，同20回，1926年下期。
23) 同上，「営業報告書」第20回，1926年上期。
24) 同上，「営業報告書」第23回，1928年上期。
25) 前掲，桑田『国司浩助氏論叢』65頁。
26) 前掲，岡本『近代漁業発達史』175頁。
27) 岡本正一『漁業発達史（蟹罐詰篇）』霞ヶ関書房，1944年，661-662頁，前掲，岡本『日魯漁業経営史』144-146頁。
28) 前掲，岡本『近代漁業発達史』313頁。
29) 岡本信男『水産人物百年史』水産社，1969年，118頁。
30) 前掲，『日本水産50年史』291頁。たとえば，共同漁業傘下の日本魚糧の役員・飯山太平は，「大正一五年の八月，僕は北洋水産の植木専務と世界一周の旅に出た。植木さんは共同漁業の別会社であるカニ工船の会社北洋水産をつくり，最初の年にずい分もうかったということであった。〔中略〕僕の旅費は全部北洋水産から出たと記憶しているが，いまから考えると，北洋水産はもうけすぎて，税金か何かの関係で使わなければならぬことだったかも知れない。それで僕も連れていってくれたのだろうと思っている」と語っている（飯山太平『水産に生きる』水産タイムズ社，1966年，65頁）。
31) 前掲，岡本『近代漁業発達史』316頁。
32) 前掲，共同漁業「営業報告書」第24回，1928年下期。
33) 前掲，岡本『近代漁業発達史』319頁。
34) 前掲，岡本『漁業発達史（蟹罐詰篇）』689頁。
35) 大仏次郎編『中部幾次郎』中部幾次郎翁伝記編纂刊行会，1958年，118頁。
36) 前掲，岡本『漁業発達史（蟹罐詰篇）』691頁。
37) 前掲，共同漁業「営業報告書」第31回，1932年上期。日本工船漁業は出漁前の1932年4月，日本合同工船と社名を改称した。
38) 前掲，「共同漁業株式会社に就いて」10頁。
39) 秋山博・中井昭「遠洋漁業の発展」山口和雄編『現代日本水産業発達史　IXI水産』交詢社，1965年，352頁。

40) 前掲, 共同漁業「営業報告書」第22回, 1927年下期。
41) 前掲, 『共同漁業株式会社に就いて』9頁。
42) 前掲, 岡本『近代漁業発達史』203頁。
43) 前掲, 共同漁業「営業報告書」第31回, 1932年上期, 同34回, 1933年下期。
44) 「田村氏と山神組」『水産界』第416号, 1917年5月, 99頁。
45) 前掲, 岡本『近代漁業発達史』201頁。
46) 前掲『日本水産50年史』276-277頁。
47) 前掲『共同漁業株式会社の事業』31頁。
48) 前掲, 共同漁業「営業報告書」第24回, 1928年下期。
49) 同上,「営業報告書」。
50) 前掲, 岡本『水産人物百年史』115頁。
51) 前掲, 桑田『国司浩助氏論叢』218頁。
  なお, 共同漁業の戸畑漁港への移転の意義について, 詳しくは高宇『戦間期日本の水産物流通』日本経済評論社, 2009年, 第7, 8章を参照。
52) 前掲, 共同漁業「営業報告書」第26回, 1929年下期。
53) 同上, 第29回上期。
54) 前掲, 共同漁業「完結契約書類綴」所収。
55) 前掲, 共同漁業「営業報告書」第31回, 1932年上期。
56) 同上, 第32回, 1932年下期。
57) 前掲『日本水産50年史』295頁。
58) 前掲, 共同漁業「完結契約書類綴」所収。
59) 前掲, 共同漁業「営業報告書」第22回, 1927年下期。
60) 同上「営業報告書」。
61) 前掲, 共同漁業「完結契約書類綴」所収。
62) 前掲, 共同漁業「営業報告書」第3回, 1931年下期。
63) 「竹輪用原料鮮魚仕切値段ノ件」, 提揚, 共同漁業「完結契約書類綴」所収, 前掲,『共同漁業株式会社の事業』73頁。
64) 前掲, 飯山『水産に生きる』98頁。
65) 共同水産株式会社「営業報告書」第15回, 1929年下期。
66) 鮎川義介「日本産業を語る」『ダイヤモンド』第22巻第8号, 1934年3月11日。
67) 鮎川義介は国司を日産コンツェルンの有力後継者と考えていたが, 国司は1938年に急逝した(鮎川義介『百味箪笥』愛蔵本刊行会, 1964年, 122頁)。
68) 日本油脂株式会社編・刊『日本油脂30年史』1967年, 169頁。
69) 「人肥は日産の支配に移る」『東洋経済新報』第1739号, 1936年12月12日, 43頁。

第5章

貝島家の炭鉱業経営

はじめに

　久原財閥，日産・満業コンツェルンの研究に携わってきた筆者が貝島家の経営史に関心を持ったきっかけは，1927（昭和2）年2月の久原鉱業の累積債務の整理に際して，貝島家一族が「現在事業ニ関係ナキ資産ヲ挙ケテ久原鉱業会社整理資源ノ内ニ提供」するとして，1,400万円もの資産を何の条件も付けずに提出した事実による[1]。同社の債務整理は義弟久原房之助の意向を受けた鮎川義介の親戚各家，久原財閥幹部，関係会社に対する援助要請に基づいて行われたが，貝島家が提出した資産額は他者のそれに比べて抜きん出ており（前掲，表2-1参照），その額は当時の貝島合名会社の資本金4,000万円の35%に相当した。そして，鮎川は貝島家を中心に提出された諸資産を使って久原鉱業の債務整理を断行すると，1928年12月，同社を公開持株会社日本産業に改組し，日産コンツェルンの形成を企図したのである。

　それゆえ，私の貝島炭鉱業経営における関心は久原鉱業の破産を回避させ，日産コンツェルンの形成を可能にした貝島家一族の巨額の資産提出がいかなる動機あるいは意図に基づいてなされたのか，また，そのこと自体が貝島家の事業展開においてどのような意味を持っていたかに注がれる。そして，それらの解明を意図して，貝島家の炭鉱事業の経営史を概観すると，それは3つの段階に区分される[2]。第1期は1885（明治18）年の大之浦炭鉱の開発着手から貝島家顧問井上馨，創業者貝島太助が相次いで死去した1914，15（大正3，4）年までである。第2期は貝島家の顧問代理に鮎川義介が就任した1917年から久原鉱業の債務整理にあたって貝島家が巨額の資産提出を行った27年2月までである。そして，最後の第3期は上記の資産提出を機に貝島家一族が顧問制

度を廃止し，事業経営におけるオートノミーを完全に掌握した 1927 年 3 月以降である。

本論に立ち入る前に，久原鉱業の債務整理に際して，貝島家一族が鮎川に提出した「差入書」と提出資産目録を見ておけば，下記の通りである[3]。

「　　　差　入　書

貝島一族ノ今日アル事ハ井上侯爵家ノ御庇護ニ負フ所浅カラズ侯爵家ヲ永久ニ顧問ニ推戴シテ其御指導ヲ受ケ候コトハ従来一族一同ノ希望致シ候処ニ御座候然ルニ今回侯爵閣下ヨリ御辞退ノ御申出ヲ相受候事ハ一同ノ誠ニ悲痛ノ念ニ堪ヘザル処ニ御座候然シナガラ強キテ従前通リ顧問トシテ御留任相願候事ハ却テ侯爵家ニ御迷惑ヲ煩ハス事ニ相成候故此際顧問御辞退ノ御仰出ニ従ヒ奉リ又何人様ニ御願ヒ申候テモ多大ノ御迷惑相掛ケ候事ハ一族ノ甚タ心苦シキ次第ニ御座候間向後ハ顧問ヲ嘱托セザルコトニ致シ度ク候

今回久原会社整理問題ニ付テハ貝島一族ノ出来得ル丈ノ犠牲ヲ払フ可ク別紙記載ノ通リ貝島現在事業ニ関係ナキ資産ヲ挙ケテ久原鉱業会社整理資源ノ内ニ提供仕候其ノ処置ニ就テハ一切貴下ニ御委セ申上候間可燃御取計被成下度候尚久原骨董ヲ貝島ニ譲渡被下候旨御仰有之候得共熟議ノ結果是レハ辞退申上候間以上不悪御賢察賜度奉願上候

　　　　　昭和二年二月二十八日
　　　　　　　　貝島栄一
　　　　　　　　貝島栄四郎
　　　　　　　　貝島健次
　　　　　　　　貝島太市
　　　　　　　　貝島亀吉
　　　　貝島定一後見人
　　　　　　　　貝島亀吉
　　　　貝島永作後見人
　　　　　　　　貝島太市
　　　　　　　　貝島百吉
　　　　　　　　貝島蘭作
　　鮎川義介殿　　　　　　　　　　　　　　　　　　　　　　　　　」

「久原鉱業会社整理資源ニ提供スヘキ資産
　有価証券

種　類	個　数	帳簿価格	
	株	円	
久原鉱業会社株式	10,000	1,000,000	00
同社新株式	9,050	452,500	00
山東鉱業会社株式	2,000	45,000	00
北樺太鉱業会社株式	200	4,000	00
戸畑鋳物会社株式	100	5,000	00
同社新株式	150	6,000	00
共立企業会社株式	30,000	937,500	00
大正海上火災保険会社株式	1,000	12,500	00
大日本セルロイド会社株式	1,000	50,000	00
日本無線電信会社株式	1,500	18,750	00
南満州鉄道会社株式	144	25,740	00
同社新株式	144	7,200	00
朝鮮鉄道会社株式	2,500	25,000	00
宮城電気鉄道会社株式	300	7,500	00
東京電燈会社株式	378	21,975	38
東京電力会社株式	120	5,550	00
同社新株式	10	375	00
九州水力電気会社株式	200	15,000	00
牛津板紙会社株式	6	300	00
北海道煉乳会社株式	200	10,000	00
同社新株式	200	4,000	00
三井信託会社株式	1,000	25,000	00
大阪小型自動車会社株式	800	17,000	00
青江土地会社株式	3,020	57,085	60
東明土地会社株式	800	4,000	00
中日実業会社株式	200	15,000	00
東明銀行株式	179	2,685	00
計		2,774,660	98

土　地

所　　在	坪数・反別	帳簿価格	
門司市西海岸	1,反704	205,600	00
同　小森江	11,反610	349,232	00
同　清滝	873,坪22	37,951	65
若松市二島	126,反927	119,419	66
同　二島埋立地	268,反501	688,814	50
島郷村二島	20,反823	19,682	99
粕屋郡久保	83,反103	47,784	62
同　古賀	1,反723	3,000	00
別府市	,反420 1,269,坪00	25,699	00
東京府淀橋町	14,反428 503,坪428 3,坪13	440,101	00
鹿児島市高麗町（庭園共）	2,反215	30,734	93
鹿児島藤川山林 　附属事業ヲ含ム		265,017	29
計		2,233,037	64

建　物

所　　在	坪　　数	帳簿価格	
		円	
門司市清滝	267,坪88	12,553	22
別府市	169,27	35,404	00
東京府淀橋町	416,22	26,040	00
鹿児島市	125,25	29,934	48
計		103,931	70

未着手鉱区

大分，吉隈，北波多，遠賀所在 　試掘権及採掘権	円 7,395,603	95

現　金		
	円	
既ニ支出シタル分	1,500,000	00

　以上合計　　　　　　　　　　　円
　　　　　　　　　　　　14,007,234　27
以上提供仕候久原鉱業会社整理ニ御利用ノ上ハ適当ノ証書相受申度候」

1．毛利家・三井物産の監督時代

(1) 大之浦炭鉱の開発

　貝島家は，安川・松本家，麻生家と並んで「筑豊御三家」と呼ばれた。貝島家の発展は1885（明治18）年の大之浦炭鉱の開坑にあった。そして，貝島家当主の太助が1891年に毛利家所有の金田炭鉱視察に来た井上馨と出会い，彼の知遇を得たことで大炭鉱業者への途を歩むことになる[4]。

　当時，貝島家は，190万余坪の鉱区を経営していたが事業資金が十分ではなかった。そのため，1890年恐慌によって炭価が暴落すると，8万3,000円の負債を抱え，倒産の危機に直面した[5]。太助は井上に窮状を訴え，彼の斡旋で毛利家から融資を得ることに成功した。ただし，その融資は，「（毛利）公爵家ト一個人トノ金銭貸借関係ヲ生スルカ如キハ之ヲ慎ムヘキナリトシ表面三井家（三井物産）ヨリ貸与[6]」する形でなされた。そのため，貝島家は，「採掘石炭全部の一手販売権を債務存続期間，三井物産会社に委託[7]」しなければならなかった。

　貝島家の毛利家からの融資は1894年6月には総計13万円にまで増加し[8]，そのため貝島家の所有鉱区はいったん三井物産副社長木村正幹名義に書き換えられる。しかし，日清戦争の勃発による炭価高騰に遭遇し，1889年6月までに貝島家は「負債の全部を償却し，以て其の鉱区に対する名義並びに実権を恢復[9]」した。そして，1890年に貝島家は大辻炭鉱を買収し，さらに翌年5月，資本金200万円の貝島鉱業合名会社を設立した。出資社員は太助（代表社員，出資金100万円），弟の六太郎（出資金43万円），嘉蔵（同35万円），太助の

五男太市（同22万円）の4名であった。そして，同社設立の狙いは，「自今益業務ヲ拡張シ信用ヲ保全シ子孫亦継承心ヲ一ニカヲ合セ以テ貝島本末家ノ関係ヲ親密ニスルト共ニ愈々家道ノ隆運ヲ期セト[10]」（同社設立趣意書）するとあることから明らかなように，それまで貝島太助を中心に彼の実弟，同業者によって営まれていた共同事業体制を改め，それを貝島家一族の「家業」とすることにあった。それゆえ，貝島鉱業設立直後，貝島家は創業以来の共同事業者で同社への出資権を放棄した6名の「宿老」を含む従業員に対して総額10万4,000円の特別賞与を支給したのであった[11]。

　貝島鉱業の設立によって貝島家の経営体制は整った。しかし，貝島産炭の一手販売権は，毛利家に対する債務返済後も三井物産によって掌握されていた。その理由としては，まず三井物産は日清戦争後の石炭の海外輸出と国内需要の拡大を背景に1897年石炭部を設置して本格的な社外炭取扱い方針を打ち出しており，出炭量が多く，しかも品質優良な貝島産炭，特に大之浦炭を重要視していたことがあげられる。他方，三井物産は一手販売権取得の代償として売上高の80％の前貸金融を貝島家に保証しており，この保証はいまだ資金的基盤が十分ではなかった1890年代の同家炭鉱業経営にとって，大きな魅力であったのである[12]。事実，炭鉱業界が不振を極めていた1890年6月時点での貝島鉱業と貝島太助個人の三井物産・銀行からの借入金合計額は144万円にも達しており，この額は三井物産が一手販売権を掌握している炭鉱業者に対する貸付の中で最大であった[13]。

　ただし，三井物産と貝島太助との間に結ばれた一手販売約定は輸送費と販売経費を貝島側で負担し，その上，売上代金の2.5％を手数料として支払うことになっており，三井物産側にとって一方的に有利な内容であった[14]。しかも三井物産・銀行からの巨額の借入金の結果，貝島鉱業の所有鉱区はことごとく三井物産に担保として押えられ，同社は必要経費を除いた「剰余金ハ挙テ三井物産合名会社ニ残存[15]」しなければならなかった。

　このように，「明治三〇年代は二〇年代の毛利に代わって，三井が貝島を支配していたのであり[16]」，それゆえ，貝島家の炭鉱業経営にとって，三井物産・銀行からの資金的独立と物産からの営業権奪回による直接販売の実施が悲願であった。

表 5-1 貝島鉱業の利益金推移　　（単位：千円）

年　度	利益金	年　度	利益金
1898 年	69	1912 年	321
99	△21	13	726
1900	100	14	306
01	366	15	289
02	102	16	2,276
03	42	17	5,364
04	310	18	2,971
05	735	19	1,663
06	802	20	△382
07	751	21	91
08	716	22	881
09	△186	23	1,181
10	135	24	32
11	230	25	112

（出所）　畠山秀樹「筑豊炭鉱企業家の形成と発展(1)」『大分大学経済論集』第 36 巻 3 号，1984 年 9 月，64，79 頁より作成。

　ところで，三井物産・銀行からの資金的独立の機会は早く訪れる。日露戦争時とその直後の炭価高騰によって，1905 年から 10 年の 5 年間に貝島鉱業は合計 331 万円の利益金を計上し（表 5-1），06 年には同社は三井物産・銀行からの借入金を完済したのみならず，逆に三井銀行に預金をするまでになったからである[17]。また，全国主要炭鉱会社別出炭高においても，1907 年には貝島鉱業は三井合名，北海道炭鉱汽船，三菱合資に次いで第 4 位を占め，全国出炭高の 9.1％を占めるに至った（表 5-2）。

(2) 家憲の設定

　こうして，経営基盤を確かなものにすると，貝島家は井上馨の指示に従い，1909 年 10 月，「貝島家家憲」を制定した。この家憲を詳しく紹介する余裕はないが，それは，「貝島家一族の財産の基礎を鞏固にし，以て永遠に其の維持発展を図」ろうとするものであり，また「同心協力（中略）事業の発展を庶幾(ママ)し（中略）将来一族間の紛争を防遏すること[18]」を目的としたものであった。そして，その目的を現実するために，家憲は貝島家一族を宗家一家，本家二家，連家六家に分け，それぞれの持分を明確にするとともに（表 5-3），この

表 5-2　貝島鉱業の出炭高の推移

(単位：千トン，％)

年度	出炭高	対全国出炭高比
1902	778	8.0
03	825	8.2
04	959	8.9
05	924	8.0
06	973	7.5
07	1,259	9.1
08	1,372	9.3
09	1,217	8.1
10	1,049	6.7
11	1,053	6.0
12	1,126	5.7
13	1,252	5.9
14	1,224	5.5
15	1,114	5.4
16	1,268	5.5
17	1,592	6.0
18	1,399	5.0
19	1,570	5.0
20	1,418	4.8
21	1,333	5.1
22	1,581	5.7
23	1,766	6.1
24	1,884	6.3

(出所)　畠山秀樹「貝島家の家憲」(『大分大学経済論集』第37巻第1号，1985年5月，93頁。

表 5-3　貝島家共同事業・財産持分数

貝島　太助（宗家）	100　(　40.0)
〃　六太郎（本家）	43　(　17.2)
〃　嘉蔵（〃）	35　(　14.0)
〃　太市（連家）	22　(　8.8)
〃　亀吉（〃）	12　(　4.8)
〃　定二（〃）	12　(　4.8)
〃　永二（〃）	10　(　4.0)
〃　百吉（〃）	8　(　3.2)
〃　シゲノ（〃）	8　(　3.2)
合　計	250　(100.0)

(出所)　表 5-2 と同じ，74頁。

第5章　貝島家の炭鉱業経営　147

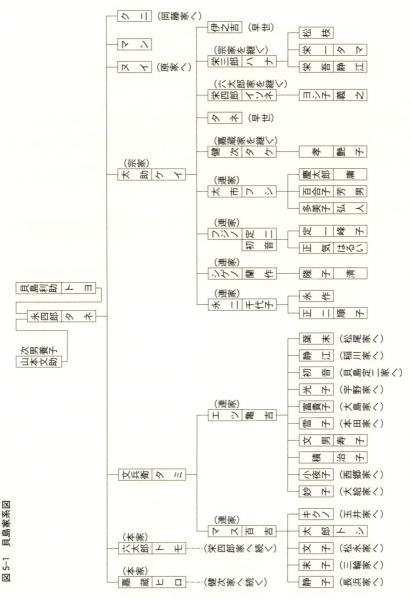

図5-1　貝島家系図

(出所)「貝島炭鉱資料」(貝島炭鉱株式会社所蔵)より作成。

九家による家産，家業の共同所有・経営の原則を定めた。

　貝島家の家憲は三井家のそれをモデルとして制定したものであったが，後者に比べて前者は家政および事業経営について顧問に絶大な権限を付与しており[19]，そのことが，後述するように顧問代理に就任した鮎川義介の同家に対する強力な介入を許すことになる。

　ここで，貝島家一族の家系図を掲げておけば図 5-1 のようである。

　家憲制定直後の 1909 年 12 月，貝島家は貝島鉱業合資会社を資本金 250 万円の株式会社に改組した。そして，この改組を機に社内に商務部を設置し，念願の石炭自販を断行する計画が一族内の若手当主を中心になされるが，従来からの三井物産との関係を配慮した貝島太助は「自己カ目ヲ眼サル間ハ三井ト絶縁スルコト能ハスト[20]」して，それに同意せず，後述するように商務部の設置は 1914（大正 3）年まで延期され，さらに三井物産からの営業権奪回は 20 年まで待たなければならなかった。

2．鮎川義介の監督時代

(1) 同族経営の弊害

　井上馨は 1915（大正 4）年 9 月死去し，翌年 11 月には貝島太助も没した。井上の死後，貝島家の顧問には井上家の養嗣子勝之助が就任した。ただ，彼は外交官であったので，井上の姪の長男であり，太助の五男太市の妻の兄でもある鮎川義介に顧問代理を委嘱した。なお，太市夫妻の結婚も井上が斡旋したものであった。

　鮎川は貝島家の顧問代理に就任する条件として，1917 年 1 月 24 日，下記の 4 点を提示し，これに対して，貝島家一族は「顧問及び顧問代理の命令忠告に対しては，何事に依らず違背することなく，承服実行する[21]」旨の誓約書を提出した。

　　㈠　言行不一致のないこと。
　　㈡　家憲は時勢の推移に応じて適宜改訂を加うることを承服すること。

㈢　飲酒の弊を匡正すること。
　㈣　血族結婚を禁止すること。」

　鮎川が貝島家の顧問代理に就任した直後，表5-1に見るように，第一次世界大戦中の好景気を謳歌していた同家の事業経営において不祥事件が頻発した。1917年12月，大之浦・桐野第二坑で死者369名のガス爆発事故が発生し，さらに翌年8月には折りからの米騒動のあおりを受けて各炭鉱で鉱夫暴動を引き起こした。また，1917年9月に発覚した「北九州官吏汚職事件[22]」にも貝島家一族が関係していたと言われる。

　鮎川の調査によれば，上記の事故・事件の直接あるいは間接の原因は次のようなものであった。

「桐野第二坑ガス爆発事故
　直接ノ原因　㈠　砿夫及現場員ノ不注意
　　　　　　　㈡　出炭促進ノ為ノ無理
　　　　　　　㈢　技術上ノ欠陥
　間接ノ原因　㈠　技師長ノ無責任
　　　　　　　㈡　坑主側ノ怠慢
　　　　　　　㈢　一般風紀ノ弛緩
　　　　　　　㈣　時宜ニ適セザル経営方針
岩谷及菅牟田砿夫暴動事件
　　　　　　　　　　（ママ）
　直接ノ原因　㈠　各地米騒動ノ伝染
　　　　　　　㈡　当初ノ処置宜シキヲ得ザリシコト
　　　　　　　㈢　砿夫ニ対スル不公平及圧制
　　　　　　　㈣　職員背徳ノ行為
　　　　　　　㈤　職員ノ不熱心ト坑主側ノ不謹慎
　間接の原因　㈠　上下意思ノ疎通ヲ欠ケルコト
　　　　　　　㈡　温情主義漸退
　　　　　　　㈢　職員ノ旧思想
　　　　　　　㈣　学校出身者過少　　　　　　　　　　[23]」

　鮎川は，こうした事故と事件を生みだした根源を貝島家の旧態依然たる事業体質にあると結論した。たとえば，表5-4は三井鉱山，三菱鉱業，貝島鉱業

表 5-4　三井鉱山・三菱鉱業・貝島鉱業の高等教育機関出身職員（1918 年）　　　　（単位：人）

	三井鉱山	三菱鉱業	貝島鉱業
職 員 総 数	2,341	1,364	960
帝 国 大 学 出 身 者	85	68	7
高等専門学校出身者	297	163	27
中等学校程度出身者	470	395	93

（出所）「貝島家顧問代理就任に関連ある覚書」（鮎川家所蔵）。以下「覚書」と略記。

表 5-5　貝島鉱業の経営陣（1916 年～18 年）

専務取締役社長	貝 島 栄 四 郎
常務取締役 鉱務長	貝 島 健 次
常務取締役 総務長	貝 島 太 市
取締役 経理部長事務取扱	中 根 壽
取締役 商務部事務取扱	峠 延 吉
監査役	貝 島 六 太 郎
技術部採鉱技師長	横 倉 英 次 郎
内事部長	渡 辺 林 太 郎
菅牟田鉱業所長	貝 島 定 二
桐野鉱業所長 満之浦鉱業所長	貝 島 亀 吉
大辻鉱業所長	貝 島 百 吉
岩屋鉱業所長	貝 島 蘭 作
池田鉱業所長主任	小 田 國 雄

（出所）　前掲『貝島会社年表草案』131-134 頁より作成。

の高等教育機関出身職員数を比較したものであるが，これによれば貝島の職員は三井，三菱のそれに比べて極めて過少である。これは，「企業の要職が専ら同族によって占められているため，三井，三菱のような大手筋にくらべて人材登用の道が閉ざされていることの[24]」結果であり（表 5-5），したがって，「有為ナル社員特ニ専門ノ智識ヲ有スル学校出ニシテ相当経験ヲ積ミタルモノノ退社[25]」が続くという悪循環を招いていた。また，表 5-6 は 3 社の鉱夫

第 5 章　貝島家の炭鉱業経営　151

表 5-6　三井鉱山・三菱鉱業・貝島鉱業の負傷事故対照表（1918 年）

(単位：人)

	三井鉱山	三菱鉱業	貝島鉱業
鉱夫数	42,171	38,905	14,014
年間負傷総人員	24,748	25,293	7,009
負傷率（鉱夫 1000 人に対し）	587	650	500
年間重死傷数	956	781	472
重死傷率（鉱夫 1000 人に対し）	22	20	34

(出所)　前掲「覚書」。

負傷事件数を比較したものであるが，これについても鮎川は次のように記している。

「三井，三菱平均ニ対シ貝島ハ重死傷率五割過多ナルコト，然ルニ負傷者ノ登簿率約三割少ナキコト，此ノ事実ハ近来貝島ノ砿夫取扱方ガ他ノ大砿主ニ此シ頗ル疎悪ニシテ恰モ小砿主ノ態度ナラズヤト砿務署側ノ言明セル所以也[26]。」

(2)　一族一事業体制の確立

　鮎川義介は上記の事故・事件を機に，貝島家の事業体質の改善を図るため，後述する一族内の「改革派」の協力を得て，(1) 事業経営と家政・家計の分離，(2) 経営多角化による石炭採掘専業の打破，(3) 人材の登用，の 3 点を骨子とする改革案を作成し，それを実施する[27]。

　まずその手始めとして，1919（大正 8）年 12 月，貝島家は貝島合名会社（資本金 1,000 万円）と貝島商業株式会社（資本金 1,000 万円，払込金 250 万円）の 2 社を新たに設立した。そして，貝島合名を，(2) の石炭専業経営の打破と経営多角化実施後の「貝島家一族の共同事業を総轄するための[28]」機関とした。この結果，「一族会」が所有していた貝島家一族の事業経営に関する「評議及議決ヲ為ス[29]」権限は法人格を持つ貝島合名に移り，一族会自体は一族の家計・家政を担当する機関となった。

　同時に，鮎川は貝島家の一族九家共同で石炭採掘事業に集中する体制を打破するため，下記の「一族事業原則」に基づく一家一事業構想を打ち出した。

「㈠　万已ムヲ得サル場合ノ外一事業一人制ヲ原則トスルコト（合名会社ハ別問

題)
㈡ 事業選定方法ハ本人ノ趣味, 思慮ニヨリテハ詮衡セシメ顧問ノ同意ヲ得テ決定スベキコト
㈢ 出資ハ家憲ノ精神ニ遵カヒ一族共同ノ出資即チ合名会社ノ負担トシ単独出資ヲ禁スルモ本人ノ希望ニヨリテハ合名会社ノ持チ分ヲ最低六割トシ四割迄ヲ本人ノ単独出資トスルコトヲ得, 但シ如何ナル場合ト雖モ四割ヲ超過スルコトヲ得ズ 30)」

　貝島商業はこの「原則」に基づいて, 貝島太助の死後, 同家のリーダーとなった五男太市家が主宰する会社として設立された。そして, 同社の設立は, 貝島家の悲願である三井物産からの営業権奪回と自社直接販売を企図したものであった31)。そこで, その経緯を簡単に述べることにする。

　三井物産は日露戦争後の石炭不況に際会すると, 1912 (明治 45) 年 1 月, 三井鉱山, 貝島鉱業, 麻生商店の 3 社と「プール制」販売協定を結んだ。しかし, この「プール制」販売は優良炭を多く産出する貝島鉱業にとって極めて不利であった32)。そこで, 同社は 1915 (大正 3) 年商務部を設置し, さらに 17 年「プール制」販売から脱退してそれを解散に追い込むと, 「若松に出張所を設けて石炭自売の準備に着手33)」した。しかし, この時点では貝島鉱業は三井物産から営業権を完全に奪回することができず, 自社炭の 17% 以内の自由販売を認められたに過ぎなかった。だが, 三井物産にとって, 部分的ではあれ自由販売を認めたことは大きな後退であり, しかも貝島商業設立後は一層の後退を迫られることが予想された。それゆえ, 三井物産はそうした後退を阻止することを意図して, 1920 年 3 月恐慌が発生すると, いまだ販売体制の整わない貝島商業の虚をついて, 「是迄の契約を破棄し採掘炭全部を上げて三井に取扱はしむるか然らざれば全部貝島にて取扱ふかの二途あるのみ」と迫り, 「之が回答を七月五日迄」にするよう通告した34)。しかし, 三井物産による最後通告とも言うべき, この二者択一要求も貝島家の自主販売の動きを阻止することはできず, 逆にその実現に好機を与える結果となった。つまり貝島家はその要求を逆手にとって, 1920 年 8 月 19 日, 「明治二四年以来三井物産に委託せる石炭販売契約を解き自家販売35)」を開始し, 販売業務を貝島商業に担当させたのである。

表 5-7　貝島商業の利益金推移

(単位：千円)

年　　度	利　益　金
1919 年	169
20	907
21	301
22	307
23	403
24	628
25	121

(出所)　前掲，畠山「筑豊炭鉱企業家の形成と発展 (1)」81 頁。

　第一次世界大戦後，炭鉱業界は不況期に突入するが，貝島家の事業経営は貝島商業の販路拡大とともに強固となり，一家一業を原則とする多角的事業進出を可能にした。(表 5-2，表 5-7 参照)。『貝島会社年表草案』によって，その進出過程を見れば，下記のようである。

　　1919 年 11 月 3 日　林業部作業所を合名会社の事業とし，鹿児島薩摩郡上東郷村高治川地内約 1 千町歩に亘り設置する。
　　同年 12 月　防爆対策として満之浦に自家用岩粉工場を新設し，30 馬力電動機を用いて岩粉 1 日 550 頓を製造する。
　　1920 年 4 月　合名会社に石灰部を新設する (部長貝島蘭作)。そして，同作業所を大分県津久見村下青江志手山に設け 5 月より石灰石の採取に着手する。
　　同年 6 月 9 日　合名会社，別府化学工業所 (化粧品製造) を新設する (貝島亀吉担当，同 11 年 8 月廃止)。
　　1921 年 2 月 1 日　大辻岩屋炭鉱株式会社 (資本金 1,000 万円，払込金 750 万円) を設立する。
　　同年 3 月　合名会社福光二郎，石炭低温乾溜事業の研究に着手する。
　　同年 12 月 29 日　合名会社，日本傷害火災海上保険株式会社 (資本金 500 万円，払込金 125 万円) の株式を譲受ける (同 11 年 3 月　社名を中央火災傷害保険と改称)。
　　同年 12 月　合名会社に臨時調査部を新設し，分系新規事業の調査計画を行う。
　　1923 年 3 月 1 日　商業会社に雑貨部を設置し，石灰石及び木炭の販売を開始する。
　　同年 10 月 18 日　合名会社業務執行社員貝島健次，欧米における石炭低温乾溜事

業の視察のため合名会社臨時調査部福光二郎，商業会社大阪支店副長美川泰四郎を伴い横浜を出発する（13年5月12日横浜着帰国）。

同年12月19日　九州木材防腐株式会社を譲受け，翌13年貝島木材防腐株式会社（資本金50万円，払込金12.5万円）と改称し経営を開始する。

1924年4月　合名会社臨時調査部を臨時研究部とし，石炭乾溜の研究に着手する。

1925年2月3日　貝島乾溜株式会社（資本金300万円，払込金75万円）を設立する（これは，わが国低温石炭乾溜事業の先鞭である）。

同年2月3日　貝島石灰工業株式会社（資本金100万円，払込金75万円）を設立する。

同年2月3日　貝島林業株式会社（資本金100万円，払込金50万円）を設立し，植林並に伐木，製材，製炭に関する事業を経営する[36]。

こうした多角的事業経営の進展に基づいて，貝島合名は，1924年12月，以下の「共同事業規定」を制定した。

「　　　共同事業規定

第一条　一族共同事業ハ総テ貝島合名会社ノ統制監督ニ服シ，各会社ハ協同シテ互ニ其事業ノ発達ヲ資クルコトヲ要ス

第二条　従業者ノ待遇及給与ニ関スル規定其他一族共同事業会社ニ共通スル規定ハ，貝島合名会社之ヲ定ム

但，各事業会社ハ貝島合名会社ノ定メタル規定ヲ其社ノ名ニ於テ発表スルモノトス

第三条　一族共同事業会社ノ一社ニノミ必要ナル規定ニシテ其他ノ共同事業会社ニ共通セサルモノハ，其社ニ於テ立案シ貝島合名会社ノ承認ヲ経テ之ヲ発表スヘシ

第四条　前二条ノ外，貝島合名会社ハ各共同事業会社ニ対シ統制上又ハ監督上必要ナル命令ヲ発シ，或ハ事業ノ状況ニ関シ之カ報告ヲ求メ又必要アルトキハ業務ノ監督ヲ行フコトヲ得

第五条　一族共同事業会社ハ其従業者ノ任免黜陟及罰則ニ関シ，貝島合名会社ノ定ムル所ニ従ヒ其承認ヲ求メ，若クハ之カ報告ヲナスコトヲ要ス

第六条　一族共同事業会社ハ毎年度開始前，当該年度ノ収支予算書ヲ編成シ貝島合名会社ノ承認ヲ受クルコトヲ要ス，年度開始後収支予算ノ変更ヲ要スル場合亦同シ

第七条　一族共同事業会社ハ毎年度終了後，当該年度収支決算書ヲ調製シ株主総会ニ付議スル以前ニ於テ貝島合名会社ノ承認ヲ受クルコトヲ要ス
第八条　貝島合名会社ハ第六条ノ収支予算書及第七条ノ収支決算書ニ対シ其必要ナリト認ムル変更又ハ訂正ヲ求ムルコトヲ得，経済事情其他ノ変動ニ因リ一旦承認シタル予算ノ増減変更ヲ必要トスル場合亦同シ
第九条　一族共同事業会社ハ其資金ニ余剰ヲ生シタルトキハ之ヲ貝島合名会社ニ預入シ，不足ヲ生シタルトキハ貝島合名会社ヨリ之カ融通ヲ受クルコトヲ要ス
　　但，貝島合名会社ノ承認ヲ得タル場合ハ是此限ニアラス
　　前項ノ預入金及融通金ニ貝島合名会社ノ定ムル所ニ依リ，利子ヲ付スルモノトス
第十条　一族共同事業会社ハ左記事項ニ関シテハ予メ貝島合名会社ノ承認ヲ受クルコトヲ要ス
　　但，予算ニ依リ承認ヲ得タル事項ハ此限ニアラス
　　　一，定款ノ変更
　　　一，鉱業権其他主ナル動産不動産ノ得喪
　　　一，公債，社債，株式其他有価証券ノ得喪
　　　一，重要ナル契約ノ締結，解除，変更
　　　一，訴訟ノ提起
第十一条　前条ノ規定ニ拘ラス一族共同事業会社ハ，会社ノ利害ニ重大ナル関係アル事件ニ関シテハ，予メ貝島合名会社ニ協議スルコトヲ要ス
　　但，協議ノ暇ナキ緊急ノ事件ハ此限ニアラス
　　前項但書ノ場合ニ於テハ事件処理ノ後，遅滞ナク之カ報告ヲスヘシ
第十二条　一族共同事業会社相互間ノ重大協定ハ貝島合名会社ノ承認ヲ経ルコトヲ要ス
第十三条　一族共同事業会社ハ常ニ共同事業全般ノ利害ヲ考慮シ，一会社ノ利益ノ為ニ全般ノ利益ヲ損セサルコトヲ要ス
　　動力，器具其他ノ物件ハ相互ニ融通利用ヲ謀ルコトヲ要ス
第十四条　一族共同事業会社ノ生産品ニシテ他ノ共同事業会社ノ事業ニ使用シ得ヘキモノ亦前条ニ準ス
　　　　　　　　　　　　　　　　　　　　　　　　　　　37)」

　こうして，貝島家の事業経営は大正末期には図 5-2 のようになり，一族九家で石炭採掘業に専念するという同家の家憲は実質的に破棄され，各家当主が社長に就任する企業群を貝島合名が統括管理するという財閥コンツェルン体制を

図 5-2　貝島家の傘下企業と経営陣（1925 年上期末現在）

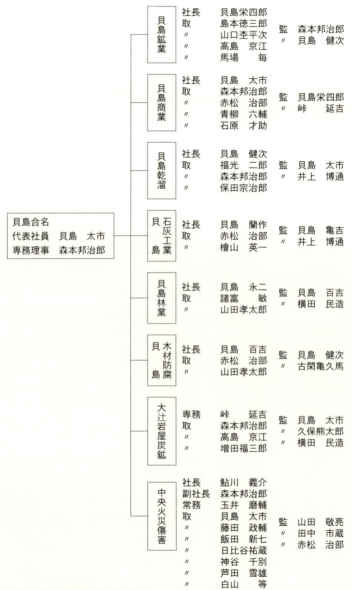

（注）　取＝取締役，監＝監査役
（出所）　前掲『貝島会社年表草案』，東京興信所編『銀行会社要録』1927 年版より作成。

確立した。

　最後に人材登用について言えば，こうした多角的事業進出とそれを統括する経営機構の整備は，それ自体役職員のポストの数を増加させ，有為な人材の登用機会を拡げた。しかも鮎川は貝島家の改革に着手するにあたって，貝島太助の実弟六太郎，嘉蔵や古老の縁故者に対して総額100万円の一時金を贈与し，隠退させている[38]。そして，彼らに代わって図5-2に掲げた事業会社社長に一族の若手当主を就任させると同時に，専門経営者を多数起用し，貝島合名と傘下企業のマネジメントに参加させた。

　表5-8は，第一次世界大戦後の貝島家の事業改革を担った主な専門経営者の学歴・職歴ならびに就任時期を見たものである。これによれば第1に全体として高学歴者の中途採用が目立つ。これはそれまで貝島家一族とその縁故者が経営の要職を占めていたため，社内に専門経営者的人材が十分に育っておらず，多角化の推進にあたって，「人材を天下に求める方針[39]」をとったことによる。第2に久原鉱業からの転職者が4名を数えているが（東洋製鉄からの転職者を含む），これは同社が第一次世界大戦中に進めていた戸畑製鉄設立計画が挫折し，1918年4月，その計画が東洋製鉄に吸収された結果，その設立業務に携わっていた人々を貝島家に再就職させたことによる。そして，第3に事業会社だけでなく，本社の貝島合名のトップ・マネジメントに専門経営者がその設立と同時に就任していることである。

　森川英正の研究によれば，地方財閥の「『本社』のトップ・マネジメントに登用された専門経営者は非常に少数である。〔中略〕多くは同族が社長，副社長，専務（取締役，理事）を占めた後で，その下位の役職に就いている。また，就任時期は，多くが『所有と経営の分離』がやかましく言われるようになった，準戦時・戦時統制経済期である[40]」とされる。

　この点，「天下り」とはいえ，貝島合名の設立と同時に，森本邦治郎が専務理事に就任していることは注目に値する。そして，彼の起用は鮎川の指示によるものであった。すなわち，鮎川は貝島家一族から同家の改革の同意を取り付けると，「よりが戻ってはと思って，すばやく実行にとりかかり，鉄道院から私学出の硬骨漢として知られていた経理局長の森本邦治郎を専務として貰い受けた[41]」と言っている。

表 5-8　貝島家の主要専門経営者（1918 年～26 年）

氏　　名	貝島入社年度と各社役員就任時期	備考（学歴・職歴等）
森本　邦治郎	1919 年入社，合名㊛（19），鉱業㊙（19），商業㊥（19），大辻岩屋㊥（21），木材防腐㊥（23），乾溜㊥（25）	高文合格・会計検査院・鉄道院理事・同経理局長
高島　京江	1919 年入社，鉱業㊥（19），大辻岩屋㊥（21），合名㊛（25）	東大工採治・端島炭鉱・三菱鯰田炭鉱副長・同方城炭鉱長
井上　親雄	1919 年入社，合名㊛（19），鉱業㊥（21）	東大工土木・海軍技師・呉海軍経理部建築課長・久原鉱業
赤松　治部	1890 年入社，商業㊥（19），石灰工業㊥（25），木材防腐㊥（14）	東京法学院・新卒入社
島本　徳三郎	1919 年入社，鉱業㊥（19）	学歴不明・久原鉱業
保田　宗治郎	1919 年入社，乾溜㊥（25）	台湾協会専門学校・満鉄・久原鉱業
山田　孝太郎	1919 年入社，林業㊥（25），木材防腐㊥（25）	山口高商・田村商会・戸畑製鉄会計課長・東洋製鉄課長
青柳　六輔	1918 年入社，商業㊥（25）	東京高商・大阪商船・三菱合資鉱業部
山口　杢平次	1917 年入社，鉱業㊥（25）	東大工採治・三井三池炭鉱・同菅牟田炭鉱
檜山　英一	1908 年入社，石灰工業㊥（25）	長崎高商・新卒入社
福光　二郎	1903 年入社，乾溜㊥（25）	東京高工機械・新卒入社
井上　博通	1919 年入社，乾溜㊙（25），石灰工業㊙（25）	東京高商・台湾銀行
古閑　亀久馬	入社年度不明，木材防腐㊙（23）	小学校・18 歳で入社

（注）　1．1919 年以前に役員に就任した者は除いた。
　　　　2．就任時期は最初のそれのみを記した。なお，カッコ内は就任年度。
　　　　3．㊛＝専務理事，㊛＝理事，㊥＝取締役，㊙＝監査役
（出所）　前掲「貝島会社年表草案」，人事興信所編『人事興信録』1931 年版より作成。

　そして，「この草創の時に当り（貝島家改革のこと—引用者）森本邦治郎氏は官界を辞して貝島合名会社の専務理事として入社，全く誠心誠意大に力を尽して貰いました[42]」と貝島太市が言うように，森本は鮎川の期待に応えて，貝島家の家政と事業の改革・近代化に辣腕をふるったのであった。

(3)　同族間の確執

　上記の貝島家改革は，顧問代理の鮎川義介の指示を同家一族が受け入れたことによって実現されたことは間違いない。ただ，「貝島家一族が唯々諾々[43]」と鮎川の指示に従ったわけではなかった。つまり貝島家一族内部には，鮎川の指示を積極的に受け入れ，旧態依然たる同家の家政および事業の改革・近代化

を目指す「改革派」と，そうした改革・近代化の早急な実施を嫌う「保守派」が存在した。

「改革派」は貝島太助兄弟の子供たち，すなわち貝島各家の若手当主であった（図5-1参照）。そして，その中心人物は太助の四男健次と五男太市であり，特に太市がリーダーであった。ただ，両者の次兄栄三郎はすでに1913（大正2）年に死去しており，その長男で貝島宗家を継いだ栄一（1896年生）は事業経営にまったく関心がなかった。また，叔父の六太郎家を継いだ三兄栄四郎は栄三郎と共に家憲制定に深く関与していたこともあって[44]，家憲の規定に抵触する改革には積極的ではなく，貝島鉱業社長でありながら，1919年8月から翌20年6月まで欧米視察に出掛けており，改革の出発点となる貝島合名・商業両社の設立時には不在であった[45]。なお，その他の連家の若当主たちの多くは，自身の活躍の場が拡がることもあって，太市と健次の行動を支持した。

健次は，1880年，太市は翌81年生れであった。健次は1893年東京高等工業学校機械科を卒業し，太市は東京高等商業学校中退後，三井物産に入社し2年間勤務した。そして，両者は1905年8月から07年9月までの間欧米で炭鉱事業について学び，帰国後貝島鉱業に入社し，健次は鉱務部，太市は総務部を所轄した。

両者の帰国後，上述のように，貝島家は家憲を制定し，事業経営も安定した。ただ，その後，貝島家の経営方針は「守成の範」としての家憲を遵守する余り，積極性を欠いていった[46]。その結果，貝島鉱業の出炭高も横ばいを続け，ピーク時の1908年に全国出炭高の9.3％を記録したそれは石炭ブームに沸く第一次世界大戦中には5％台にまで低下した（表5-2参照）。また，上記の1909年の商務部設置による石炭自主販売計画の立案者は太市であったと思われるが，その計画も三井物産の一手販売権に配慮した太助によって，実施が見送られた。

そのような状況の中で，井上馨，貝島太助が相次いで死去し，さらに鮎川が貝島家の顧問代理に就任して，同家に対する絶対的権限を掌握した。こうした経営内部環境の出現は，貝島家一族の「改革派」にとって，歓迎されるものであった。特に太市と健次にとって鮎川の登場は大きかった。太市にとって鮎川

は義兄であり，また，健次は鮎川が経営する戸畑鋳物の創業時から，貝島家を代表して同社の取締役に就任しており，鮎川と懇意であった[47]。

欧米の自由な社会生活を体験した太市と健次にとって，鮎川が貝島家の顧問代理就任に際して提示した上記の4条件は十分に受け入れられる内容であったと思われる。そして，何よりも両者にとって，貝島家の石炭採掘専業経営自体の地盤低下は看過できない問題であり，しかもそうした経営体制が第一次世界大戦中の前述の不祥事件を生み出した主因であることが判明した以上，従来通りの一族九家による石炭採掘専業経営を続けることはできなかった。それゆえ，太市と健次は鮎川の指示した貝島家の家政および事業経営の改革・近代化策を積極的に受け入れ，実施していったのである。

視点を変えて見れば，太市と健次はそうした改革・近代化を推進するために鮎川の強大な「力」を利用したのだということもできる。貝島家の家憲には顧問代理を置く規定があるにもかかわらず，鮎川は顧問代理に就任するに際して，わざわざ上記の4条件を提示し，貝島家一族にその「承服実行」を誓約させる手続をとっている。これなども，太市と健次が貝島家の改革にあたって予想される同族内の「保守派」の抵抗を事前に押え込むために鮎川に要請したか，あるいは彼らと鮎川の合意のもとになされたということが十分考えられる[48]。また，貝島家の悲願である三井物産からの営業権奪回は貝島商業社長貝島太市の「決心と鮎川顧問代理の賛成とにより断行」されたものであるが，「三井との関係を顧慮し」，それに懸念を示す井上勝之助顧問の合意を取り付けるために，太市は鮎川から井上を説得させている[49]。なお，貝島家の営業権回復後，鮎川と三井物産・銀行との関係は急速に悪化したと言われるが[50]，これは上記の営業権奪回に鮎川が深く関与していた証しでもある。

太市は貝島家の営業権を奪回すると，1920年10月，住居を貝島家一族が住む福岡県直方町から山口県長府町に移し，同時に貝島合名，貝島商業も下関市に移転させた。そして，翌1921年1月，太市と共に貝島合名の代表社員の地位にあった栄四郎が辞任する一方，新たに健次が同社業務執行社員に就任し，太市と健次を中心とする経営体制を確立する。

3．オートノミー回復後の貝島家

　鮎川義介は「私の履歴書」の中で，貝島家改革について，次のように述べている。

　　「まっ先に改革しなくてはならぬ点を，私は，一族が大勢で一事業に立て籠る体制を一人一事業に切り替え，門戸を開放して人材を広く天下に求めるべきであるとした。それに基いて組織の立て直し案を作りあげ，これを一族に問うたのである。ある者は，それは家憲にそむくものだとして難色を示したがそうでない理由を説いて納得させるのに骨が折れた。
　　最後に血族結婚の問題になって，当時いとこ同志のいいなずけ話が二組あった。そのうちの宗家の分は，故太助翁の遺言だからぜひ除外例に願いたいという。だが私は，それは貝島家永遠の繁栄を期待する趣旨に反する行為だとして，理論と実際両面から説きたて，徹宵彼らの反省を促がし，とうとう私案を全部通すことができた。
　　今，当時を回顧すると，よくもこんなことができたと自分ながら不思議にたえない。51)」

　また，貝島家の家憲については，「家憲に思いきった斧鉞を加えようかと一度は決心したが，柔和な勝之助さんの人柄を思い，折れて家憲に抵触しない範囲にとどめることにした52)」と鮎川は語っている。

　鮎川の上記の回想からもわかるように，貝島家の改革は一族の全面的合意のもとで行われたわけではなかった。それゆえ，「よくもこんなことができたと自分ながら不思議にたえない」とする，鮎川の次々に打ち出す改革・近代化策に対しては，当然，一族内の「保守派」を中心に反発が強まっていたと思われる。ただし，そうした「保守派」としても，第一次世界大戦中の桐野第二坑ガス爆発事故，各炭坑の鉱夫暴動事件を引き金に表面化した経営危機を回避し，さらに念願とする三井物産からの営業権奪回を実現させるためには鮎川の「力」に頼るほかなかった。しかし，貝島家改革によって，経営基盤が強固になるにつれて，「鮎川によって経営陣から棚上げされたり，権限を狭られ

た[53])」者たちの不満は募り,やがて彼らは鮎川の排除の機会をうかがい始める。

　そして,その機会は1926 (大正15) 年末,破産の危機に瀕した久原鉱業の経営再建を久原房之助の要請によって鮎川が引き受け,同社の累積債務の整理資金の拠出を貝島太市[54)]を通じて貝島家に申し入れた時,やって来た。貝島家は一族会を開いて,鮎川の要請を受け入れ,「はじめに」で見たように,株式,土地,建物,未着手鉱区,現金からなる1,400万円の資産を提出した。この巨額資産の提出に際しては,一族のリーダーであり,貝島合名の代表社員貝島太市といえども,同社資本金の過半数以上を出資している宗家(当主栄一),本家(同栄四郎)の意向を十分配慮しなければならなかった。この両家はこれまでの文脈から明らかなように,反鮎川の立場に立っていた。もちろん,この時の一族会での議論は知るべくもないが,上記の巨額の資産提出は明らかに鮎川の顧問代理辞任を付帯条件として,貝島家一族が鮎川に贈った「手切金」であった。そして,1927年1月,井上勝之助が貝島家顧問を辞退する形で鮎川の排除が実現した[55)]。すなわち,「はじめに」で紹介した貝島家の提出資産承諾の「差入書」の次の文面がそれを如実に物語っている。

　　「今回侯爵閣下ヨリ御辞退ノ御申出ヲ相受候事ハ一同ノ誠ニ悲痛ノ念ニ堪ヘザル処ニ御座候然シナガラ強キテ従前通リ顧問トシテ御留任相願候事ハ却テ侯爵家ニ御迷惑ヲ煩ハス事ニ相成候故此際顧問御辞退ノ御仰出ニ従ヒ奉リ又何人様ニ御願ヒ申候テモ多大ノ御迷惑相掛ケ候事ハ一族ノ甚タ心苦シキ次第ニ御座候間向後ハ顧問ヲ嘱托セザルコトニ致シ度ク候」

　こうして,鮎川の排除とともに,貝島家一族は1891 (明治24) 年9月に井上馨を介して毛利家から融資を得て以来続いた井上,毛利家,三井物産,鮎川らによる経営干渉から脱出し,事業経営におけるオートノミーを完全に回復したのであった。

おわりに

　オートノミー回復後，貝島家は事業経営の転換を断行する。その第1は，多角的事業経営の見直しとその縮小である。まず1927（昭和2）年5月，貝島林業を解散した。そして，1931年8月には貝島鉱業，貝島商業，大辻岩屋炭鉱の3社を合併して貝島炭鉱株式会社（資本金3,000万円，払込金2,250万円）を，貝島乾溜，貝島石灰工業の2社を合併して貝島化学工業株式会社（資本金300万円，払込金165万円）をそれぞれ設立した。と同時に，貝島木材防腐を解散した。この結果，貝島合名傘下の事業会社は貝島炭鉱と貝島化学工業の2社のみに整理され，以後，この体制が終戦時まで続いたのである。

　第2は，事業会社の解散・整理と前後して第一次世界大戦後に登用した専門経営者，特に外部から招聘した人たちの辞任・退社が相次いだ。まず1926（大正15）年8月，貝島合名設立以来，専務理事として貝島家改革を推進した森本邦治郎が貝島合名・鉱業・商業・乾溜，大辻岩屋炭鉱各社の役員を辞任し，傍系の中央火災障害保険の社長に転出した。また，同年10月には井上博通が貝島乾溜・石灰工業両社の監査役を辞任し，退社した。そして，昭和期に入り，鮎川が顧問代理を辞任したのち，1927年10月に山田孝太郎（当時木材防腐取締役，以下同じ），28年3月に島本徳三郎（鉱業取締役），同年6月に赤松治部（商業・木材防腐・石灰工業各取締役），31年5月に保田宗治郎（石灰・乾溜各取締役），髙島京江（合名理事，鉱業・大辻岩屋炭鉱各取締役），同年10月に青柳六輔（炭鉱取締役）がそれぞれ退社した[56]。

　貝島家一族は鮎川を排除すると，短期間に彼が指示した一家一事業制に基づく多角的事業経営を完全に否定したのである。1931年5月に貝島栄四郎は貝島合名の社員会会長に就任するが，同社の経営権は代表社員の太市が握っており，健次も執行社員であった。また，1931年8月，傘下各社を合同して設立した貝島炭鉱と貝島化学工業の社長にはそれぞれ太市と健次が就任した。したがって，オートノミー回復後の貝島家事業経営の実権は太市と健次によって保持されていた。ただ，上記の経営方針転換が両者の意思に基づいてなされたも

のであるのか，あるいはそれが一族内の「保守派」の圧力によるものであったのか，現在のところ不明である。いずれの場合であったとしても，昭和初期の貝島家の経営方針の転換とその結果でもある専門経営者の退社は，その後の同家の事業範囲を限定し，発展を制約するものであったことは間違いない[57]。

注
1) 『鮎川先生講演筆記 (2)』(鮎川家所蔵) 所収の貝島関係史料。
2) 森川英正『地方財閥』日本経済新聞社，1985年，186頁。
3) 前掲「鮎川先生講演筆記 (2)」所収の貝島関係史料。
4) 高野江基太郎『筑豊炭礦誌』中村近古堂，1898年，700-704頁，「貝島太助翁伝抜萃」三井文庫所蔵，51頁。
5) 貝島炭鉱株式会社編『貝島会社年表草案』19頁。
6) 「貝島家所蔵資料」三井文庫所蔵，3頁。カッコ内は引用者。
7) 前掲『貝島会社年表草案』20頁。
8) 畠山秀樹「筑豊炭礦企業家の形成と発展 (1)」『大分大学経済論集』第36巻第3号，1984年9月，61頁。
9) 同上，61-62頁。
10) 永江眞夫「明治期貝島石炭業の経営構造」『福岡大学経済学論叢』第29巻第2・3号，1984年12月，226頁。
11) 前掲『貝島会社年表草案』42頁。
12) 松元宏『三井財閥の研究』吉川弘文館，1979年，427-441頁。前掲，永江「明治期貝島石炭業の経営構造」237頁。
13) 前掲，松元『三井財閥の研究』，443頁。
14) 同上，438-441頁。
15) 前掲，畠山「筑豊炭礦企業家の形成と発展 (1)」75頁。
16) 同上，75頁。
17) 同上，75頁。加藤幸三郎「財閥資本」大石嘉一郎編『日本産業革命の研究』東京大学出版会，1970年，259頁。
18) 畠山秀樹「貝島家の家憲」『大分大学経済学論集』第37巻第1号，1985年5月，58頁。井上馨と貝島家との関係については，宇田川勝「貝島家の石炭経営と井上馨」『経営志林』第26巻第4号，1990年1月，を参照。
19) 前掲，畠山「貝島家の家憲」71頁。
20) 前掲，松元『三井財閥の研究』643頁。
21) 「貝島家顧問代理就任に関連ある覚書」鮎川家所蔵。以下，「覚書」と略記。「覚書」には頁は付されていない。
22) 「(八幡) 製鉄所二瀬出張所書記を坑木業者よりの収賄容疑で逮捕。取調べにつれて鉄道院九管各駅長・福岡鉱務署・八幡製鉄所の筑豊主要炭坑に波及する大汚職事件に発展，押川製鉄所長官も自殺に追込まれ」た一連の事件である (筑豊石炭鉱業史年表編纂委員会編『筑豊石炭礦業史年表』西日本文化協会，1973年，283頁)。ただしカッコ内は引用者。なお，この事件について，同上，「覚書」は「幸ニ大シタ事実ハナカリシモ其筋ニ於テハ予モ貝島，麻生等ハ金権ヲ弄シ横暴ノ振舞ヲナシ来リタルモノト認定セラレタル事実アリ」と記している。
23) 同上，「覚書」，字句を一部改めてある。

24) 鮎川義介「私の履歴書」『私の履歴書・経済人 (9)』日本経済新聞社, 1980 年, 52 頁。
25) 前掲,「覚書」。
26) 同上。
27) 同上。
28) 前掲『貝島会社年表草案』50 頁。
29) 前掲『覚書』。
30) 同上。
31) 貝島太市は貝島商業の設立について次のように言っている。「父は……泌々と販売独立自営の必要を感ぜられ(たが), 残念ながら行き掛かり上, 自分一代はどうにもならぬが, お前の代になったら必ず販売の独立をやれと言われました。その後, 父は逝去し, この言葉こそ, わが社事業運営上の遺言となったしだいであります」(高野孤鹿編『貝島太市翁追悼録』貝島太市翁追悼録刊行会, 1967 年) 87 頁。カッコ内は引用者。
32) 前掲, 松元『三井財閥の研究』619 頁。
33) 前掲『貝島会社年表草案』138 頁。
34) 同上, 157 頁。
35) 同上, 157 頁。
36) 同上, 155 頁以下。貝島家の多角化戦略について詳しくは畠中茂朗『貝島炭礦の盛衰と経営戦略』花書院, 2010 年, 第 2 章を参照。
37) 同上, 畠中『貝島炭礦の盛衰と経営戦略』94-96 頁。
38) 同上, 150 頁, 前掲, 鮎川「私の履歴書」53 頁。
39) 前掲, 鮎川「私の履歴書」52 頁。
40) 前掲, 森川『地方財閥』284 頁。本項の執筆に際して, 同書 194-195 頁, 279-287 頁から多くの示唆を得た。
41) 前掲, 鮎川「私の履歴書」53 頁。
42) 日産火災海上保険株式会社編・刊『五十年史』1961 年, 138 頁。
43) 前掲, 森川『地方財閥』193 頁。
44) 前掲, 畠山『貝島家の家憲』58 頁。
45) 前掲『貝島会社年表草案』149 頁。
46) 前掲, 畠山「貝島家の家憲」93 頁。安川敬一郎も明治期以降貝島家の経営方針が保守化した主因を同家の家憲制定に求めている。詳しくは前掲『貝島会社年表草案』128-131 頁参照。
47) 貝島家は戸畑鋳物の設立時の資本金 30 万円のうち 10 万円を出資していた (共立企業株式会社編・刊『共立企業株式会社及関係事業概要』1924 年) 2 頁。また, 1951 年 1 月に貝島家一族会は家憲を廃止するが, 健次はそれをすぐに鮎川に手紙で知らせている (前掲「覚書」)。
48) 永江眞夫「1910 年代における貝島石炭経営の展開」によれば,「貝島は合名 (会社) と商業 (会社) の設立のために, 1917 年以降 (貝島) 鉱業の獲得した利益を内部に留保するという利益処分策を採ってい」るが, この処分策は, 鮎川が顧問代理「就任早々に」貝島家改革の要となる合名, 商業両社設立の「示唆を与えていた」ためではないかとしている (『地方金融史研究』第 18 号, 地方金融史研究会, 1987 年 3 月) 66-67 頁。引用文中のカッコは引用者。
49) 前掲『貝島会社年表草案』158-159 頁。
50) 佐々木義彦編『鮎川義介先生追想録』鮎川義介先生追想録刊行会, 1966 年, 276 頁。
51) 前掲, 鮎川「私の履歴書」52-53 頁。
52) 同上, 53 頁。長く貝島炭鉱に勤務し, 貝島太市の秘書役も勤めた小沢親光は, 著書『鮎川義介』の中で,「貝島家の家憲については, 鮎川の井上侯に対する遠慮からか, 少しも手がつけられなかったので, その後貝島にいたわれわれにはいつも『家憲』を中心とした悩みが多く, あのこ

ろ鮎川が『家憲』の手直しをしてくれていたらと,いまさらながら残念で仕方がない」と記している(山口新聞社,1974年)49-50頁。
53) 永末十四雄『筑豊讃歌』日本放送出版協会,1975年,237頁。
54) 貝島太市は1918年1月から久原鉱業の監査役に就任していた。
55) 第一経済大学鳥居健男教授が貝島家一族会に勤務した厳父秀太郎氏から聞いた話によれば,鮎川の辞任が決った時,一族会では「万歳」が叫ばれたという(鳥居教授からのヒアリング,1974年2月2日)。
56) 以上の記述は,前掲『貝島会社年表草案』191頁以下に依る。貝島各社を退社した人の多くは,その後,日産コンツェルン関係会社に入社している。
57) 昭和恐慌期から戦時体制期にかけての貝島家の事業活動については,前掲,畠中『貝島炭礦の盛衰と経営戦略』第3章,を参照。

第 6 章

久原・鮎川親族の企業間関係

はじめに

　日産コンツェルンの直系会社の系譜をたどってゆくと，その多くが親戚関係にある久原家，東京藤田・鮎川家，田村家，貝島家の事業経営の中にさかのぼり得るという事実を確認し，日産は上記親族の事業活動を基軸として形成された企業集団であると結論づけた。したがって，日産コンツェルンの形成過程を経営史的に分析しようとする場合，1928（昭和3）年12月の統括的持株機関たる日本産業株式会社設立以前の，また，その傘下に移行する以前の上記親族各家の事業経営の史的考察が不可欠であると考え，各家事業経営の事例的研究を行い，これまでいくつかの論稿を発表してきた[1]。

　日産コンツェルンに結集した親族各家の事業活動の間には，日本産業が設立される以前においても，また，その傘下に移行する以前においても，当然，密接な関係があった。そこで，この章では，親族各家の事業間の関係を，資本，業務，人的関係の3側面から検討することにする。これらの側面が日産コンツェルンの形成とその内的結合に大きく影響したと思われるからである[2]。

　参考までに，1937年6月時点での日産コンツェルンの直系会社の系譜を示しておけば図6-1のようである。また，図6-2は上記親族の家系略図である。以下，親族（あるいは親族各家，または久原系親族など）という場合，図6-2の各家およびその親戚を含めた範囲を指し，また，関係会社という場合，上記親族各家の支配下にある会社を意味することとする。

168　第2部　日産コンツェルンの諸様相

図 6-1　日本産業の直系 18 社系譜略図（1937 年 6 月時点）

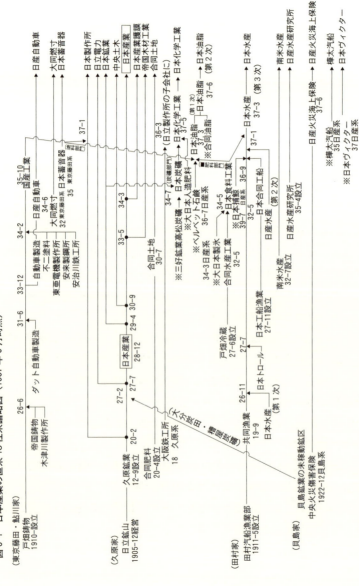

（注）※印は親族以外からの企業。
（出所）日本興業銀行編・刊『事業会社系譜集』1957 年、各社社史より作成。

図 6-2 久原・鮎川一族の家系略図

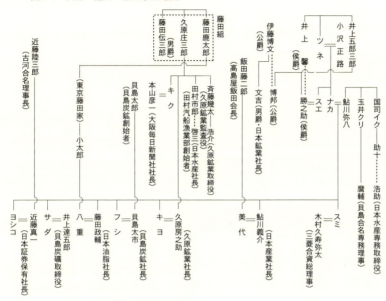

(注) (1) 系図中の点線は養子関係を示す。
(2) カッコ内は代表的な地位である。
(出所) 中川敬一郎・森川英正・由井常彦編『近代日本経営史の基礎知識』の筆者執筆「鮎川・久原の家系」有斐閣, 1974年, 207頁。

1．資本関係

　久原家＝久原鉱業, 東京藤田・鮎川家＝戸畑鋳物, 田村家＝共同漁業, 貝島家＝中央火災傷害保険の4社について, その株主構成を見, そこでの親族, 関係会社間の株式の相互持ち合いの実態を明らかにする。また, 各社の事業規模拡大に伴う所要資金調達のための株式公開, 親族傘下企業間融資の事例についてもふれてみたい。

(1) 久原家

　久原家の事業経営の出発点である久原鉱業所は, 1912（大正元）年9月, 資

本金1,000万円の久原鉱業株式会社に改組された。改組後の久原鉱業は第一次世界大戦期の産銅ブームの中で巨利を得，傘下に異種多彩な事業を収めた大手産銅会社兼持株会社に発展する。しかし，同社の膨張もそこまでで，大戦後は長期不況下での産銅事業の行き詰まりと傘下企業の不振・破綻によって一転して深刻な経営難に直面し，その再建策として，1928（昭和3）年12月，鮎川義介の手によって公開持株会社日本産業に改組される。

表6-1は，久原鉱業の主要負債勘定を見たものである。その特徴は，同社の資金源泉は株式資本と大戦中の高利潤を積立てた社内留保金にあった。外部負債は支払手形があるだけで，長期借入金や社債は全然ない。特に株式による資金調達は重要であった。すなわち，久原鉱業は第一次世界大戦中に2度の増資を行う。第1回は，1916年4月，40万株増資のうちの10万株を，第2回は，17年10月，90万株増資のうちの25万株をそれぞれプレミアム付きで公募し，これによって，久原鉱業は払込金3,125万円と2,013万円の株式プレミアム資金を獲得し，多角的事業分野進出への資金的基盤を得たのである。

その株式資本の実態を知るために，株式会社への改組後，株式公募後，大戦後の反動恐慌期，経営苦況期という久原鉱業の経営上の節目に相応して，5,000株所有以上の大株主と500株所有未満のいわゆる大衆個人株主の所有株数構成を見たのが表6-2である。

表6-1 久原鉱業の主要負債勘定 （単位：円）

	公称資本金	払込資本金	社債	借入金	支払手形	諸積立金	前期繰越金	当期利益金	その他負債	負債（資産）合計
1912年	10,000,000	10,000,000	―	―	―	―	―	528,152	2,845,933	12,374,085
14	10,000,000	10,000,000	―	―	―	1,873,557	390,470	1,141,687	8,342,311	21,747,855
16	30,000,000	20,000,000	―	―	―	11,497,396	2,927,974	6,189,456	25,109,365	65,704,191
18	75,000,000	41,250,000	―	―	4,964,763	29,792,499	6,842,963	5,836,870	48,677,064	137,364,159
20	75,000,000	41,250,000	―	―	9,477,935	33,270,882	5,739,669	719,771	44,422,078	129,140,666
22	75,000,000	41,250,000	―	―	6,624,066	33,270,882	127,125	1,361,027	42,175,498	124,808,598
24	75,000,000	41,250,000	―	―	5,904,767	33,270,882	385,808	1,405,453	45,557,789	127,382,891
26	75,000,000	41,250,000	―	―	5,261,877	33,270,882	1,643,092	3,252,137	44,339,474	127,374,370
28	75,000,000	52,500,000	―	―	15,519,163	33,270,882	1,438,719	3,393,512	33,228,887	137,912,443

（注）　年度は下期。
（出所）　久原鉱業株式会社各期「営業報告書」より作成。

表 6-2 久原鉱業の株主構成

	1913年11月	1916年11月	1918年6月	1920年6月	1927年5月
全 株 数	200,000 株	600,000	1,500,000	1,500,000	1,500,000
株 主 数	135 名	1,998	9,761	13,842	14,858
株主1人当たりの平均持株数	1,481.5 株	300.3	153.7	108.0	100.9
5,000 株所有以上の株主数	14 名	20	31	20	18
（その持株比率）	(86.0) %	(70.8)	(67.3)	(51.4)	(44.3)
この層での株主の平均持株数	12,281.5 株	21,240.0	32,566.5	38,550.0	36,916.7
500 株所有未満の株主数	一名	—	9,554	13,649	14,739
（その持株比率）	一%	—	(28.5)	(35.8)	(39.6)
この層での株主の平均持株数	一株	—	44.7	40.0	40.3

（出所）　久原鉱業株式会社各期「株主名簿」より作成。

久原鉱業の株式会社改組後の1913年下期末の株主数は135名で，1株主当たりの平均持株数は1,481.5株であった。また，5,000株所有以上の大株主は14名でその平均持株数1万2,281.5株，この層での持株比率は86.0％であった。この数字は大戦中の2度の増資・公募によって，1918年上期末には株主数9,761名，平均持株数153.7株，5,000株所有以上の大株主31名，その平均持株数3万2,566.5株，その層での持株比率67.3％と大幅に変化した。しかし，株主の激増の割には大株主層の持株比率は減少しなかった。このことは，500株所有未満の株主が急増し，その層での株式の分散化が生じたことを意味した。すなわち，1918年上期末の総株主の97.8％，9,554名は500株所有未満の株主で，1人当たりの平均持株は44.7株にすぎなかった。要するに，大戦中の株式公開によって，久原鉱業株主の所有株数別構成は，少数株主層における株式の集中，大衆個人株主層での株式の分散という両極分解現象を生じさせたのである。そして，この株主の所有株数構成は，久原鉱業が公開持株会社日本産業に改組されるまで，その分散化は進んだが，基本的には変わらなかった。

次に久原鉱業の支配的株主層を知るために，上記の節目の時点での5,000株所有以上の株主を見たのが表6-3である。

1913年下期末には5,000株所有以上の株主は14名いたが，そのうちの10名は久原系の株主で，持株比率は71.2％であった。そして，久原系持株比率の内訳は久原家が37.5％を，残りの部分を房之助の兄弟の閨閥を含む広範な親族で

表 6-3　久原鉱業の大株主（5,000 株所有以上）

1913 年 11 月 30 日				16 年 11 月 30 日				1918 年 6 月 30 日	
株主名	府県	持株数（比率）	備考	株主名	府県	持株数（比率）	備考	株主名	府県
○久原房之助	大阪	75,000(37.5)	同社取締役社長	○久原房之助	兵庫	180,000(30.0)	同社取締役社長	○久原房之助	兵庫
○田村市郎	兵庫	10,000(5.0)	同社監査役　久原房之助の次兄	島　徳造	大阪	24,800(4.1)		○藤田八重	東京
				○藤田文	東京	23,750(4.0)	東京藤田家当主	○鮎川義介	山口
鴻池善右衛門	大阪	10,000(5.0)	鴻池本家当主	○鮎川義介	山口	20,000(3.3)	同社取締役	○斉藤幾太	兵庫
○鮎川義介	山口	10,000(5.0)	同社取締役	○斉藤幾太	兵庫	20,000(5.3)	同社取締役	○田村市郎	兵庫
				本山貞雄	大阪	20,000(3.3)		○本山貞雄	大阪
○斉藤幾太	兵庫	10,000(5.0)	同社取締役　久原房之助の義兄	○田村市郎	兵庫	17,000(2.8)	同社監査役	○西村秀造	東京
				○土田文次	兵庫	14,000(2.3)		○国司浩助	山口
○本山貞雄	大阪	10,000(5.0)	久原房之助の甥	黒川幸七	大阪	12,930(2.1)	株式仲買人	○土田文次	兵庫
高口喰	大阪	7,000(3.5)		○西村秀造	東京	12,000(2.0)		黒川幸七	大阪
○貝島太市	福岡	6,000(3.0)	久原房之助の義弟	○国司浩助	山口	11,040		○貝島鉱業(株)	福岡
○土田文次	兵庫	6,000(3.0)	田村市郎の義弟	○貝島鉱業(株)	福岡	10,000	貝島家の会社	竹原友三郎	大阪
○国司浩助	東京	6,000(3.0)	鮎川義介の従弟の養嗣子	三上豊夷	兵庫	10,000		高木又次郎	大阪
				小池国蔵	東京	7,430	株式仲買人	野村徳七	大阪
○木村久寿弥太	東京	6,000(3.0)	久原房之助の義兄	竹原友三郎	大阪	9,312	株式仲買人	島　徳造	大阪
島　徳造	大阪	6,000(3.0)	株式仲買人	加島昌一	大阪	8,040	株式仲買人	○竹内維彦	大阪
原田二郎	東京	5,000	鴻池銀行専務理事	鹿島清左衛門	東京	6,200		加島安治郎	大阪
○西村秀造	東京	5,000	久原房之助の従兄	○貝島太市	福岡	6,000	鴻池銀行監査役	鹿島清左衛門	東京
				矢野荘五郎	兵庫	5,200		○貝島太市	福岡
				原田二郎	東京	5,000	鴻池銀行専務理事	山田啓太郎	大阪
								山内覚成	大阪
								徳田平次郎	大阪
								太田徳七郎	東京
								坂本威郎	大阪
								○木村久寿弥太	東京
								徴兵保険(株)	東京
								(株)野村商店	大阪
								吉井恒太郎	兵庫
								○藤田和	東京
								○鴻池善右衛門	大阪
								(株)不動産貯蓄銀行	東京

（注）（1）○印は親族・関係会社，久原鉱業役員・社員を示す。
　　　（2）持株比率は 10 大株主まで。
（出所）久原鉱業株式会社各期「株主名簿」，その他より作成。

(単位：株，%)

1918年6月30日		20年6月30日				27年5月31日			
持株数(比率)	備考	株主名	府県	持株数(比率)	備考	株主名	府県	持株数(比率)	備考
360,000(24.0)	同社取締役社長	○久原房之助	兵庫	360,000(24.0)	同社取締役社長	合名会社久原本店	東京	330,970(22.1)	久原家の持株会社
45,000(3.0)	藤田文の長女	大日本証券(株)	大阪	62,000(4.1)		○日本汽船(株)	兵庫	146,620(9.8)	久原家の会社
40,000(2.7)		○藤田八重	東京	44,580(3.0)		大日本証券(株)	大阪	60,000(4.0)	
40,000(2.7)	同社監査役	○鮎川義介	山口	40,000(2.7)		○共保生命保険(株)	東京	39,505(2.7)	久原家の会社
34,000(2.4)		○斉藤幾太	兵庫	40,000(2.7)	同社監査役	○竹内維彦	東京	13,466(0.9)	同社専務取締役
31,200(2.1)		○田村市郎	兵庫	34,000(2.3)		○貝島合名会社	山口	10,000(0.7)	
24,000(1.6)		○本山貞雄	大阪	31,200(2.1)		○久原房之助	兵庫	10,000(0.7)	同社取締役社長
22,080(1.5)		○西村秀造	東京	24,000(1.6)		○池田健熊	東京	8,700(0.6)	東京藤田家執事
21,257(1.4)		○国司浩助	山口	20,080(1.3)		名古屋証券(株)	愛知	7,880(0.5)	
21,000(1.4)		○貝島合名会社	福岡	20,000(1.3)	貝島家の持株会社	○斉藤幾太	兵庫	7,500(0.5)	同社監査役
20,000	貝島家の会社	○土田文次	兵庫	18,957		原良三郎	神奈川	6,400	
16,938		○竹内維彦	東京	13,466	同社専務取締役	中央証券(株)	東京	6,360	
15,732	株式仲買人	○貝島太市	福岡	12,376	同社監査役	(株)荒津商店	福岡	6,050	
15,260	株式仲買人	山田啓太郎	大阪	11,380		原太三郎	神奈川	5,290	
15,000		(株)黒川商店	大阪	9,450		伊藤文寿	東京	5,000	
13,466	同社専務取締役	○木村久寿弥太	東京	6,870		○東京藤田合名会社	東京	5,000	東京藤田家の資産管理会社
13,070		原良三郎	神奈川	6,400					
12,400		徴兵保険(株)	東京	6,000		上村庄司	大阪	5,000	
12,376	同社監査役	○(株)日立製作所	東京	5,162	久原家の会社	松浦儻之助	大阪	5,000	
10,950		○鴻池善右衛門	東京	5,000	同社監査役				
8,880									
8,690	株式仲買人								
8,000	鴻池銀行監査役								
7,588	同社庶務部主事								
6,870									
6,000									
5,810									
5,265									
5,000	藤田文の次女								
5,000	同社監査役								
5,000									

所有していた。なお，鴻池善右衛門，原田二郎の所有株は久原鉱業所時代の鴻池銀行からの借入金を株式に振り替えたものであったと思われる。また，株式仲介人島徳造は，所有していた鉱山を久原家に売却し，その代金の代わりに久原鉱業株式 6,000 株を所有した[3]。第 7 位株主の高口喰がどのような人物であったか現在のところ不明である。

　1916 年下期末には，同年 4 月の増資に際しての一部株式公募の結果，5,000 株所有以上の株主は 20 名となった。このうち久原系の株主は 11 名で，持株比率は 56.3％であった。久原系株主では木村久寿弥太の名前が消え，新たに東京藤田家の藤田文が 2 万 3,750 株を所有して第 3 位株主となったほかは変化なかった。そして，その他の株主の大半は株式仲買人であった。つまり久原鉱業の株式公募は，島徳造，黒川幸七，竹原友三郎らの大阪株式取引所の株式仲買人を通じて行われたのである。

　1918 年上期末には，前年 10 月の 2 度目の株式公募により，5,000 株所有以上の株主はさらに増えて 31 名となった。そのうち久原系の株主は 16 名（久原鉱業の役員・社員 3 名を含む）で，持株比率は 45.6％であった。久原系株主では藤田文が持株を 2 人の娘に分割譲渡したほか，木村久寿弥太が 6,870 株を所有して再度登場し，また，同社専務取締役竹内維彦が 1 万 3,466 株，同監査役鴻池善右衛門が 5,000 株，同主事坂本威郎が 7,588 株をそれぞれ所有していた。その他の株主の大半は，株式仲買人であった。

　1920 年上期末には，5,000 株所有以上の株主は 20 名に減少した。株式仲買人の多くが，この期までに持株を手放したためである。久原系の株主では藤田和と坂本威郎の名前がなくなり，新たに久原鉱業の子会社日立製作所が 5,162 株を所有して登場し，15 名で，全株式の 45.1％を保有していた。

　1927 年上期末での 5,000 株所有以上の株主は 19 名であった。そのうち久原系の株主は 9 名で，持株比率は 38.4％であった。久原系株主は 1927 年 2 月の久原鉱業の債務整理資金にあてるために親族各家がその所有株を手放したこともあって半減したが，久原家傘下の日本汽船，共保生命保険がその持株数を増やしたため，持株比率は大戦後の慢性的不況期を通じて 6.7％の減少でとどまった。

以上，久原鉱業株主の所有株数別構成，その支配的株主層を見てきたが，そこから次のことが言えよう。久原鉱業所は，1912年9月，久原鉱業株式会社に改組された。資金面からこの改組をみれば，その主眼は事業規模の拡大に伴い久原家だけでは事業経営に必要な資金の供給が困難になったため，資金調達範囲を親族各家までに拡大することにあった。したがって，株式は公開せず，その大半を久原家と親族で所有した。その持株比率は，久原家で半分を，残りを親族各家（のちには関係会社，久原鉱業役員・社員も含む）で持ち合うという割合であった。そして，この割合は，その後，久原系持株比率が低下していっても変わらなかった。

　しかし，第一次世界大戦中の好景気に乗っての事業規模の拡大，とりわけ多角的事業分野への進出は，さらに多くの事業資金を必要とし，久原家と親族各家の資金調達能力を超えた。そこで，久原鉱業は，すでに第1章で見たように，1916，17年の2度の増資に際して，その一部をプレミアム付きで公募した。この株式公開は，久原家親族の払込み資金の負担を軽減させると同時に，同社に巨額の株式プレミアム収入をもたらし，多角経営のための資金的基盤となった。また，この株式公開によって，久原鉱業株主の所有株数別構成は，大株主層での株式集中，大衆個人株主層での株式分散という両極分解現象をもたらした。大株主層での株式集中現象は，久原系株主が増資新株の株主割当を引き受け，それを手放さずに保有したからである。

　要するに，久原鉱業の株式資本の主要源泉は久原家と親族・関係会社および大衆個人株主層にあり，両者の関係は，後者（大衆株主）が前者の不足部分を補完するというものであったと言えよう。

(2) 東京藤田・鮎川家

　東京藤田家と鮎川家は共同して，すなわち東京藤田家の資本を鮎川義介が利用する形で事業活動を展開した[4]。表6-4は両家の中核企業・戸畑鋳物株式会社の資本金の増加推移を見たものである。これによれば，1910（明治43）年の設立時から28（昭和3）年12月に日本産業傘下に移行するまでの18年間に，同社の資本金は公称で33倍，払込で27倍に増加している。

　戸畑鋳物は，急増する資本金をいかに調達したのであろうか。その実態を見

表6-4 戸畑鋳物の資本金増加推移　　　　　　　　　　　　　　　　（単位：円）

摘要	増加資本金 公称	増加資本金 払込	払込 年月日	総資本金 公称	総資本金 払込	備考	
設　立	300,000	228,000	1910.5.13	300,000	228,000	払込1株に付	38.00
（第2回払込）		72,000	11.1.15		300,000	〃	12.00
第1回増資	300,000	252,000	12.6.25	600,000	552,000	〃	42.00
（第2回払込）		48,000	13.1.31		600,000	〃	8.00
第2回増資	400,000	100,000	14.4.15	1,000,000	700,000	〃	12.50
（第2回払込）		140,000	15.7.10		840,000	〃	17.50
（第3回払込）		160,000	16.1.10		1,000,000	〃	12.00
第3回増資	1,000,000	1,000,000	20.7.15	2,000,000	2,000,000	〃	50.00
第4回増資	500,000	500,000	26.8.16	2,500,000	2,500,000	〃	50.00
第5回増資	2,500,000	1,825,000	26.10.22	5,000,000	4,325,000	〃 第2旧株1万株 第1新株3万株 第2新株3万株	50.00 40.00 12.50
（第2回払込）		425,000	28.2.16		4,750,000	〃 第1新株3万株 第2新株1万株	10.00 12.50
（第3回払込）		250,000	28.4.30		5,000,000	〃 第2新株1万株	25.00
第6回増資	5,000,000	1,250,000	28.10.5	10,000,000	6,250,000	〃	12.50

（出所）守田鉄之助編『戸畑鋳物株式会社要覧』同社刊，1935年，26頁。

るために作成したのが表6-5である。戸畑鋳物設立時の資本金30万円は東京藤田家，貝島家各10万円，鮎川家，三井物産各5万円という割合で出資された。そして，1912年の第1回増資分30万円も，上記の割合で4家から供給された。要するに，設立当初の戸畑鋳物は，4株主の「合資的株式会社[5]」であった。しかし，1914（大正3）年の第2回増資に際しては，貝島家は第一次世界大戦前の炭況不振のため，また，三井物産は同社の将来性を危ぶんで出資せず，東京藤田家単独で増資分の40万円を引き受けた。これにより，東京藤田家は戸畑鋳物株式の60％を所有した。

1920年7月の第3回増資は，それまでの増資と異なり，第一次世界大戦中の高利潤を積立てた社内留保金をもって払い込まれた。その際，増資新株2万

株のうち5,400株を「従業員に……出資者の分を裂いて貰って無償で……分与した6)」。この資本金200万円時点（1922年上期末）での株主は73名であり，筆頭株主は東京藤田，貝島，鮎川の3家の出資によって設立された共立企業株式会社で，全株式の78.4%を所有していた（表6-6参照）。

1926年の第4回と第5回の計300万円増資による新株式6万株は，共立企業がその65.7%に当たる3万9,429株を引き受け，残りを東京藤田・鮎川家，関係会社幹部，戸畑鋳物社員，縁故者に割り当てた。その結果，株主は301名となった。株主の増加と株式の分散は，次の増資の布石でもあった。すなわち，1928（昭和3）年10月，戸畑鋳物は，倍額増資を行い，新株式10万株を下記のように募集した。

「　　　新株募集ニ関スル事項報告ノ件
右ハ取締役社長鮎川義介氏ヨリ増資新株式拾万株ノ内五万株ヲ昭和参年九月一日現在ノ株主ニ対シ旧株二株ニ付新株一株ヲ割当テ額面価額ヲ以テ其引受ヲ求ムルト共ニ残リ五万株ヲ一株ニ付額面超過金八円五拾銭也均一ニテ公募シタル経過其他ニ関連スル事ノ報告アリタルヲ以テ之ヲ承認ス　　　　　　　　　7)」

この第6回の増資により，戸畑鋳物は払込金25万円とプレミアム資金42.5万円の計67.5万円を獲得し，株主数を1,135名に増加した。この増資は同社の株主構成を大きく変えた。法人株主，とりわけ親族各家の支配下にある関係会社株主の登場である。すなわち，1928年下期末での1,000株以上所有の株主24名のうち法人株主は10名を数えたが，そのうち久原鉱業，共立企業，共保生命保険，中央火災傷害保険，長周銀行の5社は関係会社で，全株式の43.7%を所有していた。なお，久原鉱業が共立企業に代わって筆頭株主となったのは，1928年3月，鮎川義介が久原鉱業の社長に就任し，同社の持株会社化の布石として関係会社への投資拡大策をとったためであった8)。

以上のように，戸畑鋳物においても，創業期の事業資金の大半は東京藤田・鮎川家とその親族から出資されたが，事業規模の拡大に伴いさらに資金需要が強まってくると，株式を公開して社会的資本の導入を図る一方，その株式の主要部分を関係会社・親族各家に分割所有させるという，久原鉱業の場合と同じパターンをとったのである。

表 6-5 戸畑鋳物の主要株主（出資者）

	1910年5月	1912年6月	1914年4月	1922 年 5 月 31 日		
				株主名	持株数（比率）	備考
東京藤田家	10万円	20万円	60万円	○共立企業(株)	31,348(78.4)	同社の持株会社
貝島家	10	20	20	三井物産(株)	3,230(8.1)	
鮎川家	5	10	10	○山田敬亮	1,050(2.5)	同社監査役
三井物産	5	10	10	○村上正輔	1,000(2.5)	同社取締役
合　計	30	60	100	○鮎川義介	716(1.8)	同社取締役社長
				○西村秀造	300(0.8)	久原房之助の従兄
				○戸畑鋳物(株)職夫共済会	200(0.5)	
				○戸畑鋳物(株)諸員親睦会	200(0.5)	
				○村山威士	165(0.4)	同社取締役
				○玉井磨輔	153(0.4)	同社取締役 鮎川義介の従弟
				萩野安蔵	140	
				○林叩之助	121	同社取締役
				森本邦治郎	100	

(注) (1) ○印は親族・関係会社(者)を示す。
    (2) 持株比率は10大株主まで。
(出所) 共立企業株式会社編・刊『共立企業株式会社及関係事業概要』(1924年) 2頁。戸畑鋳物株式会社「営業報告書」第24, 33, 37回, その他より作成。

総株数　40,000 株
株主数　73 名
株主の平均持株数　547.9 株

第6章　久原・鮎川親族の企業間関係　179

(単位：株，％)

1926年11月30日				1928年11月30日			
氏名	府県	持株数（比率）	備考	氏名	府県	持株数（比率）	備考
○共立企業(株)	東京	71,086(71.1)		○久原鉱業(株)	東京	60,000(30.0)	久原家の会社
三井物産(株)	東京	4,037(4.6)		大阪商事(株)	大阪	14,344(7.2)	
○鮎川義介	山口	1,449(1.4)	同社取締役社長	○共立企業(株)	東京	12,838(6.8)	
○山田敬亮	山口	1,150(1.2)	同社監査役	○共保生命保険(株)	東京	10,499(5.2)	東京藤田家の会社
○村上正輔	兵庫	1,110(1.1)	同社常務取締役				
平田与一	東京	600(0.6)		三井物産(株)	東京	6,055(3.0)	
○井上三郎	東京	500(0.5)	井上勝之助の養子	○鮎川義介	東京	3,345(1.7)	同社取締役社長
二階堂三郎左衛門	広島	500(0.5)		広海二三郎	大阪	5,000(1.3)	
○田中市蔵	大阪	500(0.5)	中央火災傷害保険監査役	○村上正輔	東京	2,015(1.0)	同社取締役
				広海四郎	大阪	1,500(0.8)	
青柳登一	東京	500(0.5)		鈴木三栄(株)	東京	1,500(0.8)	
宮村通三	京都	500(0.5)		○井上三郎	東京	1,250	
井上秀二郎	大阪	425		○山田敬亮	東京	1,200	同社監査役
○西村啓一	東京	400	西村秀造の息子	○大貝潜太郎	福岡	1,116	同社取締役
矢野美章	福岡	365	同社取締役	京都殖産(株)	京都	1,031	
○大貝潜太郎	福岡	316	同社取締役	○矢野美章	東京	1,004	同社取締役
岩田宙造	東京	300	久原鉱業監査役	高橋林蔵	大阪	1,000	
○田村合名会社	兵庫	300	田村家の持株会社	片岡一真	大阪	1,000	
○中橋武一	大阪	300	大阪鉄工所監査役	溝口庄太郎	兵庫	1,000	
鴻池万蔵	大阪	300		村地久治郎	兵庫	1,000	
○近藤真一	東京	300	鮎川義介の義弟	津田合資会社	京都	1,000	
○森祐三郎	山口	300	鮎川家の親戚	大橋宇兵衛	滋賀	1,000	
玉井磨輔	山口	253	貝島合名理事	(株)南地大和屋	大阪	1,000	
○小田国雄	福岡	250	貝島家の大辻岩屋炭鉱長	○中央火災傷害保険(株)	東京	1,000	貝島家の会社
○貝島合名会社	山口	250	貝島家の持株会社	○(株)長周銀行	山口	1,000	久原家の会社
山内利三郎	兵庫	250					
総株数　100,000株				総株数　200,000株			
株主数　301名				株主数　1,135名			
株主の平均持株数　332.2株				株主の平均持株数　179.2株			

表 6-6 共立企業の株主（1924 年 12 月）

株　主　名	持株数
東　京　藤　田　家	54,600 株
貝　　島　　　　家	29,900
鮎　　川　　　　家	14,400
そ　　の　　　　他	1,100
計	100,000

（出所）　共立企業株式会社「営業報告書」第 5 回より作成。

(3) 田村家

わが国のトロール漁業は，明治末期のその漁法導入によって生じた熱狂的なトロール・ブーム→企業の乱立と乱獲による衰退→第一次世界大戦期のトロール船の売却ブーム→船成金の誕生と斯業の崩壊という，劇的な展開を見た。そうした激動期をくぐりぬけ，大戦後のトロール漁業の再建と同業の集中を達成し，それを基盤として昭和初期までに水産界での大企業の要件である多種目漁撈・製品加工・販売部門の垂直的統合を実現したのが，田村市郎家の田村汽船漁業部＝共同漁業株式会社であったことは第 4 章で詳述した。

表 6-7 は，田村汽船漁業部が傘下の共同漁業を吸収してその名称を引き継ぎ，そして，株式会社に改組した直後の 1919（大正 8）年下期末，株式売出し・北洋漁業株式会社の吸収合併後の 26（昭和元）年下期末，増資後の 28 年上期末，日本産業傘下への移行前の 30 年下期末の 4 時点での共同漁業の主要株主を見たものである。

1919 年下期末では，田村家と久原家傘下の大阪鉄工所，日本汽船の上位 3 株主で総株式の 79.2％を所有していた。そして，その他の株主も共同漁業および久原系企業の関係者であった。しかし，1926 年から開始した本格的な多種目遠洋漁業の実施と販売・加工部門への進出には巨額の資金を必要としたが，上記の株主だけではそれを十分賄ないきれなかった。

そこで，共同漁業は，1926 年 7 月，「当会社ニ於テ其事業ノ内容及業績ヲ世間ニ周知セシメ適当ノ時機ニ於テ其株式ヲ広ク一般ニ分布シ将来事業ノ拡張ニ資セントセル方針[9]」から，田村合名，大阪鉄工所所有の自社株式のうち総計 2 万株（1 株 30 円払込）を放出した。そして，株主を約 3 倍に増加させる

と，共同漁業は，1927年10月と翌年2月の2度にわたって未払込金の徴収を行い，さらに1928（昭和3）年3月には資本金を1,500万円に増資し，増資新株式18万5,200株のうち11万4,800株を株主割当とし，残りの7万400株を下記の公募株と功労株とした。

「一，額面超過金額ヲ以テ募集スル四万株ノ超過金一株ニ付金拾五円トスルコト
尚之ガ募集方法ハ住友信託株式会社，大阪株式現物団並ニ藤忠株式店，沢田株式店ヲシテ請負ハシムルコト之ニ対シ其募集費用（広告其他ヲ含ム）手数料総計ニテ一株ニ付金三円三十五銭ヲ引受団ニ支払フコト
〔略〕
一，功労株（額面価額ヲ以テ分配サルベキ）三万四百株ハ左ノ通リ分配スルコト
一，八千株　当社旧株売出ニ関シ其功労ノ為田村合名会社ヘ
一，一万株　同右　株式会社大阪鉄工所ヘ
一，二千株　同右　共同漁業従業員預金管理人ヘ
一，一万四百株　当社役員，功労アル当社従業員並ニ功労アリタル者　　10)」

この公募株の発行によって，共同漁業は47万円の株式プレミアム資金を手中にした。そして，株式公募と従業員持株制の実施により，資金源泉を拡大すると，共同漁業は，1929年12月，新株の第2回払込金231万5,000円を徴収した。

このような一連の株式売出し，公募・功労株の発行によって，共同漁業の株主数は1,000人台に達した。そして，日本産業傘下への移行前の1930年下期末での同社株主の所有株数別構成を見れば表6-8のようである。これによれば，株主の増加と株式の分散は主として500株所有未満の株主層で生じており，依然として田村家とその親族・関係会社(者)が全株式のほぼ過半数を保持していたことがわかる。田村系持株比率47.3％の内訳は，表6-7で明らかなように，田村家がその22.1％を，残りの半分を親族・関係会社(者)で持ち合っていた。

以上のように，田村家の共同漁業においても，田村家の資本不足部分を親族，関係会社(者)からの出資に仰ぎ，事業規模拡大に伴う資金需要が彼らの資金調達能力を超えると，株式を公開して社会的資本の導入を図るという，久原家の久原鉱業，東京藤田・鮎川家の戸畑鋳物の場合と同じ資金調達方式をとっ

表 6-7 共同漁業の主要株主

1919年12月31日					1926年12月31日			
株主名	府県	持株数(比率)	備考		株主名	府県	持株数(比率)	備考
○田村市郎	兵庫	45,165(45.2)	田村家当主		○田村合名会社	兵庫	44,311(38.6)	田村家の資産管理会社
○(株)大阪鉄工所	大阪	24,000(24.0)	久原家の会社		○(株)大阪鉄工所	大阪	14,000(12.2)	
○日本汽船(株)	兵庫	10,000(10.0)	久原家の会社		鷲池平九郎	大阪	4,590(4.0)	
高津柳太郎	兵庫	4,185(4.2)			高津奈良男	兵庫	3,367(2.9)	
○国司浩助	山口	2,000(2.0)	同社常務取締役 鮎川義介の従兄の養嗣子		○国司浩助	山口	2,800(2.5)	同社常務取締役
					日本製剤(株)	大阪	2,000(1.7)	
					○山岡千太郎	兵庫	2,000(1.7)	鮎川家の親族
○林田甚八	長崎	1,500(1.5)	同社常務取締役		木村義夫	兵庫	2,000(1.7)	
○松崎寿三	東京	1,000(1.0)	同社取締役社長		片岡一馬	兵庫	1,700(1.4)	
山岡順太郎	大阪	1,000(1.0)	大阪鉄工所取締役会長		○林田甚八	山口	1,600(1.4)	同社常務取締役
					○松崎寿三	東京	1,220	同社取締役社長
○中山説太郎	大阪	1,000(1.0)	同社監査役 久原鉱業専務取締役		山脇宗次	山口	1,130	
					福富政一	兵庫	1,030	
山脇宗次	神奈川	900	同社監査役		高橋順平	東京	1,000	
○下村耕次郎	大阪	700	同社取締役		武田米太郎	兵庫	1,000	
西村初三郎	北海道	600			○中山説太郎	大阪	1,000	同社監査役
高橋順平	東京	600			木村五郎兵衛	大阪	750	
○植木憲吉	兵庫	500	同社取締役		○下村耕次郎	大阪	700	同社取締役
○鷲池平九郎	大阪	500	同社監査役		植木憲吉	兵庫	640	
岩本千代馬	山口	500			岩本千代馬	山口	550	
					内川棄三郎	兵庫	550	
					武内広治	兵庫	520	
総株数 100,000株 株主数 91名 株主の平均持株数 1,098.9株					総株数 114,800株 株主数 351名 株主の平均持株数 327.1株			

(注) (1) ○印は親族・関係会社(者)を示す。(2) 持株比率は10大株主まで。
(出所) 共同漁業株式会社「営業(者)報告書」第6, 20, 23, 28回, その他より作成。

(単位：株，％)

1928年6月30日					1930年12月31日			
株主名	府県	持株数（比率）	備考	株主名	府県	持株数（比率）	備考
○田村合名会社	兵庫	78,565 (26.2)		○田村合名会社	兵庫	66,315 (22.1)	
○(株)大阪鉄工所	大阪	28,000 (9.3)		○(株)大阪鉄工所	大阪	35,000 (11.7)	日本産業の子会社
○鷲池平九郎	大阪	10,000 (3.3)	同社監査役	○東京藤田合名会社	東京	12,150 (4.1)	東京藤田家の資産管理会社
高津奈良男	兵庫	8,234 (2.7)		○鷲池平九郎	大阪	10,000 (3.3)	同社監査役
○国司浩助	山口	6,200 (2.1)	同社常務取締役	高津奈良男	兵庫	9,314 (3.0)	
○飯島幡司	兵庫	5,000 (1.7)	大阪鉄工所取締役	天野合名会社	大阪	7,000 (2.3)	
○山岡千太郎	兵庫	4,000 (1.3)	同社監査役	○国司浩助	福岡	6,200 (2.1)	同社常務取締役
○松崎寿三	東京	3,600 (1.2)	同社取締役社長	○共保生命保険(株)	東京	4,600 (1.5)	
○共保生命保険(株)	東京	3,600 (1.2)	東京藤田家の会社	○山岡千太郎	兵庫	4,000 (1.3)	同社監査役
田是源	兵庫	3,500 (1.2)		○松崎寿三	東京	3,600 (1.2)	同社取締役社長
大富彰	山口	3,003		田是源	兵庫	3,500	
林田セツ	山口	2,630		田村亀吉	大阪	2,750	
若杉米太郎	長崎	2,400		○(株)長周銀行	山口	2,460	久原家の会社
天野三郎	兵庫	2,000		大富彰	山口	2,328	
高橋順平	東京	1,800		若杉米太郎	長崎	2,250	
武田米太郎	兵庫	1,700		天野利三郎	兵庫	2,000	
植木憲吉	東京	1,680		○日本工船漁業(株)	東京	2,000	田村家の会社
竹原荘治郎	大阪	1,500		瓜谷良蔵	兵庫	1,750	
				竹原荘一	大阪	1,700	
				富脇ちゑ子	東京	1,660	
				林田セツ	長崎	1,630	

総株数　300,000株
株主数　1,455名
株主の平均持株数　206.2株

総株数　300,000株
株主数　1,196名
株主の平均持株数　250.9株

表 6-8　共同漁業株主の所有株数別構成（1930年12月）　　　　　　　　（単位：株，％）

所有株区分	株主数	持株数	持株比率	平均持株数
10,000 株以上	4 (3)	123,465 (113,465)	41.2 (37.8)	30,866.3
5,000　〃	3 (1)	222,334 (6,200)	7.4 (2.1)	7,447.7
3,000　〃	4 (1)	15,700 (4,600)	5.2 (1.5)	3,925.0
1,000　〃	32 (2)	46,006 (4,460)	15.3 (1.5)	1,467.7
500　〃	37 (2)	22,452 (1,290)	4.2 (0.4)	62.7
小　計	80 (9)	229,957 (130,015)	73.3 (43.3)	2,874.5
500 株未満	1,116	70,043	26.7	62.7
合　計	1,196	300,000	100.0	250.7

(注)　カッコ内は親族・関係会社(者)のそれを示す。
(出所)　共同漁業株式会社「営業報告書」第28回より作成。

ていた。

(4) 貝島家

　貝島家の事業経営の中からは，中央火災傷害保険株式会社を選び，その株主構成を見てみよう。同家の事業の中で日本産業傘下に移行するのが同社だからである。

　わが国最初の傷害保険会社であった日本傷害保険株式会社は，第一次世界大戦後の貝島家の多角化戦略の一環として，1921（大正10）年12月，同家に買収され，社名を中央火災傷害保険と改称した。表6-9は，同社が貝島家に買収された直後の1923年下期末，1928（昭和3）年下期末，日本産業傘下への移行直前の1936年下期末の3時点で主要株主を見たものである。そのうちの1,000株所有以上の株主と持株比率について言えば，1923年下期末での1,000株所有以上の株主は18名で，持株比率は71.2％であった。このうち貝島家の3株主（貝島合名会社，貝島健次，太市）の持株比率は38.5％，親族と同社役員（非親族）の7株主のそれは17.8％であった。その他の8株主は日本傷害保険時代からの株主で，持株比率は14.9％であった。

　それぞれの株主数と持株比率は，5年後の1928年下期末には1,000株所有以上の株主14名，79.3％，貝島家3株主，45.4％，親族（関係会社を含む）と役員8株主，28.8％，その他3株主，5.1％と変化した。

　日本産業傘下への移行直前の1936年下期末の時点では，1,000株所有以上の

株主は 19 名で，総株式の 80.7%を所有していた。その内訳は，貝島家 3 株主，44.9%，親族と役員 9 株主，18.6%，その他 7 株主，16.7%であった。親族・役員の持株比率が減少したのは，共保生命保険が，1934 年 4 月，野村合名会社へ譲渡されたことと，鮎川義介が持株を半減させたためである。

以上のように，貝島家一族の封鎖的色彩の強かった同家の事業経営＝中央火災傷害保険においても，その親族各家，関係会社のある程度の出資を認めることができる。

(5) 小括

これまでの考察で明らかなように，久原家＝久原鉱業，東京藤田・鮎川家＝戸畑鋳物，田村家＝共同漁業，貝島家＝中央火災傷害保険のいずれの場合においても，1 家だけではその事業活動のすべての資金需要を満たすことができず，親族・関係会社(者)に出資を仰ぎ，株式資本の主要部分を相互に持ち合うという体制をとっていた。そして，そうした親族・関係会社(者)間の相互依存的資金調達方式が限界に達すると — 久原鉱業，戸畑鋳物，共同漁業の場合は — 株式を公開し，その不足部分を大衆株主層から吸収した。その際特徴的であったことは，いずれの場合も多くの資金を獲得するためにプレミアム付きで公開したことである。

以下，この節のまとめとして，上記の 4 社を含めての親族各家傘下企業における親族・関係会社の株式相互持ち合いの実態を，日本産業が設立される直前の時点で見ておけば表 6-10 のとおりである。

また，親族・関係会社は株式の相互持ち合いだけでなく，短期資金をも相互に融資し合っていた。表 6-11 は，現在までに判明した事例を見たものである。この中で特に注目に値するのは，1927（昭和 2）年 2 月の久原鉱業への親族各家の融資である。久原鉱業は第一次世界大戦後の長期不況の中で経営難に陥り，1926（大正 15）年下期から翌年上期にかけて破産の危機に瀕した。破産を回避させるためには同社の払込資本金の約 6 割にあたる 2,500 万円もの巨額の債務を極秘に整理しなければならなかった。しかし，当時，同社の信用は失墜しており，その資金を金融機関から借り入れることは不可能であった。そこで，久原房之助に代わって久原財閥の再建を担当することになった鮎川義

第2部　日産コンツェルンの諸様相

表6-9　中央火災傷害保険の主要株主

1923年12月31日				28年12月31日			
株主名	府県	持株数(比率)	備考	株主名	府県	持株数(比率)	備考
○貝島合名会社	山　口	36,010(36.0)	貝島家の持株会社	○貝島合名会社	山　口	42,555(42.6)	
○鮎川義介	東　京	8,000(8.0)	同社取締役社長	○鮎川義介	東　京	8,000(8.0)	同社取締役社長
範多竜太郎	大　阪	3,500(3.5)		共保生命保険㈱	東　京	6,900(6.9)	東京藤田家の会社
○東京藤田合名会社	東　京	3,000(3.0)	東京藤田家の資産管理会社	○日比谷裕蔵	東　京	5,600(5.6)	同社取締役　鮎川義介の義弟
沢田直一	大　阪	2,600(2.6)		○井上勝之助	東　京	2,000(2.0)	井上馨の養嗣子
柳下勘七	神奈川	2,200(2.2)		毛利元昭	東　京	2,000(2.0)	
粟津清亮	東　京	1,820(1.8)		範多竜太郎	大　阪	1,750(1.8)	
大林義雄	大　阪	1,600(1.6)		○飯田新七	京　都	1,600(1.6)	同社取締役
○森本邦治郎	山　口	1,500(1.5)	同社取締役副社長	田中市蔵	大　阪	1,600(1.6)	同社監査役
○貝島健次	福　岡	1,500(1.5)	同社取締役	○森本邦治郎	東　京	1,600(1.6)	同社取締役副社長
池原寧	東　京	1,470(1.5)		○貝島健次	兵　庫	1,500(1.5)	
渋沢同族㈱	東　京	1,200(1.2)		東京藤田合名会社	東　京	1,500(1.5)	
○高田釜吉	東　京	1,200(1.2)	同社監査役	○貝島太市	山　口	1,300(1.3)	同社取締役
○日比谷裕蔵	東　京	1,200(1.2)	同社取締役　鮎川義介の義弟	沢田直一	大　阪	1,300(1.3)	
○田中市蔵	大　阪	1,200(1.2)	同社監査役	大林義雄	大　阪	800	
○飯田新七	京　都	1,200(1.2)	同社取締役　鮎川の妻の親戚	毛利唯雄	山　口	795	
木村保全合名会社	東　京	1,000(1.0)		○井上貞子	兵　庫	640	鮎川義介の実妹
○貝島太市	山　口	1,000(1.0)		渋沢同族㈱	東　京	600	
飯田義一	東　京	800		粟津清亮	東　京	510	
岡橋治郎	大　阪	800		○伊藤博邦	東　京	500	伊藤博文の養嗣子
岡橋芳太郎	大　阪	800		木村保全合名会社	京　都	500	
佐々熊太郎	東　京	600		柳下勘七	神奈川	500	
黒田善太郎	東　京	600		木戸幸一	東　京	500	
○山田敬亮	東　京	500	同社監査役				
○藤田政輔	東　京	500	同社取締役　鮎川義介の実弟				
総株数　100,000株 株主数　354名 株主の平均持株数　283.0株				総株数　100,000株 株主数　346名 株主の平均持株数　289.0株			

(注)　○印は親族，関係会社(者)を示す。
(出所)　中央火災傷害保険株式会社「営業報告書」第13，18，26回，その他より作成。

(単位:株,%)

株主名	府県	持株数(比率)	備考
○貝島合名会社	山口	42,055 (42.1)	
野村生命保険(株)	東京	6,900 (6.9)	
○鮎川義介	東京	3,000 (3.0)	
○森本邦治郎	東京	2,700 (2.7)	同社取締役社長
○日比谷裕蔵	東京	2,600 (2.6)	同社取締役
○森裕三郎	山口	2,500 (2.5)	鮎川義介家の親戚
鶴田為次郎	東京	2,500 (2.0)	
○井上三郎	東京	2,000 (2.0)	井上勝之助の養子
毛利元昭	東京	2,000 (2.0)	
○玉井磨輔	山口	1,800 (1.8)	同社取締役 鮎川義介の従弟
○飯田新七	京都	1,500 (1.5)	同社取締役
○貝島健次	京都	1,500 (1.5)	
○東京藤田合名会社	東京	1,500 (1.5)	東京藤田家の資産管理会社
古関亀久馬	熊本	1,500 (1.5)	
○森本津知乃	東京	1,500 (1.5)	森本邦治郎の妻
○貝島太市	山口	1,300 (1.3)	
沢田直一	大阪	1,300 (1.3)	
毛利唯雄	福岡	1,045 (1.0)	
○神谷千別	東京	1,010 (1.0)	同社取締役
大林義雄	大阪	800	
岡橋治助	兵庫	800	
○中央火災海上傷害保険(株)社友会	東京	786	
○井上貞子	福岡	640	
白山等	大阪	600	同社取締役

総株数 100,000 株
株主数 344 名
株主の平均持株数 290.7 株

表6-10 親族・関係会社の株式相互持ち合い一覧

会社名	久原家	鮎川家	東京藤田家	田村家	貝島家	その他親族	久原鉱業	大阪鉄工所
久原鉱業(久)	340,970	560	5,000	6,000	10,000	13,500	—	—
日立製作所(久)	—	500	5,000	—	—	—	186,900	—
日立電力(久)	—	1,000	—	—	—	—	174,500	—
大阪鉄工所(久)	—	—	—	—	—	—	41,510	—
日本汽船(久)	95,500	—	18,050	57,500	—	2,000	—	—
長周銀行(久)	5,000	—	—	—	—	—	—	—
共保生命保険(東・鮎)	100	—	10,562	—	200	250	—	—
戸畑鋳物(東・鮎)	—	3,345	12,830	459	—	2,204	60,000	—
共同漁業(田)	—	—	1,150	79,357	—	6,900	—	28,000
中央火災傷害保険(貝)	—	8,000	1,500	—	45,355	9,840	—	—

(注) (久)=久原家, (東・鮎)=東京藤田・鮎川家, (田)=田村家, (貝)=貝島家の傘下企業。
(出所) 各社「営業報告書」「株主名簿」, その他より作成。

介は親族・経営内部で調達するしか手立てがないとして親族各家に支援を要請し, その結果, 表6-11に示したような出資を得て, 金融恐慌勃発直前に久原鉱業の債務整理を断行し, 破産を阻止したのはすでに第2章で見た通りである。

第一次世界大戦中に「成金」的膨張を遂げた新興企業家の多くが大戦後の長

表6-11 親族・関係会社間の短期融資の事例 (単位:円)

所有株区分	融資額	年月	備考
戸畑鋳物→久原鉱業	50,000	1920年9月	久原鉱業佐賀関製錬所の石灰石の購入資金
共同漁業→共立企業	126,750	21年10月	
共同漁業→共立企業	200,000	23年7月	
貝島家 ┐	14,007,234		
東京藤田家 │	3,076,067		
田村家 ├→久原鉱業	744,820	27年2月	久原鉱業の債務整理資金
鮎川家 │	501,778		
斎藤家 ┘	380,040		
共同漁業→共立企業	791,333	29年	
共立企業→共同漁業	500,000	31年10月	共同漁業の第1回社債の償還資金
共保生命保険→共同漁業	2,000,000	32年5月	共同漁業傘下の合同水産工業の増資株式払込資金

(注) 久原鉱業への各家の融資額は有価証券, 物件等の帳簿価格によるものである。
(出所) 「鮎川先生講演筆記(2)」(鮎川家所蔵), 共同漁業株式会社「取締役会決議書」, その他。

(単位：株，%)

日本汽船	長周銀行	共保生命保険	中央火災傷害保険	合計(A)	総株数(B)	A／B	時期
142,620	—	39,505	—	548,155	1,500,000	36.5	1927年5月31日
1,400	—	—	—	193,800	200,000	96.7	28.10.31
—	—	22,750	—	198,250	200,000	99.1	28. 9.30
39,500	—	—	—	81,010	240,000	33.8	28.12.31
—	—	—	—	173,050	200,000	86.5	28
6,500	—	—	—	11,500	26,000	44.2	28
—	—	—	—	11,112	20,000	55.6	28.9.30
—	1,000	10,499	1,000	91,337	20,000	45.6	28.11.30
—	—	3,600	—	119,007	300,000	39.7	28.6.30
—	—	6,900	—	71,595	100,000	71.6	28.12.31

期不況下で蓄積した利益をはき出してしまい，破産に追い込まれていった中で，久原家の事業経営が破産を回避し，のちに日産コンツェルンの母体となり得たのは正に親族各家からの支援によるものであった。

2．業務関係

次に久原，東京藤田・鮎川，田村，貝島の親族各家の事業経営における業務的関係について考察しよう。しかし，そうした関係の全容を知るための史料は存在しない。したがって，以下の記述も，各企業間の断片的な関係を拾ったものにすぎない。なお，煩雑を避けるため，各家傘下内における企業間の業務的関係は省略する。

図6-3は，親族各家傘下の企業間で業務的関係が確認し得たものを直線で結んだものである。以下，これらについて説明しよう。

①③⑥⑨⑪⑬，久原鉱業（佐賀関製錬所），日本汽船（笠戸造船所），東洋製鉄，戸畑鋳物，帝国鋳物，共同漁業の各社は，石炭，石灰石の多くを貝島商業から購入していた。貝島家は，前章で見たように，1917年に三井物産から一部自主販売を認められ，20年から完全に営業権を取り戻すと，販路開拓に全

190　第2部　日産コンツェルンの諸様相

図6-3　親族傘下各企業間の業務的関係

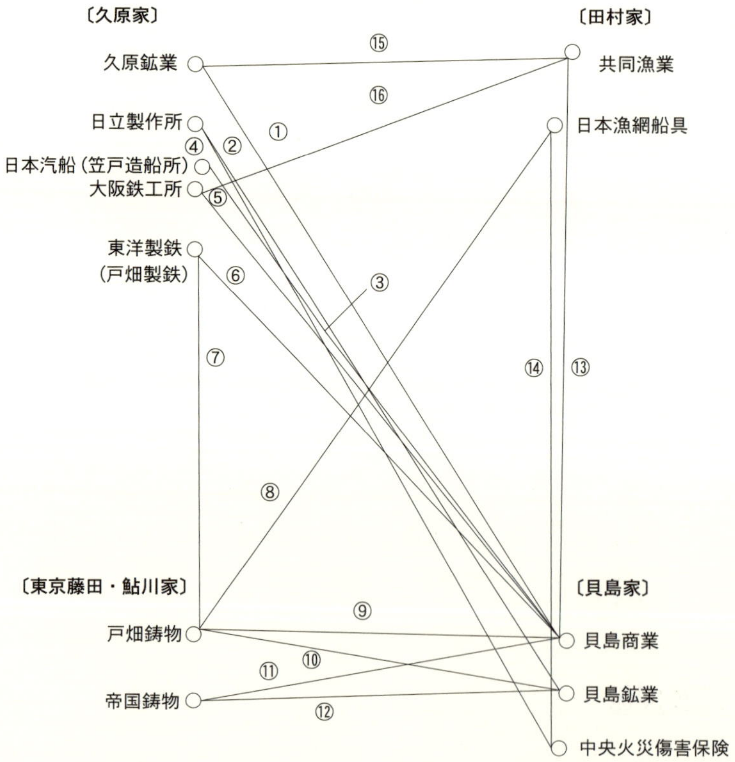

〔久原家〕　　　　　　　　　　　　　　　　〔田村家〕

久原鉱業 ○————⑮————————————○ 共同漁業
　　　　　　　　　　⑯
日立製作所　　○　　　　　　　　　　　○ 日本漁網船具
日本汽船（笠戸造船所）○ ④②
大阪鉄工所　　○ ⑤
東洋製鉄
（戸畑製鉄）　　○　⑥　　③
　　　　　　　　　　　　　　　　　⑭　⑬
　　　　　　　　⑦
　　　　　　　　⑧
〔東京藤田・鮎川家〕　　　　　　　　　　〔貝島家〕
戸畑鋳物　　○　　　⑨　　　　　　　○ 貝島商業
　　　　　　　⑪　⑩
帝国鋳物　　○　　　　　　　　　　　○ 貝島鉱業
　　　　　　　　⑫
　　　　　　　　　　　　　　　　　○ 中央火災傷害保険

（注）　久原家の製鉄部門＝戸畑製鉄は1918年4月東洋製鉄に吸収合併されるが，その時の条件で久原鉱業は東洋製鉄の総株式の4分の1を保有する．その後東洋製鉄が1934年に日本製鉄成立の「製鉄大合同」に参加するまで同社の筆頭株主は久原鉱業＝日本産業であった．

力を傾注した．たとえば，「三井文庫」所蔵の史料は次のように記している．

　　「一時合同紡，毛斯綸紡，大阪商船等当社ノ重要得意先ニ侵入シタルガ目下貝島ノ手ニ残リ居ルモノハ皆無トモ云フモ過言ニアラズ，然レ圧貝島太市氏終始上阪シテ督励販売ニ努メ相当手蔓ヲ以テ取込運動ハ漸次巧妙ヲ極メツツアレバ注目ス可キ同業者ノ一人也　　　　　　　　　　　　　　　　　　　11)．」

　貝島商業は，当然，三井物産門司支店の販売地域にも進出した．表6-12は同支店の地元販売先を見たものであるが，貝島商業はこれらのうち東洋製鉄，

戸畑鋳物，帝国鋳物，久原鉱業，日本汽船使用の石炭の全部あるいは一部を三井物産に代わって供給した。上記の会社が親族傘下にあったことが，貝島商業が三井物産に競り勝ち得たた要因であった[12]。

トロール漁業会社の最大費用は石炭費で，1926（大正15年）度のわが国全「トロール船焚料年間需要（は）150,000トン[13]」であった。当時，共同漁業は全トロール船70隻の40％，28隻を所有していたが，焚料用石炭の40％強を貝島商業から購入していた（表6-13）。

②⑩　日立製作所，戸畑鋳物は貝島鉱業から多くの鉱山用機械製作を受注した。特に両社とも，同業他社に比してその製作技術が未熟な創業期に貝島鉱業から注文を獲得した。たとえば，鮎川義介は次のように言っている。「炭坑で使うトロッコの車輪はズクのチンチン鋳物というのでできていて，摩滅を防ぐためにこのズクが使われるのだが，それがよく割れるんだ。それで貝島さんが

表6-12　三井物産門司支店販売地区の石炭需要先　　　　　　　　　　　　（単位：トン）

	1917年事蹟	1918年予想	1919年予想	1920年予想	1921年予想
東洋製鉄	−	−	10,000	−	−
戸畑鋳物	4,500	5,000	5,000	−	−
帝国鋳物	−	300	300	−	−
若松築港	4,000	4,000	4,000	−	−
幸袋製作所	1,500	1,500	1,500	−	−
下松笠戸造船所	−	1,000	1,000	−	−
久原鉱業佐賀ノ関製錬所	47,000	50,000	50,000	50,000	50,000
久原鉱業日出ニッケル工場	−	1,000	1,000	1,000	1,000

（注）1）　下松笠戸造船所の正式社名は日本汽船笠戸造船所である。
　　　2）　1918−21年は「予想」となっているが，「報告書」が1921年5月に作成されていることからして，それは「事蹟」に近かったと思われる。
（出所）　三井物産株式会社門司支店「支店長会議業務報告書」三井文庫所蔵，1921年5月，より作成。

表6-13　共同漁業の石炭購買先　　（単位：トン）

	1927年10月	1928年10月	1929年10月
貝島商業	48,000	56,000	56,000
三井物産	30,000	30,000	30,000
麻生商店	−	24,000	24,000
三菱商事	12,000	12,000	16,800

（出所）　共同漁業株式会社「完結契約書類綴」より作成。

『あんたのところの可鍛鋳鉄で車輪を作ってみないか』という話で，先方の犠牲で，いろいろな試験などをして，製作を始め，しまいには貝島のところは全部戸畑鋳物の製品を使ってもらった。それからしだいに古河とか安川あたりにも売り込むようになった[14]」。

④ 中央火災傷害保険は，貝島家の傘下に移行した直後の1922年2月，日立製作所の工場一口75万円の火災保険契約を獲得した[15]。

⑤⑯ 貝島商業は，1925年8月，最初の石炭専用運搬筑紫丸（1,857トン）を大阪鉄工所で建造した[16]。また，共同漁業とその傘下企業の漁船の大半は，大阪鉄工所で建造された。すなわち，共同漁業は1923年には29隻のトロール船を所有していたが，そのうちの21隻は第一次世界大戦直後大阪鉄工所で代金の代わりに同社株式をもたせる条件で建造されたものであった（表6-14）[17]。共同漁業がトロール漁業での集中を実現し，大手水産会社に発展する端緒は，大阪鉄工所で建造した漁船を同業者に先駆けて大戦直後の資源豊富な漁場へ出漁させ，巨利を得たことによる。

⑦ 戸畑鋳物は，東洋製鉄から銑鉄の供給を受けていた。

⑧ 戸畑鋳物は，1924年上期「鋳物生産力ヲ平衡化スル一ツノ方法トシテ小馬力ノ石油発動機ノ多量……製作ヲ計画シ[18]」，その販売を日本漁網船具に委託した。日本漁網船具株式会社『50年の歩み』は，それについて次のように記している。「戸畑鋳物が舶用小型発動機の生産を開始するに及んで，同社の舶用発動機を一手に販売することとなり，その第1号機を売り意気大いに上がった。……このような発動機の販売は，おりから推進中だった漁船動力化と

表6-14 共同漁業所有トロール船の建造先（1923年）

造船所	隻数
大阪鉄工所	21
三菱造船所	4
内田造船所	2
川崎造船所	1
スミス造船所	1
合計	29

（出所） 共同漁業株式会社「営業報告書」第13回より作成。

⑫ 1921年5月,貝島鉱業「大之浦中央工作所は設備の一部を残し,其他を若松市帝国鋳物会社に譲渡[20]」した。以後,帝国鋳物は貝島鉱業の鉱山用機械,大型鋳物の製作を引き受けることになる[21]。

⑭ 1921年9月29日,日本漁網船具は中央火災傷害保険の保険代理店となった[22]。

⑮ 1925年,共同漁業は2隻のカニ工船を北洋へ出漁させて良好な成績を収め,母船式カニ漁業進出の端緒を開くが,そのうちの1隻厳島丸(3,864トン)は久原鉱業から借り受けたものであった[23]。

以上,断片的な事実しか記すことができなかったが,これらの事柄からだけでも,親族各家傘下諸企業は相互に密接な業務上の関係を有して,それぞれの事業活動を展開していったことがわかる。特に各社とも事業基盤の定まらない創業期にそうした関係が多く,相互に支援し合っていたのである。

3．人的関係

最後に,久原,東京藤田・鮎川,田村,貝島各家の事業経営における人的結合関係について検討する。表6-15は,親族傘下の主要20社の設立あるいは買収時から日本産業が設立される1928(昭和3)年12月までの期間における親族の役員就任状況(監査役,相談役以上)と上記親族のうちの2家以上の傘下企業の役員に就任した非親族経営者について見たものである。これによれば,役員に就任した親族は24名で,就任したポスト数はのべ93であった。そのポストの内訳は,会長1,社長19,副社長1,専務1,常務6,取締役31,監査役31,相談役3であった。このうち常務以上のポストに就任した者は,久原房之助(社長2),斉藤浩介(社長1,常務1),鮎川義介(会長1,社長6,専務1),藤田政輔(社長2),田村市郎(社長1),田村啓三(社長1),国司浩助(常務1),貝島太助(社長1),貝島栄三郎(副社長1),貝島栄四郎(社長1,常務1),貝島健次(社長2,常務1)貝島太市(社長1,常務1),貝島永二(社長1),玉井磨輔(常務1)の14名であった。これらの人々が親

194　第2部　日産コンツェルンの諸様相

表6-15　親族傘下主要20社の役員就任状況

		久原房之助	斎藤幾太	斎藤浩介	鮎川義介	藤田小太郎	藤田政輔	西村透造	田村市郎	田村啓三	国司浩助	貝島太助	貝島六太郎	貝島嘉蔵	貝島栄三郎	貝島栄四郎	貝島健次
(久原家)	久原鉱業(1912)	◉	○□	○	◉○	□			□								
	日立製作所(1920)				○△												
	大阪鉄工所(1918)						□										
	日立電力(1927)				○												
	日本汽船(1915)						□		◉	□							
	共保生命保険(1911)	◉		◎			◉										
(東京藤田家・鮎川家)	戸畑鋳物(1910)				⊗◉	□		○□	○□						□		○
	共立企業(1922)				◉			○									
	東亜電機(1922)				◉×												
	不二塗料(1924)				○			◉	○								
(田村家)	共同漁業(1919)								×	○	◎						
	日本トロール(1922)								□○	◉							
	日本工船漁業(1928)				◉					○							
	戸畑冷蔵(1928)				◉												
	日本水産(1919)								×	○							
(貝島家)	貝島鉱業(1909)											◉	□	○□	◎□	◎◎○□	◎□○
	貝島商業(1919)																◉
	貝島乾溜(1925)																○
	貝島林業(1925)																○
	中央火災傷害保険(1921)				○◉		○										
ポスト数		(2)	(2)	(3)	(14)	(2)	(5)	(5)	(4)	(6)	(2)	(1)	(1)	(2)	(3)	(4)	(7)

(注)　(1)　△会長　◉社長　◎副社長　⊗専務　◎常務　○取締役　□監査役　×相談役.
　　　(2)　期間は各社とも( )の年度から1928年末まで。なお，各家の傘下企業はいちおう代表的なものから並べてある。
　　　(3)　共保生命保険は，1927年10月，東京藤田家傘下に移行する。
　　　(4)　伊藤文吉は図6-2に登場するが，伊藤博文の嗣子ではないので，ここでは非親族に入れた。

(出所)　各社社史・営業報告書，東京人事興信所編『銀行会社要録』，人事興信所編『人事興信録』より作成。

								親族									非親族	
貝島太市	貝島定二	貝島永二	玉井麐輔	日比谷裕蔵	飯田新七	原田禄太	山岡千太郎	就任人数(ポスト数)	伊藤文吉	中山説太郎	下村耕次郎	江村義三郎	山田敬亮	大隅行一	井上親雄	森本邦治郎	岩田宙造	横田民造
□								7(9)	○	⊗			□				□	
								1(2)										
								1(1)		⊗	○◎	○						
								1(1)										
						□	□	5(5)	⊗									
□○				○				5(6)						○	⊗		□	
	□							6(8)					○	◎○□	○	□		
		□						4(4)					□		◎	□		
		○						2(3)					○		○			
□								4(4)					□		○			
							□	4(4)		□	○							
								1(2)	⊙						⊙○			□
								2(2)										
								1(1)							◎			
						□	□	5(5)										
◎□			○□					8(17)						○	○□			
⊙			○					2(2)							○			
□			□					3(3)							○			
○		⊙	○					4(4)									□	
□○			◎○	○	○			7(10)					□			⊗◎		
(11)	(1)	(1)	(9)	(2)	(1)	(2)	(3)	(93) / 73(93)	(2)	(4)	(3)	(2)	(10)	(5)	(3)	(8)	(2)	(2)

族各家の事業経営における最高経営者層を形成していた。また，2家以上の傘下企業の役員に就任している非親族経営者は11名いた。

次に親族4家のうちの2家以上の傘下企業の役員に就任している親族14名，非親族10名，計24名の役員の兼任状況を見たのが表6-16である[24]。この24名のうち親族4家間の人的結合関係に大きな役割を果たしたと思われる5ポスト以上の役員に就任している者は，親族では鮎川義介の4家9社14ポストを最高に，貝島太市の3家8社11ポスト，玉井磨輔の2家7社9ポスト，貝島健次の2家5社7ポスト，田村啓三の2家5社6ポスト，藤田政輔の3家5社5ポスト，西村秀造の2家4社5ポストの計7名いた。西村を除いた6名は上記の最高経営者層を形成する人たちであった。また，非親族で5ポスト以上の役員に就任した者は，山田敬亮の3家8社10ポスト，森本邦治郎の2家6社8ポスト，大隅行一の2家4社5ポストの計3名いた。

次に，これら24名の役員の兼任状況を上記4家間の人的結合関係の観点から見たのが表6-17である。これによれば，4家の間にはいずれも人的結合関係があったが，特に東京藤田・鮎川家と貝島家，久原家と田村家，久原家と東京藤田・鮎川家の事業経営の間にそうした関係が強く，反対に久原家と貝島家，東京藤田・鮎川家と田村家，田村家と貝島家の間の関係はそれほどでもなかったことがわかる。

最後に，現在までに判明した親族4家間の専門経営者の移籍の事例を見ておけば表6-18のようである。久原→貝島→東京藤田・鮎川→田村の順に親族4家の傘下企業に勤務した井上親雄のほか，久原家から貝島家へ3名，久原家から東京藤田・鮎川家，田村家へ1名づつの移籍があった。

以上のように，久原，東京藤田・鮎川，田村，貝島の親族各家は人的関係の面においても，相互に密接な関係を有していたのである。

表 6-16　親族傘下企業の"役員兼任"状況

		久原家 会社	久原家 ポスト	東京藤田・鮎川家 会社	東京藤田・鮎川家 ポスト	田村家 会社	田村家 ポスト	貝島家 会社	貝島家 ポスト	合計 会社	合計 ポスト
(親族)	鮎川義介	3	(5)	4	(6)	1	(1)	1	(2)	9	(14)
	貝島太市	2	(3)	1	(1)			5	(7)	8	(11)
	玉井磨輔			2	(2)			5	(7)	7	(9)
	貝島健次			1	(1)			4	(6)	5	(7)
	田村啓三	1	(1)			4	(5)			5	(6)
	藤田政輔	1	(1)	3	(3)			1	(1)	5	(5)
	西村秀造	1	(1)	3	(4)					4	(5)
	田村市郎	2	(2)			2	(2)			4	(4)
	斎藤浩介	2	(2)			1	(1)			3	(3)
	貝島栄三郎			1	(1)			1	(2)	2	(3)
	藤田小太郎	1	(1)	1	(1)					2	(2)
	日比谷祐蔵			1	(1)			1	(1)	2	(2)
	原田禄太	1	(1)			1	(1)			2	(2)
	山岡千太郎	1	(1)			2	(2)			3	(3)
(非親族)	山田敬亮	2	(2)	5	(7)			1	(1)	8	(10)
	森本邦治郎			2	(2)			4	(6)	6	(8)
	大隅行一			3	(3)	1	(2)			4	(5)
	中山説太郎	3	(3)			1	(1)			4	(4)
	井上親雄			1	(1)			1	(1)	3	(3)
	下村耕次郎	1	(2)			1	(1)			2	(3)
	伊藤文吉	1	(1)			1	(1)			2	(2)
	江村義三郎	1	(1)	1	(1)					2	(2)
	岩田宙造	1	(1)	1	(1)					2	(2)
	横田民造					1	(1)	1	(1)	2	(2)

（出所）　表6-15から作成。

表 6-17　親族各家間の人的結合関係

	親族	非親族	合計
久原家⟷東京藤田・鮎川家	5人	3人	8人
久原家⟷田村家	5	4	9
久原家⟷貝島家	3	1	4
東京藤田・鮎川家⟷田村家	1	2	3
東京藤田・鮎川家⟷貝島家	7	3	10
田村家⟷貝島家	1	2	3

（出所）　表6-15から作成。

表 6-18 親族各家傘下企業間の経営者の移籍事例

井上親雄（1898年東京帝大工科大学卒，海軍技師，呉海軍経理部建築課長）
　　久原家＝久原鉱業（1918年）→貝島家＝貝島合名理事（19年），貝島鉱業取締役（20年）→東京藤田・鮎川家＝不二塗料取締役（23年）→田村家＝戸畑冷蔵常務取締役（27年）

江村義三郎（1898年東京帝大工科大学卒，大阪鉄工所入社）
　　久原家＝大阪鉄工所取締役（1918年）→東京藤田・鮎川家＝木津川製作所取締役（23年），戸畑鋳物取締役（26年）

山田孝太郎（1909年山口高等商業学校卒）
　　久原家＝久原鉱業（1917年），戸畑製鉄会計課長兼鉱山部事務長（18年）→貝島家＝貝島鉱業（19年），貝島林業取締役（25年）

田村啓三（1914年東京帝大工科大学卒）
　　久原家＝久原鉱業（1914年）→田村家＝田村合名社員（20年），田村系会社役員

保田宗治郎（1908年台湾協会専門学校卒，満鉄入社）
　　久原家＝久原鉱業（1918年）→貝島家＝貝島鉱業（19年），貝島乾溜取締役（25年）

神谷千別（1905年慶応義塾商業学校卒，三井銀行入社）
　　久原家＝久原鉱業（1913年），久原商事ニューヨーク支店長（18年）→貝島家＝中央火災傷害保険（22年），同社取締役（25年）

（出所）　表 6-15 から作成。

おわりに

　当然，予想されたことではあったが，本章を通じて，久原，東京藤田・鮎川，田村，貝島の親族各家の事業経営には統括的持株会社・日本産業が設立される以前，また，その傘下に移行する以前，すなわち，それぞれの事業経営が1つの企業集団＝日産コンツェルンに集結する以前においても，相互に密接な関係が存在したことを，資本，業務，人的関係の3側面において具体的に確認した。本章は，そうした関係を確認することが目的であったから，それ自体としての結論はない。

　ここで，上記の3要因が日産コンツェルンの形成とその内的結合に果たした貢献度について総括しておけば，次のようである。

　(1) 資本関係について言えば，親族各家は株式の持ち合いを軸とする相互依存的資金調達方式体制を確立しており，久原家の久原鉱業が破産の危機に瀕した時，それぞれ資産と資金を提供して破産を回避させ，のちの日産コンツェルン本社・日本産業の設立を可能にしたという大きな役割を果たした。しかし，

日本産業は公開持株会社であり、しかも日産コンツェルンの経営戦略が日本産業株式との交換による既存企業の吸収合併策を中心に展開されたこともあって、時代を経るにしたがい日本産業への親族・関係会社の出資比率は急速に低下してゆき、1934年上期末にはバーリ＝ミーンズ的意味で「経営者支配に近い少数支配に属する[25]」といわれる10％以下に、さらに12年上期末には第2章で見たように、5.2％まで下がってしまう。また、日本産業の傘下直系企業にしても、その株式をプレミアム付きで次々と公開・売出してゆくから、それぞれの企業の全株式に占める親会社の持株比率はもとより、親族・関係会社のそれも低下の一途をたどった。それゆえ、親族・関係会社による資本源泉の共有性が第一義的に日産コンツェルンの形成を促進させ、その内的結合に貢献した要因であったとはいえないように思われる。

(2) 確かに親族各家傘下企業間には業務上の関係があった。しかし、そうした関係は親族傘下に有力な金融機関や商事会社が存在しなかったこともあって、たとえば金融や排他的な購買・販売業務を通じて個々の企業の行動に決定的な影響を与え、それによって1つの企業集団の形成を促進し、その結束を強化するという性質のものではなかった。

すなわち、日産コンツェルンは新興財閥でありながら、既成財閥に特徴的である「八百屋式」コンツェルンの様相を呈していたと言われるが[26]、そのことは日産コンツェルン傘下企業間の有機的結合度の希薄性を物語るものでもある。

(3) 人的関係が、結局、日産コンツェルンの形成とその内的結合を可能にした最大の要因であったと思われる。特に鮎川義介の存在が大きかった。鮎川は東京藤田・鮎川家の事業活動を主宰する一方、表6-15に示したように、親族各家の事業経営の中枢に参画し、その堅実かつ合理的な経営行動・リーダーシップを親族、幹部経営者に等しく認められていた。そのため、久原鉱業が破産の危機に直面すると、同社に出資していた親族ならびに幹部経営者は再建を鮎川に委嘱し、それに必要な資産等を提供したのであった。そして、同社立て直しの成功、その後の日産コンツェルンの急速な膨張は、さらに彼らに鮎川の経営手腕を印象づけた。その鮎川の要請であったから親族各家はその支配下の諸企業の全部あるいは一部を日本産業株式と引き換えに日産コンツェルン傘下

に順次移行させたのであった[27]。

注
1) 東京藤田・鮎川家について「日産財閥形成過程の経営史的考察」『経営史学』第6巻第3号, 1972年。久原家について「日産財閥成立前史についての一考察（上, 下）」『経営志林』第9巻第3, 4号, 1972－1973年。田村家について「日産財閥の水産部門形成過程（上, 中, 下）」『経営志林』第10巻第2, 3・4号, 第11巻第1号, 1973－1974年。貝島家について「貝島家の事業経営と鮎川義介の関係について」『エネルギー史研究ノート』第7号, 1976年。
2) エレノア・M・ハードレー『日本財閥の解体と再編成』(小原敬士・有賀美智子監訳) は,「最高持株会社が中核会社を支配し, またその他の子会社に支配力をおよぼすばあいに, たよる四つのおもな方策は, 株式所有, 人的関係, 信用および集中的な購買や販売である。われわれは, 家族の役割をひとつの『支配方策』を意味するものとはいわないけれども, しかし家族は財閥のために, 特殊の統合的機能をはたした」(1973年, 東洋経済新報社, 32頁) と記している。本章では人的関係という場合,「財閥家族の役割」をも含めた意味で使用している。
3) 松永定一『北浜盛衰記』東洋経済新報社, 1958年, 175頁。
4) 筆者は, 1973年4月7日, 藤田政輔氏から日産コンツェルン形成過程についてのヒアリングを行ったが, その際, 藤田氏は東京藤田家が鮎川義介の企業家活動の「資金的スポンサー」「金融的バッファ」であったということをしきりに強調されていた。
5) 共立企業株式会社編・刊『共立企業株式会社及関係事業概要』(1924年) 2頁。
6) 同上, 4頁。
7) 戸畑鋳物株式会社「営業報告書」第37回, 1928年下期。
8) 日本鉱業株式会社編・刊『五十年史』(1956年) 56頁。
9) 共同漁業株式会社「取締役会決議書」1926年7月。
10) 同上, 1927年11月。
11) 三井物産株式会社「第8回支店長会議資料(4)」(1921年6月, 三井文庫所蔵) 11-2頁。
12) 元貝島商業社員中村巌, 岩井仙弥両氏からのヒアリング (1974年2月19日)。
13) 三井物産株式会社「支店長会議業務報告」1926年6月, 三井文庫所蔵, 17頁。
14) 鮎川義介『百味箪笥』愛蔵本刊行会, 1963年, 104頁。日立製作所創業時の製品発送係主任堀川澄三は次のように言っている。「製品が悪いので小平社長や高尾さん馬場さん等（当時の幹部―引用者）が味わった苦渋は筆紙に尽すべくもない。その当時社長が貝島鉱業会社へ製品に関するわび状の原稿を自分で書いて販売の机上に置いたのを見た事がある。その中に『涙を以ておわびします』とあった。以て当時の社長の苦衷の一端をうかがうことができる」(長谷川俊雄編『日立製作所史』47頁, 1949年)。
15) 日産火災海上保険株式会社編・刊『五十年史』1961年, 174頁。
16) 貝島炭砿株式会社編・刊『貝島会社年表草案』182頁。
17) 日本水産株式会社編・刊『日本水産50年史』1961年, 275頁。
18) 守田鉄之助編『戸畑鋳物株式会社要覧』同社刊, 1935年, 15頁。
19) 日本漁網船具株式会社編・刊『50年の歩み』1969年, 113頁。
20) 前掲『貝島会社年表草案』164頁。
21) 戸畑鋳物株式会社編・刊『若松製作所』1935年の附録「主要納入先ト納入機械」。
22) 前掲, 日本漁網船具『50年の歩み』211頁。
23) 岡本正一『漁業発達史 (蟹罐詰編)』霞ヶ関書房, 1944年, 676頁。
24) 表6-15の注(2)に示してある期間内で2家以上の傘下企業役員に就任している者であり, 厳密

には兼任とはいえない。ただ，ここではそれを各家間の人的結合関係の状況を見るための便宜上，上記期間における兼任という意味で使用している。したがって，表6-18で見るように井上親雄，江村義三郎のように各家傘下企業間の移籍が確認し得た人も含まれている。

25) 増地庸治郎『株式会社』厳松堂，1937年，328頁。
26) 高橋亀吉『我国企業の史的発展』東洋経済新報社，1956年，255頁。
27) 東京藤田家は明治末期に藤田組の経営から手を引いて以来完全に投資資産家化しており，また田村家も次第に投資資産家化しつつあったから，その支配下にある企業を日産コンツェルン傘下に移行させ，当時，株価の高騰していた日本産業株式を入手した方が投資上有利であるという事情もあったと思われる。

　なお，鮎川は1934年から35年にかけて貝島家に対しても貝島炭鉱の日産コンツェルン入りを要請した。たとえば，『東洋経済新報』は貝島炭鉱の日産入りについて，貝島家と「日産首脳部とは人事及び姻戚関係上密接な間柄であるからして，これは問題なく実現することになろう」と記している（同上，1935年7月27日号）。しかし，前章で考察したように，貝島家一族と鮎川との関係は必ずしも良好ではなく，貝島家は本業の炭鉱業移行を断り，傍系の中央火災海上のみを日産コンツェルン傘下に移行させた。

第3部
日産コンツェルン傘下企業の事業活動

第7章

日立製作所におけるオーナーと専門経営者

はじめに

　日立製作所は小平浪平によって創業され，彼のリーダーシップのもとで発展した。ただし，小平はオーナー経営者ではなく，専門経営者であった。戦前期の日立製作所は久原財閥＝日産・満業コンツェルンの傘下会社であったからである。したがって，同社のオーナー経営者は，久原財閥時代は同財閥創業者の久原房之助であり，日産・満業コンツェルン時代は同コンツェルンの主宰者鮎川義介であった。両オーナーは共に陣頭指揮型のワンマン経営者であった。にもかかわらず，日立製作所の事業活動は創業以来一貫して，小平を最高経営者とする専門経営者チームの手に掌握されていた。日立製作所においては，所有と経営が分離しており，その意味で，同社は経営者企業であった。

　本章の目的は，久原財閥，日産・満業コンツェルンの一員である日立製作所が経営者企業として成立・行動し得た要因を，主として意思決定過程をめぐるオーナーと専門経営者の相互関係を中心に考察することにある。

1．経営者企業としての日立製作所

(1) 日立製作所の略史 [1]

　日立製作所の歴史は，電気機器の国産化に意欲を燃やす久原鉱業所日立鉱山工作課長の小平浪平が，1908（明治41）年に同課の付属施設として電気機器修理工場を建設したことに始まる。同修理工場は1910年に製作工場に発展し，名称を日立製作所とした。そして，1912年1月，日立製作所は日立鉱山工作

課から分離し、さらに同年9月、久原鉱業所が久原鉱業株式会社に改組されるのに伴い、同社の1事業所となる。

　国産技術開発主義を標榜して発足した日立製作所は、創業以来多くの技術上の困難に遭遇するが、それを順次解決し、第一次世界大戦の勃発による外国電気機械製品の輸入途絶と受注増加の中で事業基盤を固める。そして、同所は1918（大正7）年に久原鉱業の一般機械製作工場である佃島製作所を吸収して亀戸工場とし、電機・機械製作一体化の多角経営の端緒を開いた。さらに1920年2月には久原鉱業から分離独立し、資本金1,000万円の会社となった。

　日立製作所は、1921年2月、久原財閥傘下の日本汽船が経営する笠戸造船所を買収し、それを電気機関車製造工場に転換させた。こうして日立、亀戸、笠戸の3工場体制を確立した日立製作所は、第一次世界大戦後の長期不況の下で久原財閥各社が不振を極める中、順調な発展を遂げ、1920年代末までに外資提携会社である芝浦製作所、三菱電機、富士電機製造と並んで重電4大メーカーの一員となる。そして、1928（昭和3）年12月、破産の危機に直面した久原財閥が久原房之助の義兄鮎川義介によって、公開持株会社日本産業を中核とする日産コンツェルンに再編成されると、日立製作所も同コンツェルンの傘下に移行した。

　日産コンツェルンは、傘下企業の公開策をとり、1933年10月、業績好調な日立製作所の株式を公開した。この株式公開は、満州事変以後の重化学工業勃興の中で「大拡張主義」を打ち出した日立製作所に株式市場からの資金調達を可能にさせ、同社は同年11月に独立経営以来はじめて増資を行ったのを皮切りに、矢継ぎ早に増資・払込金徴収を繰り返し、1940年までに資本金を2億450万円に拡大した。そして、そうした増資資金を活用して、日立製作所は既存3工場の拡張と製品多角化を進める一方、1936年3月には日産コンツェルン傘下の大阪鉄工所の経営権を取得して造船業に進出し、次いで1937年5月には鮎川が創業した国産工業を吸収合併して一挙に7工場を獲得し、計10工場を経営する体制を確立した。さらに1939年5月には東京瓦斯電気工業を吸収合併し、その工作部門を分離して日立航空機、日立兵器、日立工作機の3子会社とした。

この間，1937年11月，日産コンツェルン本社・日本産業が「満州国」の首都新京に移転し，同国法人の満州重工業開発（通称：満業）に改組改称されたのに伴い，日立製作所も同社の傘下企業となった。

以上のような積極果敢な事業活動によって，日立製作所の規模は著しく膨張した。それを同社の資産額で見れば，久原鉱業から独立した1920年上期と40年上期の20年間に1,705万円から5億5,525万円へと32.4倍に増加した。また，この間，資産額から見た鉱工業上位100社の中で，日立製作所は1929年下期62位，36年下期26位，40年下期4位と，そのランクを急速に引き上げている[2]。

(2) 経営者企業としての特徴

ところで，A. D. チャンドラーは経営者企業を次のように定義している。

「創業者の家族や金融業者の代理人たちは，もはやトップ・レベルの意思決定を行うことはなく，このような決定はその会社の株式をほとんど所有しない専門経営者が行うという企業を経営者企業と規定することができる[3]。」

チャンドラーは所有の如何にかかわらず経営者企業が成立し得る要因として，経営階層組織の発展を強調する。オーナー経営者たちは企業の拡大に相応して発展する経営階層組織を充たすために必要な人材を十分供給できず，結局，トップ・マネジメントを専門知識を有する専門経営者に依存せざるを得なくなるからである。また，そうした管理機構を通じてなされる専門経営者による財貨の流れの調整・監視活動が内部資金の蓄積を可能にし，オーナーたちに対する資金的依存度を減少させるからである。そしてさらに言えば，専門経営者はその職務能力と経営実績を背景に，資金調達ルートを拡げることができるからである[4]。

チャンドラーの定義に照してみる時，日立製作所は久原鉱業，日本産業，そして満州重工業開発による資本的支配を受けていたにもかかわらず[5]，経営者企業としての要件を十分備えていた。まず第1に，トップ・マネジメントの存在形態である取締役会におけるオーナーと専門経営者の構成を見れば，表7-1に示したように，1930（昭和5）年時点で両者が同数となった以外は，専

表 7-1 日立製作所の取締役会の構成

(単位：人数)

年度	オーナー	専門経営者	合計
1920	2	3	5
1925	2	4	6
1930	4	4	8
1935	3	5	8
1940	3	15	18

(注)　親会社（久原鉱業，日本鉱業，満州重工業開発）を代表して取締役会に参加した者はオーナーとみなす。
(出所)　株式会社日立製作所編・刊『日立製作所史』第2巻，1960年，より作成。

表 7-2 日立製作所の常務以上の役員

	最終学歴	卒業年次	入社年次	日立鉱山・日立製作所入社後の主たるビジネス・キャリア
鮎川義介	東　大　機械	1903	—	取締役（27）—会長（28）
小平浪平	東　大　電気	1900	1906	日立鉱山工作課長—日立製作所主事—所長—工場長—専務（20）—社長（29）
六角三郎	東京高工　機械	1895	1906	日立鉱山工作課機械係長—亀戸工場長—取締役（20）—常務（29）—取締役（36）
古山石之助	東　大　機械	1902	1921	取締役兼笠戸工場長（21）—常務（22）—取締役（36）
高尾直三郎	東　大　電気	1909	1909	日立製作所作業係長—工場係長—工場長—取締役（21）—常務（29）—専務（36）
馬場粂夫	東　大　電気	1910	1910	日立製作所設計係長—設計課長—副工場長—取締役（34）—常務（36）—専務（40）
秋田政一	東　大　機械	1910	1912	日立製作所工場副係長—製作副課長—副工場長—亀戸工場長—取締役（34）—常務（36）—専務（40）
森島貞一	東　大　電気	1912	1912	日立製作所設計副係長—副工場長—回転機部長—取締役（36）—常務（40）
大庭満平	東　大　電気	1909	1917	日立製作所本店販売課主任—営業副課長—営業副部長—電気部長—取締役（36）—常務（40）
池田亮次	東　大　電気	1912	1913	日立製作所販売係長—販売副課長—大阪営業所長—取締役（36）—常務（40）

(注)　1)　日立工場の役職の場合は日立の名称を省略。
　　　2)　カッコ内は就任年度。
(出所)　株式会社日立製作所日立工場編・刊『日立工場五十年史』1961年，その他，より作成。

門経営者の数が上回っており，しかも1940年時点では後者が急増している。次に専門経営者の優位の実態を見るために作成したのが表7-2である。これによれば，1940年までに常務取締役以上の役員に就任した10名のうち，オーナーとしての資格で28年以来会長に就任していた鮎川義介を除く9名は，名義株程度の株式しか所有していない専門経営者であった。そして，特徴的なことは常務以上の役員全員が技術者出身で，しかも六角三郎以外は東京帝国大学工科大学を卒業した工学士であったことである。また，専門経営者のうち，日本汽船笠戸造船所の日立製作所への合併によって前者から後者の取締役に就任した古山石之助以外の8名は，新卒入社，もしくは卒業後10年未満で入社し，

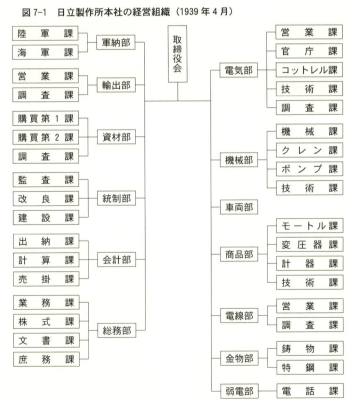

図7-1 日立製作所本社の経営組織（1939年4月）

（出所） 前掲，『日立製作所史』第2巻，21頁。

ミドル・マネジメントを経て取締役会メンバーに昇進した人たちであった。

　第2に，チャンドラーが経営者企業成立の要件として強調した経営階層組織の形成を見れば，まず日立製作所は，1918（大正7）年に佃島製作所を吸収合併したのを機に統括本部としての本社を東京に設置し，同時にそこに営業業務を集中した。そして，1920年に久原鉱業から分離独立すると，職制を改正して本社に業務，庶務，販売の3課を置き，それを29年から順次部に昇格させた。その後，経営規模の拡大と業務の多様化・分化に伴い，部・課の昇格，新設が相次ぎ，1939年4月までに13部35課からなる階層的本社機構を整備した（図7-1）。この間，そうした管理機構の形成に相応して，1931年から常務以上の常勤役員をメンバーとする最高意思決定機関としての常務会を発足させた。

2. 意思決定過程におけるオーナーと専門経営者

　以上のように，日立製作所は経営者企業としての形態上の要件を備えていた。しかし，ケース・スタディとして経営者企業の成立・行動を論じる場合，形態上の要件を指摘するだけでは十分ではない。その成立・行動を論証するためには，何よりも当該企業のトップ・レベルの意思決定過程における専門経営者の経営意思の貫徹の程度を明らかにすることが肝要である。

　そこで，以下，日立製作所の経営史上エポックを画した，いくつかの意思決定事例を取り上げる。そして，そこにおけるオーナーの久原房之助，鮎川義介と最高専門経営者の小平浪平の相互関係を考察し，小平の経営意思がどの程度，また，いかなる形で貫徹していたかを追究してみたい。

(1) 創業をめぐって

　小平浪平は，1900（明治33）年7月，東京帝大工科大学電気工学科を卒業すると，直ちに藤田組に入社し，久原房之助が所長を務めていた小坂鉱山に勤務した。当時，すでに第1章で述べたように，小坂鉱山は不振を極めており，それを自熔製錬法の実施と鉱山電化によって乗り切ることを企図していた。小

平は製錬課長の竹内維彦（1899年東京帝大工科大学採鉱冶金学科卒，翌年5月小坂鉱山勤務）と共に，それらの業務に従事した。その結果，1902年，自熔製錬法が完成し，また鉱山電化も進み，小坂鉱山は危機を脱出する。しかし，小坂鉱山の経営回復後，藤田組の同族間に対立が生じ，1904年1月，久原は同山所長を辞任した。そして，久原の辞任とほぼ同時に小平も藤田組を退社した。

　小平は，その後，広島水力電気を経て東京電燈の送電主任となるが，1906（明治39）年10月，前年藤田組を退社して久原鉱業所日立鉱山を開業した，かつての上司久原の誘いに応じて，同所に入社し，工作課長に就任した。小平が東京電燈の送電課長の椅子を捨てて，あえて無名の日立鉱山に勤務したのは，工科大学時代から抱いていた電気機器国産化の夢を久原家の資金援助を得て実現するためであった[6]。

　日立鉱山の電化事業の責任者となった小平は，発電所を次々に完成させて久原の期待に応える一方，彼に進言して東京帝大工科大学出身者を中心に多数の技術者を採用し，彼らを工作課に勤務させた。そして，小平はこれらの若い技術者に自主技術開発による電気機器国産化の抱負を語り，彼らの賛同を得ると，1910年，工作課の修理工場を電気機器製作工場に転換する計画を立て，その承認を久原に求めた。しかし，久原は，「鉱山屋はヤマを掘っておればよいのであって，なにも機械にまで手を出す必要はない。カネばかりかかってろくな儲けもない仕事をするものではない[7]」と，小平の計画を一蹴した。また，日立鉱山内部の空気も工作課課員を除けば，小平の計画に冷淡であった。そうした中，小平の小坂鉱山時代の同僚で，当時日立鉱山所長に就任していた竹内維彦は，小平の計画を支持した。そこで，通常の手段では久原の承認を得ることは難しいと考えた小平は，竹内所長の暗黙の了解のもとに，電気機器製作工場建設資金を含めた，9万円の修理工場増設の予算書を提出して久原の承認を取り付けると，1910年11月，強引に製作工場を建設してしまった[8]。

　製作工場完成後，予算上の「トリック」を知った久原は立腹し，小平を叱責した。しかし，小平が不退転の決意で久原を説得し，竹内が小平の計画を終始支持したこともあって，最終的には久原は小平の電気機器製作事業計画，すなわち日立製作所の創業を承認した。

(2) 独立問題

　日立製作所は，1912年（明治45）年1月，久原鉱業所日立鉱山から分離し，独自の職制を定めた。しかし，職制制定後も，日立製作所の土木建築，金銭出納，需要品の購入，使用人にかかわる需要品供給，そして運搬に関する業務は，日立鉱山事務所の所管に置かれた。その上，日立製作所の発足後も，久原房之助ならびに社内の製作事業に対する消極的態度は変らず，同所は日立鉱山をはじめとする各鉱山事業所に比べて予算上不利な取り扱いを受けた。

　そこで，小平は，日立製作所の日立鉱山付属工場的性格を完全に払拭し，自主経営を実現するためには，久原鉱業からの分離独立が必要であると考えた。そして，第一次世界大戦の勃発による受注増加の中で日立製作所の経営基盤が整うと，1915（大正4）年6月と18年夏，二度にわたって久原に日立製作所の久原鉱業からの分離独立を要請した。しかし，2回とも久原は日立製作所の独立経営は時期尚早であるとして，小平の申し入れを退けた。その代わり，久原は小平の日立製作所拡張策を認め，1918年10月，佃島製作所の経営を同社に移管させた。

　そこで，小平は方向を転じ，日立製作所の経営に理解を示す久原鉱業専務取締役の竹内維彦に同所の独立問題を相談し，彼の支援を取り付けた。そして，両者で独立の時期と方法を協議したのち，小平は久原に対する交渉を竹内に一任した。竹内の強い要請により，1919年1月，久原は日立製作所の独立を一応認めた。ただし，久原はその条件として，当時，日本企業との提携を計画していたドイツのシーメンス社との提携を指示した。しかし，日立製作所の自主独立経営を念願する小平は，久原の指示を拒否した。そして，1919年9月17日，小平は竹内と協議の上，① 独立後の日立製作所の資本金を1,000万円（半額払込み）とする，② その払込資金をもって久原鉱業の日立製作所財産を買い受ける，という同所独立案を正式に久原に提出し，この独立案を久原家各企業のトップ経営者会議で審議・決定するよう要請した[9]。

　日立製作所の独立を審議する経営者会議は，1920年1月29日に開かれた。その席上，出席者から同所の独立は時期尚早で，資金，技術の両面で不安が残る，あるいは独立するならば外国企業と提携すべきである，などの意見が相次いだ。特に久原鉱業専務取締役中山説太郎は，「大会社より小会社を分立せし

めるのは時代の傾向に逆行する[10]」として，日立製作所の独立に強く反対した。しかし，竹内が同所独立案を終始支持したため，結局，最終決定は久原に一任された。そして，久原は日立製作所の独立を承認し，その結果，1920年2月11日，同所は久原鉱業から分離して独立会社となり，小平が専務取締役に就任した。

(3) 久原の資金融通要求

第一次世界大戦後，久原財閥の中核企業で，日立製作所の親会社でもある久原鉱業は，産銅不況のあおりを受けて，第1章の表1-2で見たように，1920（大正9）年上期以降連続5期，さらに23年下期以降連続3期無配を余儀なくされる苦境に陥った。こうした業績不振のため，久原鉱業は未払込金の徴収・増資を行うことができず，しかも久原房之助が1920年3月恐慌の中で破綻した久原商事の巨額の負債を個人で肩代わりしたことも影響して，市中銀行から融資を得ることもできない状況に直面した。

一方，久原財閥系各社が第一次世界大戦後不振を続ける中，日立製作所の経営のみは好調であった。そして，1923年9月の関東大震災によって京浜地区の同業他社の工場が崩壊したため，同社に注文が殺到すると，小平はこの機会を捉えて日立工場の増・新設を計画した。その所要資金は工事費150万円，運転資金200万円の計350万円であった。しかし，日立製作所は久原鉱業の業績不振のため，その資金を増資によって調達することはできなかった。また，独立から3年しかたっていない同社の内部留保金では，それを賄いきれなかった。

そこで，小平はその資金を市中銀行から調達する以外に方法がないと考え，自ら金融機関を廻った。独立後日が浅く，しかも不振を続ける久原鉱業を親会社にもつ日立製作所に対する各銀行の評価は厳しく，融資交渉は難航した。しかし，それでも小平の懸命な努力が奏功し，日立製作所は，1924年1月，第一銀行から100万円，日本興業銀行から200万円を借り入れることに成功する[11]。

しかし，この両行からの借入契約が成立した前後から，久原と小平の間に対立が生じ，それは小平が久原に辞職願いを提出するという事態に発展した。そ

の原因は，久原が日立製作所が借り入れる資金の一部を久原鉱業の運転資金として一時流用したいと，小平に申し出たことにあった。小平は久原の言葉を信じ，1924年1月末までに，日本興業銀行からの第1回借入金90万円のうち約9割を久原鉱業に回した。しかし，久原はその後も同様の要求を繰り返した。そして，1924年2月13日には，高利貸業者からの借入金を返済するため，50万円の手形を日立製作所で振り出すよう要請した。そこで，このまま事態を放置すれば日立工場の増・新設が不可能となるばかりか，日立製作所自体の経営が立ちゆかなくなると判断した小平は，「悪例を残すことになっても社長の命令を拒絶する[12]」決意を固め，今後このような要求には応じられないと久原に伝えた。これ以後，久原と小平の関係は悪化した。そして，小平は3月1日，辞職を決意し，その取次ぎを竹内維彦に頼んだ。しかし，竹内が「自分もそのことについては（久原の要求を拒否したこと—引用者）君と同意見だから取次ぐわけにはゆかぬ[13]」と断ったため，小平は直接久原に辞職願いを提出した。だが，久原は小平の辞任を認めなかった。そして，1週間後，小平と久原は再度話し合い，両者の間に「日立の独自性と健全な発展につき遂に意見の一致をみ[14]」たため，小平は辞職願いを撤回した。

しかしながら，久原鉱業の金融難はその後も続いた。そこで，久原はそれを打開するため，1918年11月以来中断している久原鉱業の未払込金を徴収することを計画し，1926年9月から同社専務の中山説太郎に指示して，株価の吊り上げ工作を実施した。しかし，この工作は失敗に終わり，同年12月に入ると，久原鉱業は株価吊り上げ資金の返済と同年末の配当金の調達ができないという，危機を招いてしまった[15]。そこで，久原はこの事態を乗り切るために，再度日立製作所を資金調達の道具として利用することを考え，12月16日，竹内を通じて小平に資金融通を依頼した。すなわち，同日付の小平の「日記」は竹内の話を次のように記している。

> 「君（小平のこと—引用者）も略推知せる如く，今回の株式買占め事件にては意外の損害を蒙り，久原としては正に致命傷を受けたるなり。これを支持するには年内に三百万円，来春二百万円の資金を要す。これを作るには日立の工場財産を以て安田又は十五銀行より無理にも融通せしむる外に道なきものとなり，是非君の承諾を得たし[16]。」

竹内から話を聞いた小平は,「この問題は既に（久原との間で）二，三年前に議論し尽したる処にして最早議論の余地なく，余はこれを承諾することを得ず[17]」と，即座に久原の要求を拒否した。しかし，その後も小平に対する久原と竹内の説得は続いた。そして，小平も，久原鉱業が破産すれば，日立製作所にも甚大な影響が及ぶことを考慮し，最終的には翻意する。ただし，小平は久原が提案した日立製作所の全工場を抵当に入れて金融機関から融資を得る方法は，同社にとって自殺行為に等しいとして，それを拒否し，その代わり，同社の従業員預り金および積立金のうちから200万円を限度として，久原鉱業に融資することを久原に伝えた[18]。

ところで，久原は，株価吊り上げ工作の失敗によって一挙に表面化した久原鉱業の巨額の累積債務を自らの責任で整理することができず，1926年12月末，その整理と久原財閥全体の再建を義兄の鮎川義介に委任した。鮎川は，1927年2月13日，親族各家と久原財閥幹部経営者を集めて緊急会議を開き，久原鉱業の債務整理方針と久原財閥の再建策を説明して，彼らの同意を得ると，まず同社の破産を回避させるために彼らに支援を要請した。この会議には小平も出席しており，彼は今後日立製作所が久原個人と久原鉱業の犠牲にならないことを鮎川に確約させた上で，個人資産14万3,000円のほか，日立製作所の従業員預り金と積立金の中から164万円を取り崩して提出し，上記の久原との約束を果たした[19]。

こうして，日立製作所，小平個人の提出分を含む簿価2,072万円の資産が親族各家，幹部経営者から提出された。鮎川はそれらを利用して1927年3月の金融恐慌勃発直前に久原鉱業の債務整理を断行し，同社の破産を回避させた。そして，鮎川は，1928年3月，政治家に転身する久原に代わって久原鉱業の社長に就任し，同年12月，かねての方針どおり，同社を公開持株会社日本産業に改組した。

(4) 大阪鉄工所の経営引受け

久原財閥は第一次世界大戦中に，1881（明治14）年にスコットランド人のE. H. ハンターが設立した大阪鉄工所の経営権を取得した。しかし，同社は大戦後の造船不況の中で業績を悪化させ，1925（大正14）年上期から33（昭

和 8）年下期にいたる 18 期のうち 2 期を除いて無配を続けた。そこで，1934 年 5 月，鮎川義介は大阪鉄工所を日本産業に吸収合併して不良資産を整理したのち，再度分離独立させ，日本産業の子会社とした。しかし，その後も大阪鉄工所の経営は好転しなかった。

そうした状況の中，1936 年 2 月 9 日，大阪鉄工所の再建に取り組んでいた社長の原田六郎が急逝した。鮎川は原田死去後の同社の単独経営続行は難しいと判断し，2 月 13 日の日本産業の取締役会で，次の提案を行った。

第 1 案，日立製作所において大阪鉄工所の経営を引き受ける。

第 2 案，大阪鉄工所を三菱重工業に売却する。

そして，鮎川はできれば第 1 案を採用したいので，日立製作所で大阪鉄工所の経営の引き受けを検討して欲しいと，小平に要請した。2 月 17 日，小平は常務会を開き，以下の条件が満たされれば，大阪鉄工所の経営を引き受けることを決定した。

(1) 大阪鉄工所株式を 1 株当たり 60 円以内で買い取る。

(2) 大阪鉄工所社長に六角三郎（当時日立製作所常務取締役）を就任させる。

(3) 大阪鉄工所株式の買収は現金で行う。

この決定に対して，鮎川は六角を社長にすることと，買収を現金で行うことには同意した。ただし，株式買取り価格については表面上 1 株 60 円とし，それとは別途に合同土地に対して 1 株当たり 20 円を支払って欲しいと要請した。合同土地は，鮎川が久原鉱業を日本産業に改組した時，前者の不良資産を引き継がせた会社であった。そこで，鮎川は日本産業所有の大阪鉄工所株式を日立製作所に売却する際，合同土地を「トンネル会社」として使用して，1 株当たり 20 円，総額 480 万円を同社に支払い，その資金で不良資産を整理させようと考えたのである。

しかし，小平はこれでは 1 株 80 円となり，大阪鉄工所の経営を引き受けることはできないと回答した。また，小平は，鮎川が次に行った，大阪鉄工所が利益を計上できるようになった後，480 万円を 5 年間の分割払いで合同土地に支払うという提案も，経理処理上困難であるとして，拒否した。

こうして，大阪鉄工所の経営引き受け問題は，合同土地への別途支払金をめ

ぐって，難航した。しかし，この問題は，2月20日の日本産業の取締役会において，鮎川が合同土地に対する別途支払金は1株当たり10円，総額240万円とし，それを日立製作所の営業費をもって2年間で支払うという，妥協案を提示したことで，一挙に解決に向かう。小平は，直ちに常務会を開いて，鮎川が別途支払金を半額にするという妥協案を提示した以上，日立側としても譲歩しなければならないと主張し，大阪鉄工所の引き受けを決定したからである。

小平からこの決定を聞いた鮎川は大変喜び，21日の日本産業の取締役会で以下のように発言した。

> 「原田氏の死去に依り，之れを善用する為大鉄株全部を日製に譲り渡す。其の価格は一株六十円とし別に金十円を合同土地の整理に充当する様工夫し，合理的の方法を案出したり。今回は小平氏の太っ腹なる決断により合同土地に二百四十万円の整理金を得たる次第なり，右の件を承認されたし[20]。」

この結果，1936年3月23日，日立製作所は日本産業が所有する大阪鉄工所株式全部を肩代わりし，同社を通じて造船業への進出を果たした。

(5) 国産工業の合併

国産工業は，1910（明治43）年に鮎川義介によって設立された戸畑鋳物を35年に改称した会社であった。鋳物，特殊鋼を中心に通信機，電動工具，一般機械等の広範な事業を経営する国産工業の業績は好調で，昭和恐慌期を通じて一度も無配を記録することはなかった。ただし，戸畑鋳物は日本産業の出資会社ではなく，鮎川の実弟政輔が婿養子として入籍した東京藤田家の傘下会社であった。鮎川は1933年に同社社長を，翌34年には会長も退き，相談役に就任した。しかし，社長退任後も，創業者としての鮎川の発言力は絶大で，彼は国産工業の実質的な支配者であった。

鮎川はそうした立場を利用して，1936（昭和11）年11月下旬，国産工業を日立製作所に合併させたいと，小平に提案した。そして，翌年1月8日，両社は合併の仮契約を行い，5月1日，国産工業は日立製作所に吸収合併された。

この国産工業の合併について，小平は次のように言っている。

「丁度鮎川氏は日本産業の仕事が忙しくなり，満州に移駐する問題なども起って国産工業の方はあまり面倒が見られなくなったため，自分にやってくれという話になり，日立に合併を勧めて来られた[21]。」

しかし，小平の談話は両社合併の真相を語っていない。当時，鮎川が「日本産業の仕事」に忙殺されていたのは事実である。しかし，鮎川が1933年に戸畑鋳物の社長を退任した後，同社の経営は後任社長の村上正輔を中心に行われており，鮎川はそれに直接携わっていない。また，日本産業の満州移転問題が生じたのは1937年5月に入ってからであり，鮎川が同社の移転を最終的に決断したのは同年9月であったからである。

そこで，やや長くなるが，国産工業と日立製作所の合併の真相について述べておきたい。両社合併の直接のきっかけは，鮎川が国産工業社長村上正輔を日産自動車の社長に転出させようと考えたことにあった[22]。日産自動車は，1933年12月，戸畑鋳物自動車部を母体として誕生した。そして，同社の社長は鮎川が兼務した。ところで，当時，政府による自動車国産化政策が矢継ぎ早に実施されており，日産自動車がそれに迅速に対応するためには，専任の社長を置く必要があった。当初，鮎川は同社専務取締役山下興家を社長に昇格させる予定であった。しかし，山下は1935年に生産管理専門家として日本工業協会の業務に専念する意向を示し，社長就任を固辞した。また，2人の常務取締役の中から社長を選ぶことも難しかった。そこで，次善の策として，鮎川は戸畑鋳物時代の腹心である村上を日産自動車の社長に起用しようと考えたのである。かくて，国産工業の後任社長人事が次の問題となった。まず東京藤田家の当主で，同社の会長でもある藤田政輔が候補に上った。しかし，京都帝国大学理工科大学出身の藤田は同社の事業に関心がなく，将来，日産コンツェルンの化学工業部門の統率者になりたいという希望を持っていたため，社長就任を断った。また，国産工業の専務取締役工藤治人は有能な技術者であったが，社長には不向きであると思われた。そして，常務取締役の矢野美章を工藤を飛び越して社長に就任させるわけにもゆかなかった。

当時，国産工業と日立製作所の合併を促進させる要因もまた存在した。その第1は，満州事変以後両社の機械関係製品が競合し，その最終的処理を鮎川に

持ち込むという事態がしばしば起っていたことである。第2に，鮎川が1931年以来三菱商事に委託していた国産工業の営業権を奪回する機会を狙っていたことである。そして，第3に，鮎川が国産工業を日産コンツェルン内部に完全に組み入れたいと考えていたことである。

そこで，国産工業の後任社長問題に直面した鮎川は，この問題と上記の懸案事項を一挙に解決する方策として，国産工業と日立製作所の合併を計画し，その実現を小平に要請したのである。

国産工業の技術力を高く評価し，しかも原材料部門の拡充を意図していた小平は，鮎川の提案自体に異存はなく，常務会の同意を得ると，鮎川に日立製作所で国産工業の経営を引き受ける用意があると回答した。その際，鮎川は「国産の社員には同情の念をもって臨み，苟も戦敗者の如き感じを与えぬよう配慮されたい[23]」と依頼した。これに対して，小平は「合併の主目的は人材吸収であり，国産の社員は日立社員とも気風も一脈通ずるところがあると思われるので人材払底の現日立にとって，国産700名の来援はむしろ当方より感謝すべき性質のものである[24]」と答えている。そして，小平は国産工業の合併後，一般社員の処遇については，この回答どおりのことを実施した。しかし，役員人事に関しては，小平の態度は異なっていた。小平は日立，国産両社の合併発表に先立って，鮎川に対して国産側の役員の「人事権を認めて貰わねば仕事はやって行けない[25]」と強く申し入れ，その保証を取り付けている。そして，後述するように，両社の合併は対等合併に近かったにもかかわらず，合併後，国産工業の常勤取締役以上の役員で（表7-3），日立製作所の役員に就任したのは堀岡利一と矢野美章の2名のみであった。しかも矢野は監査役としてであった。

「一社内ニ於テ最モ要トナル人事行政ハ順序ニヨリ登用スルニアリ[26]」と考える小平は，国産工業合併後も高尾直三郎専務（1936年3月就任），馬場粂夫，秋田政一両常務（両者とも1936年10月就任）を中心とする日立製作所のトップ・マネジメント体制を変更する意思はなかった。それゆえ，馬場，秋田と同じ1910年の東京帝大工科大学卒業の堀岡を取締役に就任させることを認めたが，高尾らよりも卒業年次の古い工藤，矢野，岩沢が取締役として同社の経営に参加することを拒否したのである。このほか，国産工業の取締役であっ

表 7-3 国産工業の経営陣（1936 年下期現在）

職位	氏名	最終学歴	卒業年次
会　長	藤田政輔	京大・化学	1915
社　長	村上正輔	京大・機械	1904
専　務	工藤治人	京大・機械	1902
常　務	矢野美章	京大・機械	1905
取締役	岩沢市松	海軍造船学校	1893
取締役	堀岡利一	東大・船機	1910
取締役	秦正次郎	東京高商	1910

（出所）　守田鉄之助編『戸畑鋳物株式会社要覧』同社刊，1935 年，その他，より作成。

た秦正次郎は合併後，弱電部長に就任するが，彼はその後役員に昇進できなかった。また，監査役となった矢野は，この人事を不満として6カ月後日立製作所を退社した。

　このように，小平の国産工業の役員に対する処遇は厳しかった。その代わり，国産工業と日立製作所の合併比率の決定については，小平は鮎川に一任した。そして，鮎川は，両社合併に際しての株式交換比率を日立製作所株式 93 株に対して国産工業株式 100 株とした。この合併比率は両社の業績，資産内容，株価から見て，国産工業側に幾分有利であった。しかし，小平はそれに一切異議をはさまなかった。

3．日立製作所が経営者企業になり得た要因

　以上の考察から明らかなように，久原房之助と鮎川義介はオーナー経営者としての立場から日立製作所のトップ・レベルの意思決定過程に深く関与していた。しかし，そうした意思決定過程において，両者は小平浪平を中心とする専門経営者チームの意向を無視し，あるいは彼らの抵抗・反対を強引に押し切って，自分たちの意思・主張を貫くことはできなかった。意思決定の主導権は常に専門経営者チームを率いる最高経営者の小平の手中にあった。そして，小平はその主導権を利用して久原，鮎川を説得し，あるいは彼らとの間に妥協を図り，日立製作所のオートノミーを確保し続けたのである。

その意味では，日立製作所は形態面のみならず，その内実においても経営者企業であったと言える。そこで，本節では，経営者企業として日立製作所が成立し，行動し得た要因を考察することにしたい。

(1) 専門経営者チームの形成

その第1の要因は，小平が技術者を中心とした専門経営者チームを早期に確立したことである。小平が日立鉱山工作課長に就任した後，久原に進言して自分の後輩である東京帝大工科大学出身の工学士を中心に多数の技術者を入社させ，工作課に勤務させたことは前述した。その方針は日立製作所の創業後も継続され，同所が久原鉱業から分離して独立会社となった1920（大正9）年にはすでに19名の工学士が勤務していた。しかも，彼らの大半は「大学時代，小坂鉱山あるいは日立鉱山に実習に来て，小平浪平の人格と識見に傾倒して入社し[27]」た人たちであった。小平はこれらの若い技術者に日立製作所の創業理念である自主技術開発による電気機器国産化思想を植え付けると同時に，彼らをミドル・マネジメントに就任させ，次いで順次トップ・マネジメントに引き上げていった（表7-2）。その結果，日立製作所においては，濃厚な共同意識・理念を持つ，ホモジニアスな専門経営者チームが早期に形成された。

こうした専門経営者チームの存在は，小平が久原，鮎川両オーナー経営者を説得して，彼らから日立製作所の自律的経営活動の承認を取り付ける上で，大きな「力」となった。両オーナーといえども，専門経営者チームの全面的支持を得ている小平の要求を無下に拒否することはできなかった。もし小平の要求をあくまで拒否し，その結果，小平が辞任すれば，多くの技術者，特に彼の後輩である工学士たちは小平と行動を共にすることが十分予想されたからである。久原は，そうした事態の出現を恐れた。日立鉱山の開発に不可欠な鉱山電化事業は小平の率いる工作課の技術者たちによって担われていたからである。それゆえ，前述のように，久原は小平から電気機器製作事業を営みたいと打ち明けられた時，一度はそれを拒否するが，小平が不退転の決意をもって説得を続けると，久原も，結局，それを承認しなければならなかった。

(2) オーナー・上司との友情・信頼関係

 第2の要因は，小平浪平と久原房之助，鮎川義介との間に友情・信頼関係が成立しており，さらに小平の行動，日立製作所の活動を上司の竹内維彦が全面的にバックアップしたことである。小平は久原より5歳年下で，鮎川より6歳年長であった。年齢が比較的近かったことに加えて，小平は，前述のように，久原鉱業所日立鉱山に勤務する以前，久原とは小坂鉱山において上司と部下の関係にあった。また，小平と鮎川は東京帝大工科大学の同窓であった（鮎川は機械工学科）。そして，小平は1903（明治36）年に卒業論文作成のために小坂鉱山に実習に来た鮎川と知り合い，以後，両者は日立製作所，戸畑鋳物の事業活動について互いにアドバイスする間柄となった。

 このように，久原，鮎川と小平との間にはオーナーと専門経営者という関係になる以前，長いパーソナルな交流関係があり，それに基づく友情・信頼関係が成立していた。特に久原と小平の関係は緊密で，久原自身，「私と小平君とは特別の間柄で……時に気にいらぬ事を言ひ合ふ事があっても，交情は終始微塵もゆるいだ事はなかった[28]」と語っている。

 久原と小平の間が，単なるオーナーと専門経営者という関係を超えた，そうした友情・信頼関係で結ばれていたからこそ，小平は日立製作所の創業に際して，渋る久原を説得する手段として，あえて「トリック」まで用いて製作工場を建設するという行動に出ることができたのであった。小平とすれば，久原との間に結ばれた友情・信頼関係はそのような手段を用いたくらいでは決して崩れるものではないという計算と，若い技術者が自分の計画を支持している以上，久原は必ず自分の行動を認めるはずであるという判断があったのである。

 事実，小平の計算と判断は正しく，久原は一時立腹したが，結局，日立製作所の創業を認めたのであった。そして，その後も，日立製作所の独立問題，同社に対する資金融通要求問題をめぐって，久原と小平は対立するが，いずれも最終的にはそれは，久原が小平の主張を認める方向で解決されており，両者の友情・信頼関係は，上記の久原の談話どおり，崩れることはなかった。

 また，鮎川と小平の関係も終始良好で，日立製作所が日産コンツェルン傘下に移行した後，鮎川は同社の株主総会には「全部委任状を提出し小平を尊重した[29]」といわれている。

最後に竹内が小平の行動をバックアップした理由について述べておきたい。竹内と小平は1874年生れで，96年に一緒に東京帝大工科大学に入学した。卒業年次は竹内が1年早かったが，両者は藤田組に入社して小坂鉱山に勤務し，さらに相前後して久原鉱業所日立鉱山に転じた。ただし，久原鉱業所に入社後，両者は上司と部下の関係となった。採鉱冶金学科出身の竹内は久原家の鉱山経営の本流を進み，1907年に日立鉱山所長，12年に本店支配人となり，さらに18年には久原鉱業専務取締役に就任したからである。しかし，学生時代，小坂鉱山時代を通じて竹内と小平の間に育まれた友情関係は変わらず，両者は「爾汝の間柄[30]」であり続けた。

　小平の技術者としての能力と経営手腕を高く評価していた竹内は，彼を鉱山の電気技師として終わらせたくなかった。それゆえ，小平から久原家の事業として電気機器製作事業を経営したいと相談を受けた竹内は，直ちに賛成し，協力を約束した。そして，竹内は小平の希望を実現するために，久原を説得する役回りを買って出たのであった。すなわち，久原は次のように述べている。

　「日立製作所の事業は僕は元来余り好かなかったんだが，竹内が強ってと言うものだからとうとうやることにした[31]。」

　そして，日立製作所発足後，同所の製作品に対して日立鉱山から苦情，批判が出るつど，竹内は小平をかばい続けた。また，日立製作所の久原鉱業からの分離独立に際して，竹内が小平に協力を惜しまなかったことは前述した。それは，日立製作所を独立会社とすることで，小平のポスト上の不遇を解決したいと竹内が考えたからである。

　1918（大正7）年1月，久原鉱業は役員の改選を行い，設立以来取締役に就任していた久原の兄弟を退任させる一方，竹内を専務取締役に昇格させ，さらに中山説太郎を専務取締役に，小池張造と斎藤浩介を取締役に就任させた[32]。竹内はこの役員改選人事で，同社の専門経営者の席次で自分に次ぐ地位を占めていた小平の取締役就任が見送られたことに不満であった。

　そこで，久原鉱業の傍流事業として日立製作所がとどまる限り，その発展には限界があり，その上，小平の役員昇進機会も遠のくと考えた竹内は，小平の日立製作所独立計画を支持し，久原，中山らの反対を抑えて，同所の独立を実現させたのである。

(3) 業績の好調と親会社の資金的脆弱性

第3の要因は，日立製作所の経営成績が良好であったことである。小平は久原の反対を押し切って日立製作所をスタートさせただけに，同所の経営には細心の注意を払い，業績の安定的向上を目指した。その結果，日立製作所の売上高は製品多角化の進展とともに増加を続け，1912（大正元）年と18年の間にそれは53万円から470万円へと増加した。そして，久原鉱業から分離独立した後も，同社の業績は好調で，第一次世界大戦後の反動恐慌，昭和初期の恐慌時を通じて一度も無配に転落することはなかった（表7-4）。それゆえ，第一次世界大戦後深刻な金融難に陥った親会社久原鉱業にとって，日立製作所は「ドル箱」的存在となり，同社を資金調達の道具としてしばしば利用した。実際，鮎川が久原鉱業を日本産業に改組した後，同社の経営が「満州事変後まで

表 7-4 経営指標の推移（1920-37年） （単位：千円，％）

	利益金	資本利益率	配当率	配当性向	利益留保率		利益金	資本利益率	配当率	配当性向	利益留保率
1920 上	357	7.1	10	58.3	41.7	1929上(第1)	836	16.7	9	30.6	63.9
下	353	7.1	10	48.1	51.9	上(第2)	733	14.6	9	29.0	65.6
						下	759	15.2	9	31.1	63.5
1921 上	366	7.3	8	68.2	31.8	1930上	498	9.9	6	30.2	65.3
下	583	10.8	8	68.6	31.4	下	334	6.7	4	27.1	68.4
1922 上	600	12.0	8	64.2	32.6	1931上	278	5.5	3	24.4	71.2
下	604	12.1	8	62.8	34.1	下	275	5.5	3	25.9	69.5
1923 上	590	11.8	8	62.8	34.1	1932上	319	6.4	3	29.0	65.0
下	616	12.3	8	60.3	36.7	下	911	18.2	8	38.6	52.7
1924 上	707	14.1	8	51.3	46.2	1933上	1463	29.2	10	31.1	60.2
下	718	14.4	8	44.1	53.7	下	1519	20.2	10	27.8	65.5
1925 上	725	14.5	8	38.3	59.8	1934上	2040	20.4	12	36.3	57.5
下	645	12.9	8	36.4	61.7	下	2680	26.8	12	33.4	60.3
1926 上	645	12.9	8	34.7	63.6	1935上	3187	31.9	12	26.9	67.1
下	594	11.9	8	34.5	63.7	下	3814	29.1	12	27.5	67.5
1927 上	591	11.8	8	34.5	63.8	1936上	3693	19.1	12	34.0	61.4
下	718	14.4	8	31.1	66.0	下	4488	19.9	12	37.0	58.4
1928 上	730	14.6	8	30.6	67.1	1937上	6319	17.1	12	43.4	52.6
下	760	15.2	9	27.6	67.2	下	9528	18.4	12	45.9	52.9

（出所）日立製作所編・刊『日立製作所』第2巻，1960年，その他より作成。

持ちこたえられたのも，ある意味で小平の日立に負うところが大きかった[33]」といわれている。そして，1933（昭和 8）年 10 月，日本産業は業績好調な日立製作所の株式 10 万株をプレミアム付で公開し，420 万円以上の資金を獲得した。

　日立製作所の以上のような安定した業績と久原財閥，日産コンツェルンに対する資金的貢献は，オーナー経営者である久原，鮎川に小平の経営手腕ならびに同社の実力を認知させる要因となった。その結果，久原は佃島製作所と日本汽船笠戸造船所の経営を，鮎川は大阪鉄工所と国産工業のそれを，日立製作所に委託したのである。他方，日立製作所の経営規模と業容の拡大は，ミドルならびにトップ・マネジメントのポストを潤沢に用意することを可能にした。そして，小平は「学卒」社員をミドル・マネジメントにつけて実務，管理能力を身につけさせ，次いで彼らを順次トップ・マネジメントに登用することで，日立製作所の経営者企業としての内実を強化することができた。

　第 4 の要因は，親会社の資金的基盤が脆弱であったことである。経営規模と業容の拡大にもかかわらず，日立製作所の資本金は久原鉱業から分離独立した 1920（大正 9）年 2 月から 33 年 11 月まで 1,000 万円のまま据え置かれた。親会社の久原鉱業と日本産業の資金力が脆弱で，同社の増資払込金に応じられなかったからである。それゆえ，この間，日立製作所は所要資金を金融機関と内部留保金に依存しなければならなかった。

　ところで，「日立の経営者のなかには金融機関との交渉を含む財務調達活動を分担できる人材は（小平を除いて）存在しなかったため[34]」，金融機関との交渉はすべて小平が担当した。久原鉱業からの分離独立直後，小平の金融機関からの借入交渉は困難を極めたことは前述した。しかし，日立製作所の堅実経営が各金融機関の間に理解され始めると，業績の好調も手伝って，小平の交渉も容易になり，同社は所要資金の多くを第一銀行，日本興業銀行等から借り入れることができた。

　そして同時に，日立製作所は独立経営直後から内部資金を拡充する財務政策をとり，業態が確立した 1924 年下期から毎期の利益金のうち 50% 以上を積立金等に回し，その蓄積に努めた（表 7-4）。

　このように，親会社の資金力の弱さは日立製作所に資金調達面での困難を強

いた。しかし，その反面，それを自力で解決することで，同社は親会社からの金融的支配・干渉を最小限度に抑えることができ，その自律的経営活動の展開を可能にした。

おわりに

小平浪平は，1933（昭和8）年8月，竹内維彦日本鉱業社長の病気に伴い，鮎川義介から同社社長に就任するよう要請された。しかし，小平は鮎川の要請を断った。その理由を彼は「手記」に次のように記している。

「日製ニ対スル余ノ執着心ハ何物ニモ替ヘ難シ，日製ハ余ノ生命ニシテ，余ノ一切ナリ……日立ヲ去ル時ハ即チ総テノ事業ヲ引退スル時ナルコトヲ覚悟ス，日製ノ全員ヲ捨テ他ニ馳スルニ忍ビス[35]。」

日立製作所は，小平にとって「生命」であり，事業活動の「一切」であったのである。それゆえ，小平は同社の健全な発展とオートノミーが損われる恐れがある場合には，オーナー経営者の要求といえども，断固それを拒否した。既に見たように，日立製作所の独立経営の条件として，久原が提示した外国会社との提携案を小平が拒否したのは，その例証である。また，もう1つの事例をあげれば，1918（大正7）年に久原商事が設立された時と，第一次世界大戦後同社が不振に陥った時，久原は小平に日立製作所の営業権を前者に譲渡するよう要求した。しかし，「重工業の仕事は……営業と密接に結びつかなければ成功せぬという[36]」信念を持つ小平は，二度とも久原の要求を断っている。

ただ，そうした毅然たる態度を取る一方で，小平は，専門経営者としての自分の立場を理解しており，オーナー経営者との間に良好な関係を保つよう努めた。そして，小平は，久原，鮎川の要求を受け入れても日立製作所のオートノミーが守れると判断できる場合には，彼らの要求を可能な限り認めた。すでに紹介した，久原の日立製作所に対する資金融通要求の一部を認めたことや，大阪鉄工所，国産工業の経営引き受けに際して，鮎川の要求をかなりな程度受け入れたことなどは，その事例である。さらに言えば，小平は，久原，鮎川の要

求が日立製作所の事業活動に直接関係しない場合は，彼らの要求をほぼ全面的に受け入れた。その一例を紹介すれば，1935（昭和10）年10月に行われた日立製作所の第2回増資に際して，鮎川は資金難に悩む久原を救うため，彼に3万株の功労株を贈るよう要求した。しかし，役員，社員に対する功労株5万株の分配はすでに決定済みであった。したがって，久原に3万株を提供すれば，鮎川と小平は功労株の取得を断念しなければならなかった。しかし，小平は鮎川の要求を認めた。小平はその時の心境を「日記」に次のように記している。

「鮎川氏の行動を疑わず，久原氏も怨まず，自分丈は善根を施したる心地するなり[37]。」

小平とすれば，自分の利益よりも日立製作所のオートノミー確保の方が大事であった。それゆえ，小平は，鮎川の要求を拒否し，その結果，両者との関係が悪化し，そのことで同社の経営活動に悪影響が及ぶことを恐れたのである。

要するに，自分が「生みの親」となって誕生させた日立製作所を経営者企業として成長・発展させるためには，小平はオーナー経営者と対立してでも同社のオートノミーを守り抜かなければならなかった。そして，それを可能にするためにも，常にオーナーとの関係を良好に維持する必要があったのである。

注
1) ここでの記述は，長谷川俊雄編『日立製作所史』第1巻，日立製作所，1949年，宇田川勝「戦前期日立製作所のものづくり経営史―小平浪平―」法政大学イノベーション・マネジメントセンター・宇田川勝監修，宇田川勝・四宮正親編『企業家活動でたどる日本のものづくり経営史』文眞堂，2014年，第6章に依拠している。
2) 中村青志『わが国大企業の形成・発展過程――総資産額でみた主要企業順位の史的変遷』産業政策史研究所，1976年，28, 32, 38頁。
3) A. D. Chandler, Jr. and H. Daems eds., *Managerial Hierarchies*, Harvard University Press, 1980, p.14.
4) 経営者企業の出現の理由およびその特質については，同上書所収の，A. D. Chandler, Jr., "The United States: Seedbed of Managerial Capitalism," を参照。
5) 日立製作所株式は，同社が久原鉱業から分離独立した1920年上期から33年上期まで，久原鉱業および日本産業によってほぼ完全に所有されていた。1933年下期の同社株式公開後，株式の分散は進んだが，それでも40年下期時点で満州重工業開発は同株式の35%を所有していた。
6) 株式会社日立製作所創業100周年プロジェクト推進本部社史・記念誌編纂委員会編・刊『日立事業発達史―100年の歩み―』2011年，序章。
7) 河野幸之助『倉田主税の半生記』日本時報社，1962年，100頁。
8) 前掲，長谷川『日立製作所史』14頁。

9) 「小平浪平翁伝記資料」日立製作所本社所蔵。
10) 同上資料。
11) 前掲「小平浪平翁伝記資料」。吉田正樹「戦前におけるわが国電機産業の企業者行動――小平浪平を中心に」『三田商学研究』第22巻第5号，1979年12月，66頁。
12) 同上資料。
13) 「小平浪平日記抄」日立製作所本社蔵，1924年3月1日付。
14) 前掲「小平浪平翁伝記資料」。
15) 宇田川，前掲「日産コンツェルン」247-248頁。
16) 前掲「小平浪平日記抄」1925年12月16日付，句読点は引用者，以下同じ。
17) 同上「日記抄」。カッコ内は引用者。
18) 前掲「小平浪平翁伝記資料」。吉田，前掲「戦前におけるわが国電機産業の企業者行動」，72頁。
19) 同上資料。
20) 前掲「小平浪平日記抄」1936年2月21日付。小平は1933年12月から日本産業の取締役に就任していた。この項の記述は同「日記抄」および前掲「小平浪平翁伝記資料」に依拠している。
21) 前掲，長谷川『日立製作所史』142頁。
22) 今城俊作「日立製作所史に関する一考察――主として日立製作所と国産工業との合併に関連して」『第一経大論集』第6巻第2号，1976年9月，48-55頁，前掲，日立製作所『日立事業発達史』87頁。
23) 前掲「小平浪平翁伝記資料」。
24) 同上資料。
25) 前掲，今城「日立製作所史に関する一考察」54頁。
26) 前掲「小平浪平翁伝記資料」。
27) 岡本康雄『日立と松下（上）』中央公論社，1979年，16頁。
28) 小平浪平翁記念会編『小平さんの思い出』日立製作所，1952年，15-16頁。
29) 前掲，吉田「戦前におけるわが国電機産業の企業者行動」73頁。
30) 前掲『小平さんの思い出』158頁。
31) 同上。
32) 中山は久原の次兄田村市郎系の経営者であり，小池は外務省出身で1916年から久原本店理事に就任していた。斎藤は久原の長兄斎藤幾太の長男であった。
33) 前掲，今城「日立製作所史に関する一考察」64-65頁。
34) 前掲，吉田「戦前におけるわが国電機産業の企業者行動」67頁。カッコ内は引用者。
35) 前掲「小平浪平翁伝記資料」。原文はひらがな，カタカナまじりであるが，カタカナに統一した。
36) 前掲，長谷川『日立製作所史』46頁。
37) 前掲「小平浪平日記抄」1935年5月31日付。

第8章

日産自動車におけるトップ・マネジメントと
意思決定過程

はじめに

　企業は多種多様な価値観，状況認識，キャリア，意思をもつ企業人の集団である。企業が企業人の集団である以上，特殊なケースを例外とすれば，ホモジニアスな企業人によって構成された一枚岩的な企業や特定の企業人の命令によって機械の如く行動する企業は存在しない[1]。このことは，企業の命運を左右する戦略的意思決定においても，トップ・マネジメント人事についても妥当する。企業人は，多くの場合，そうした意思決定や人事問題をめぐって対立し，相互に説得し合い，調整・妥協の道をさぐる。そして，企業人の間に生起した対立と妥協は，その後の戦略的意思決定やトップ人事に大きな影響を及ぼす。

　本章は，企業が人間集団であるという認識に立って，日産・満業コンツェルンの傘下企業であった日産自動車を取り上げ，同社の戦略的意思決定過程とトップ・マネジメント人事をめぐって生じた諸問題について，企業内部の人間関係の相互作用の視点から若干のケース・スタディを試みる。

　ただし，史料の制約が大きいので，以下では日産・満業コンツェルンの主宰者かつ日産自動車の創業者である鮎川義介の自動車国産化構想に基づく，同社の事業行動に関する3つの戦略的意思決定ケースと社長人事問題について検討する。また，企業人の範囲もトップ・マネジメントに限定する。

1. 日産自動車のトップ・マネジメント

具体的な意思決定過程の検討に入る前に，日産自動車のトップ・マネジメントについて，トヨタ自動車工業と比較しながら概観しておく（表8-1，表8-2参照）。1933（昭和8）年12月の創業から敗戦時の45年8月までの期間において，日産自動車で取締役以上の役員に就任した者は40名いた。トヨタ自動車工業の場合，創業時の1937年8月から敗戦時までの期間の取締役以上の役員就任者は23名であった。期間が異なるので単純には比較できないが，役員就任者数で見る限り，トヨタ自動車工業に比べて日産自動車のトップ・マネジメントは肥大していた。その原因は，日産自動車の方が役員の在職期間が短く，役員交代が頻繁であったことに求められる。たとえば，上記の12年間で日産自動車では5回の社長交代があった。このうち創業者社長である鮎川義介の在職期間は6年あったが，あとの6年間で4人の社長が交代している。トヨタ自動車工業の場合は8年間のうち，豊田利三郎・喜一郎の義兄弟がほぼ4年ずつ社長を務めた。また，日産自動車では創業時の9人の役員のうち，敗戦時まで連続して役員の地位にあった者は久保田篤次郎のみであった。トヨタ自動車工業の場合は創業時の役員10人のうち，3名が敗戦時まで役員を務めている（創業時からの常務取締役竹内賢吉は1945年3月の名古屋大空襲で死去した。空襲にあわなければ竹内も45年8月まで常務の地位にあったと思われる）。しかも，この3名はトップ役員であった（ただし，大島理三郎の常務在任は1945年5月まで）。

日産自動車の役員人事で特徴的なことは，役員の昇進プロセスが整備されていなかったことである。鮎川を除く4人の専門経営者社長のうち，村上正輔，工藤治人，村山威士の3名は取締役を務めただけで，いきなり社長に就任し，また，浅原源七は常務取締役を経験せず，社長に昇進した。さらに言えば，12年間に日産自動車では8名が常務取締役に就任した。このうち4名は取締役からの昇進であったが，最初に常務に就任し，その後関連会社等への移籍に伴い，取締役となった者が4名いた。トヨタ自動車工業においては，こうした

表 8-1　日産自動車役員任期一覧（1933 年 12 月 – 1945 年 8 月）

	34	35	36	37	38	39	40	41	42	43	44	45
鮎川義介	社長						会長				会長	
山下興家	専務											
山本惣治		常務		取締			取締				取締	
久保田篤次郎				常務							取締	
山田敬亮	取締											
村上正輔	取締			取締			社長					
工藤治人	取締										社長	
矢野美章		取締										
浅原源七			取締				専務		社長			
下河辺健二			取締									
木部守一	取締											
久原光夫		取締										
渡辺十輔				専務								
朝倉毎人				常務			取締					
大竹正太郎				取締						常務		
前田勇				取締								
山田金弐				取締					常務		取締	
麻生剛						取締				取締		
久芳道雄								取締	常務			
増田秀吉								取締				
拓殖陽太郎									取締			
野村康雄										取締		
三保幹太郎										取締		
岡本敬徳										取締	常務	
川上正一郎											常務 取締	
後藤久											取締	
村山威士											取締	社長
小川淑一											取締	
網谷俊平											取締	
北村洋二											取締	
井岡和三郎											取締	
田中常三郎											取締	
福田寅男											取締	
原科恭一											取締	
鍋谷正利											取締	
島田茂											取締	
岸本勘太郎											取締	
竹原伝											取締	
箕浦多一											取締	
川端良次郎												取締

（出所）　日産自動車株式会社編・刊『21世紀への道　日産自動車50年史』1983年、より作成。

表8-2 トヨタ自動車工業役員任期一覧（1937年8月－1945年8月）

	37	38	39	40	41	42	43	44	45
豊田 利三郎	―社長―						―会長―		
豊田 喜一郎	―副社長―						―社長―		
大島 理三郎			―常務―――――――――――――						―取締―
竹内 賢吉			―常務―――――――――――――						
寺田 甚吉			―取締―――――――――――						
藤野 勝太郎			―取締―――――――――――						
菅 隆俊		―取締―――――――							
池永 羆		―取締―――――――			―常務―――		―取締―	
伊藤 省吾		―取締―							
神谷 正太郎		―取締―――――――――――――――					―取締―	
岡野 栄三		├―取締―――――							
伊藤 伝七			├―取締―――――――――						
赤井 久義					―副社長―――		―取締―		
飯田 新三郎							―取締―		
岡崎 栄一							―取締―		
斎藤 慶之助						├―取締―			
権野 健三							├―取締―		
西村 小八郎							├―取締―		
吉川 十四男							├―取締―		
林 虎雄							├―取締―		
山下 茂							├―取締―┤		
大野 修司									―取締―
豊田 英二									―取締―

（出所）トヨタ自動車工業株式会社編・刊『トヨタのあゆみ』1978年，より作成。

トップ・マネジメント人事の混乱は見られなかった。

　日産自動車のトップ・マネジメントはトヨタ自動車工業に比べて肥大化しており，トップ・マネジメントの昇進ルールも整備されていなかった。こうした日産自動車のトップ・マネジメントのあり方は，後述する同社の戦略的意思決定過程と役員人事をめぐって，役員間で種々の対立や軋轢を生む要因となり，同時にそうした対立や軋轢が同社のトップ・マネジメントの混乱を増幅させたのである。

2. 日産自動車における3つの戦略的意思決定

　鮎川義介は日産自動車の創業者，日産・満業コンツェルンの主宰者として，ユニークな事業構想のもとに自動車工業の国産化活動を推進した[2]。ここでは，そのうち，(1)日産自動車の設立，(2)日産－GM提携計画，(3)満州における自動車工業確立策，の3ケースを取り上げる。そして，各ケースの意思決定過程において，トップ・マネジメントのうち誰と誰が参加し，彼らの間にどのような意見の対立や軋轢があったのか，そうした対立と軋轢はどのように処理・解決されたのか，を中心に検討する。ただし，史料の関係で考察に濃淡があることを予め断っておきたい。

(1) 日産自動車の設立をめぐって
　日産自動車は[3]，1933（昭和8）年12月，日産コンツェルン本社・日本産業と戸畑鋳物の共同出資によって設立された。鮎川義介は，同社で自動車部品と小型自動車ダットサンの大量生産を計画した。鮎川の自動車事業進出計画に賛同し，日産自動車設立に深く関与したのは，山本惣治，久保田篤次郎，浅原源七の3名であった。特に山本は，鮎川が「私の履歴書」の中で「日産自動車建設の主役[4]」と記しているように，鮎川の自動車事業進出計画の積極的な推進者であった。
　山本は1912（明治45）年に東京外国語学校を卒業すると，久保田鉄工所に入社した。しかし，後述する久保田篤次郎との確執もあって，1922（大正11）年に戸畑鋳物の持株会社である共立企業に転じ，同社の調査部長に就任した。山本は，鮎川が自動車事業進出の準備のために進めていた自動車関連会社の買収計画に携わり，帝国鋳物，東亜電機製作所，安来製鋼所の買収に手腕を発揮した。山本は経営手腕を買われて1927年に戸畑鋳物の取締役に抜擢され，33年8月，同社の中に自動車部が設置されると，部長に就任した。それ以後，山本は鮎川の自動車国産化構想を実現するために，工場立地の選定，近代的量産工場の建設，日産自動車設立業務の責任者として，「日産はわれ一人という顔

で飛び回っている[5])」と評される程の活動を開始する。

　久保田篤次郎（旧姓高木）は1912年に大阪高等工業機械科卒業後，久保田鉄工所に入社した。山本惣治と高木は同期入社であったのである。高木はその後久保田鉄工所社主の久保田権四郎に見込まれ，彼の長女と結婚して久保田姓を名乗り，久保田家の分家となった。勝気な性格の山本は高木が主人筋となったことを嫌って，久保田鉄工所を退社し，石油発動機メーカーとして同社とライバル関係にあった戸畑鋳物の持株会社共立企業に入社した。一方，久保田篤次郎は，1921年7月，久保田鉄工所の子会社実用自動車製造に派遣され，ゴーハム式3輪自動車とリーラー号の生産責任者となった。そして，1926年に実用自動車製造とダット自動車商会が合併してダット自動車製造が設立されると，久保田は新会社の専務取締役に就任し，ダット号の量産化に着手した。しかし，ダット自動車製造の経営は不振を続けた。そこで，同社社長の久保田権四郎は自動車製造事業の継続を断念し，1931年6月，同社株式の大半を戸畑鋳物に売却した。

　ダット自動車製造が戸畑鋳物の傘下に移行すると，両社の役員を代表して，久保田篤次郎が戸畑鋳物の，山本惣治がダット自動車製造の取締役を兼務した。山本と久保田は，鮎川の自動車国産化計画を推進する同僚経営者として再会したのである。

　ダット自動車製造は，当時，商工省が標準型式自動車「いすゞ」の量産化を図るために推進していた国産3社の合同計画に参加し，1933年3月，石川島自動車製作所と合併した。しかし，この合併によって成立した自動車工業会社には，ダット自動車製造から引き継いだダット号を生産する意思はなかった。そこで，ダット号の生産続行を望んでいた久保田は，同社からその製造・販売権を取り戻し，戸畑鋳物の自動車事業進出計画の一環にダット号の生産を加えるよう鮎川に進言した。鮎川は小型車の生産には関心がなかった。しかし，久保田がダット号の生産再開を強く希望し，久保田の意見を山本も支持したので，鮎川は自動車工業会社の取締役に就任していた浅原源七に命じてダット号の製造・販売権を同社から取り戻した[6])。

　1933年9月から戸畑鋳物自動車部は，旧ダット自動車製造の大阪工場でダット号の後身である小型車ダットサンの生産を開始した。ダットサンの売れ

行きは好調であった。そこで，鮎川は，自動車国産化計画の最終目標であるフォード，シボレークラスの大衆車生産が軌道に乗るまでの期間の迂回車種としてダットサンを位置づけ，その量産を計画した。そして，1933年12月，日産自動車が設立されると，久保田は技術担当の常務取締役に就任し，山本と協力して，35年4月，アメリカ生産方式に基づく，わが国最初のシャシーからボディーまでの一貫生産によるダットサン年産，5,000台規模の横浜工場を完成させた。さらに久保田は，日産自動車が自動車製造事業法の許可会社申請資格を得るために必要な大衆車種の選定のために，1935年12月から浅原と一緒に渡米し，のちにニッサン車と命名される大衆乗用車とキャブオーバー型トラックの設計図（エンジン共用）および機械設備・治工具一式をグラハム・ページ社から購入する業務を担当した。

　日産自動車設立時の日本産業側の担当者は，浅原であった。浅原は1915（大正4）年東京帝国大学理学部化学科卒業後，同大学院に進学し，同時に理化学研究所の研究員となった。浅原は大学時代に鮎川から奨学金の支給を受けていた関係もあって，1931年に鮎川に請われて理化学研究所から戸畑鋳物に転じた。浅原は日本産業に出向し，鮎川のスタッフとして同社の自動車事業進出計画に参画した。浅原は鮎川の指令を受けて上述の国産3社の合同計画を推進し，自動車工業会社が設立されると，戸畑鋳物の代表者として同社取締役に就任した。そして，浅原は自動車工業会社のトップ経営者と交渉して，ダット号の製造・販売権を戸畑鋳物に譲渡させることに成功する。

　ただ，浅原自身は後述するGMとの提携交渉には深く関与していたが，日産自動車の設立には企画段階で参画しただけで，横浜工場の建設業務には直接携わっていなかった。

　以上の山本，久保田，浅原の3名は関係の度合は異なっていたが，いずれも鮎川の自動車事業進出計画の積極的な推進者であった。しかし，戸畑鋳物のトップ・マネジメント内部には，鮎川の自動車事業進出方針に反対ないし消極的な態度をとる役員も少なくなかった。中でも社長の村上正輔と専務取締役の工藤治人は，リスキーな自動車事業に大規模に進出することには反対で，「自動車部の工場建設には興味も，手を貸すこともなかった[7]」。村上と工藤は可鍛鋳鉄メーカーとしての戸畑鋳物の成長を望んでいたのである。

日産自動車設立時の役員は9名いた。このうち社長の鮎川と，彼が招聘して専務取締役に就任させた山下興家を除く7名，すなわち山本惣治，久保田篤次郎，村上正輔，工藤治人，矢野美章は戸畑鋳物の代表者であり，浅原源七と山田敬亮は日本産業から派遣された。鮎川が，山下を専務に起用したのは山本と久保田の処遇に関係していた。日産自動車設立の功労者として山本と久保田は常務に就任した。しかし，両者は久保田鉄工所時代の確執もあって，「生涯不仲[8]」であった。それゆえ，鮎川としては両者のいずれかを専務に就任させるわけにはいかなかった。そこで，鮎川は東京帝国大学機械工学科の後輩で，1931年から商工省臨時産業合理局の生産管理委員を一緒に務め，しかも鮎川のアメリカ生産方式の移植による自動車工業育成策に賛同していた山下を招聘し，将来の社長候補含みで専務に就任させたのである[9]。

　しかし，日産自動車設立後も，村上らの自動車事業進出に対する消極的態度は変わらなかった。そこで，鮎川は同社を日本産業の直営会社に移行させることを決意し，1934年6月，戸畑鋳物の出資分全額を日本産業に肩代わりさせた。そして同時に，村上，工藤，矢野の3名は日産自動車の取締役を辞任した。

(2) GMとの提携交渉をめぐって

　鮎川義介は自動車国産化計画の中で，日本市場に進出している「アメリカのビッグスリーのどれかと提携することを起業の基本戦略[10]」としていた。鮎川はまずGMと，次いでフォードと提携交渉を行った。両社との交渉は，政府，とりわけ外資提携を嫌った陸軍省との関係もあって，極秘裏に進める必要があった。そのため，両社との交渉は鮎川と彼の数人のスタッフを中心に行われた。GMとの交渉を主に担当したスタッフは浅原源七と鮎川の秘書役岸本勘太郎であり，フォードとの交渉担当者は満州重工業開発理事の三保幹太郎であった。フォードとの提携交渉については後述するので，ここではGMとのそれについて考察する。

　GMとの提携交渉は，1933（昭和8）年2月から37年1月までの4年間にわたって断続的に行われた。この交渉の事実経過についてはすでに別稿[11]で検討したので，再論を避け，以下では2点について取り上げ，日本産業と日産

第8章　日産自動車におけるトップ・マネジメントと意思決定過程　　237

自動車のトップ・マネジメントが鮎川の推進する日産－GM 提携計画について，どのような意見をもち，いかなる対応を示したかを紹介する。

第1点は，日産－GM 提携交渉で最初の焦点となった日本産業による日本GM 株式の買い取り価格についてである。

1933年9月，鮎川と日本 GM 専務取締役 K. A. メイとの間に，日本 GM 株式の49％，1万9,600株を日本産業に譲渡する仮契約が成立した。この仮契約では，日本GM「株式ノ売価ハ『グット・ウィル』ノ公正ナル評価ヲ含ムモノニシテ且ツ過去ノ収益ト予想収益トヲ考慮ニ入レ利廻計算ニ基キ算出サルベキモノトス[12]」とされていた。GM 本社は，この株式売価算定方式を承認した。そして，1934年1月，GM は利廻計算に基づいて額面200円の日本 GM 1株の売却価格を600円と算定し，それを鮎川に提示した。しかし，日本産業の取締役会は為替相場の変動，関税率の変更，円貨の切り下げ等の理由をあげ，過去の収益金を基礎とする利廻計算による株式売価算定方式の採用を拒否した。そして，取締役会は，日本産業が現行の12％株式配当を維持するためには税金等の関係で被買収会社が将来にわたって15％の株式配当を行うことが必要条件であり，この条件を担保する上で日本 GM 株式1株を額面の2倍の400円で買い取りたいと主張した。鮎川自身は，GM 側の提示した利廻計算による1株600円という譲渡価格を「決シテ不合理トハ思[13]」っていなかった。しかし，日本産業の取締役会は，「400円迄ハ出シテ買取ツテ宜敷シガ夫以上ハ出セナ[14]」いという主張を崩さなかった。そこで，鮎川は，1934年4月9日の同社取締役会に GM 側の交渉担当者を出席させ，役員の意見を聞かせることにした。この時の役員の発言は，以下のようであった[15]。

　　岩田宙造監査役：「提携ハ原則的ニ至極賛成ナルモ，只鮎川君ハトモスレバ仕事ニ邁進セラレルモノタカラ我々トシテハドチラカト言ヘバ手綱ヲ引キシメル役目ヲシテ居ルヤウナ次第デアツテ，鮎川君ヲ制シヤウトシテオル有様デアル，従ツテ此取引モ十分安心出来ル条件デナイト我々ハ同意シカネル」

　　山田敬亮専務取締役：「少ナクトモ年一割五分利廻ノ基準デ日本 GM ノ株式ガ手ニ入ラネバ重役会トシテ取引ヲ承認シ難イ」

　　小平浪平取締役：「日立製作所ノ側ヨリ見レバ日本人ノ手デ自動車工業ガ確立出来ルヤウニモ感ゼラルカラ鮎川社長ガ不利ノ条件ヲ忍ンデマデモ GM ト提携セ

ラルルニハ賛成シ難イ」

　下河辺建二専務取締役，伊藤文吉取締役，片山義勝監査役は，山田の意見を支持する発言を行った。

　日本産業のトップ・マネジメントは，当時，鮎川が進めていた「コングロマリット的」な拡大戦略の展開に警戒を強めていた。それゆえ，同社取締役会は自動車国産化構想の実現を急ぐあまり，鮎川がGM側の条件を受け入れる形で日産－GMの提携を取りまとめることに反対の態度をとったのである。

　その後，鮎川とGM側の間で，日本GM株式の買取り価格をめぐって，何度も交渉がもたれた。当初，1株600円説を強硬に主張したGM側も，交渉の過程で譲歩し，「中ヲトツテ五百円デ手ヲ打トウト言イ」，さらに「四百五十円迄折レヤウト言イ出シタ[16]」。そして最後には，「トス」によって450円をとるか，400円とするかを決定しようと提案した。しかし，この提案に対して，鮎川は「万一トスデ負ケテ四百五十円出サネバナラントナツタラ重役会ニ合ハス顔ガナイ[17]」という主張を繰り返し，結局，GM側に日本GM1株を400円で買取ることを認めさせた。

　鮎川は日本産業の最高意思決定者ではあったが，取締役会の意向を無視して日本GM株式の買取り価格を決定することはできなかったのである。

　第2点は，日産－GM提携自体の「評価」についてである。両社の提携交渉における最大の焦点は，①日本GM株式の51％をどちらが所有するのか，②日産自動車の経営権をいずれが握るか，であった。この2点については，GM側の譲歩もあって，1934年9月，両社の間に，日本GM株式の51％を日本産業が所有する，そして，GM側が希望するならば，日本産業が経営権を掌握する日本GMに日産自動車の全株式を所有させる，という合意が成立した。

　この合意成立後，鮎川は山本惣治，久保田篤次郎らの日産自動車役員に日産－GM提携について，意見を求めた。鮎川は，GMとの提携に日産自動車経営陣も賛成すると考えていた。しかし，彼らは，「案外提携ニ乗気デナク仮令51％取レタニシテモ寧ロ日産自動車独立シテ進ムコト有利ナリ[18]」と主張した。アメリカ生産方式の移植によるダットサンの量産計画を進めていた日産自動車のトップ経営者は，ダットサンの市場での売れ行きが好調であったことも

あって，自社の経営に自信を深めていた。それゆえ，彼らはGMとの提携によって自社の経営計画が変更されることを嫌い，提携成立に難色を示したのである。しかし，この時点では，鮎川は，「51％ガ日産ノ手ニ這入ルナラバ提携決シテ棄ツベキニアラズ，先方ガ難シイ条件ヲ付ケザル限リ最初方針通リ提携スベキ[19]」であるとして，日産自動車側の反対を退けた。

しかし，この日産－GMの提携合意案について，商工，大蔵両省は賛成したが，陸軍省は「横浜ノ日産自動車会社ニ外国会社ノ『インタレスト』ノ這入ルコトハ到底容認シ難シト主張[20]」した。そこで，鮎川はGM側に日本産業が「日産自動車ノ（株式）ノ買戻権ヲ保持[21]」しなければ，陸軍省の承認を得ることはできないことを説明し，提携内容の変更を求めた。その結果，1934年10月，GMは提携成立後5年以内に限り，日本GM所有の日産自動車株式の51％の買戻し権を日本産業に与えることに同意した。しかし，このGMの同意についても，「軍部ハスカツトシタ返事ヲセズ，（鮎川）社長ノ説明書ヲ其儘預カツテ何共言ハザル態度[22]」をとった。

日産－GM提携契約の有効期間は，1934年12月末日までであった。しかし，陸軍省の態度が上記のようであったので，GM側は1935年2月まで契約有効期間を延長すべきか否かを鮎川に打診した。そこで，鮎川は，1934年11月28日，日本産業の取締役会を開き，この問題の取り扱いを審議した。この会議には日産自動車を代表して山本惣治常務取締役も出席しており，意見を求められた山本は「ダットサン一方デヤツテ行ケル[23]」ので，必ずしもGMとの提携は必要ではないと答えた。そして，山本の意見を小平浪平取締役が支持し，提携放棄を強く主張した。

この日の取締役会では議論が続出し，意見の一致を見ることができず，提携延長問題の取り扱いを鮎川に一任した。

最終決断を迫られた鮎川は熟慮の末，GM側が譲歩を重ねても陸軍省が反対の態度を崩さないこと，日本産業の取締役会の中に小平のような反対意見があること，そして，日産自動車の経営陣も提携に乗り気ではなく，彼らがダットサンの量産計画に自信を持っていることなどを勘案し，1934年12月末日をもって，日産－GM提携交渉を打ち切ることを決断した。

(3) 満州における自動車工業確立策をめぐって

日産コンツェルン本社・日本産業は，1937（昭和12）年11月，「満州国」の首都新京に移転して満州重工業開発（以下，満業と略記）に改組改称され，同国政府が推進する「満州産業開発5ヵ年計画」の遂行機関となった。「5ヵ年計画」の主眼は，満州に自動車・飛行機両工業を確立することにあった[24]。しかし，満業は，第3章で見たように，鮎川義介の満州産業開発構想の要諦であった外資導入工作が日中戦争の拡大の中で挫折し，両工業建設に必要な資金，技術，機械設備を外国から導入することができなかった。一方，日中戦争の勃発後，満州における自動車需要は急増した。しかし，日本内地の自動車需給も逼迫しており，日本製自動車を満州に大量移出することは困難であった。

鮎川は満業の設立に際して，満州に大規模な自動車一貫生産工場を建設する計画を発表していた。それゆえ，鮎川は「満州国」側，特に関東軍の自動車工業確立要求と外資導入の失敗の間で，窮地に立たされたのである。そこで，政治的配慮と「事業家としてのメンツ[25]」もあって，1939年5月，鮎川は満業の全額出資による資本金1億円の満州自動車製造会社を設立した。同社の理事長に鮎川の腹心である山本惣治が起用され，同時に日産自動車および日産自動車販売から30〜40名の社員が同社に移籍した。山本は工場建設資材の購入のため直ちに渡米した。しかし，アメリカの対日感情の悪化もあって，成果を得ることはできなかった。

この間，鮎川は，日産自動車との間に満州向け自動車の委託生産契約を結んでいた日本フォードの支配人B.コップを交渉相手として，フォード本社の満州自動車製造への投資工作を開始した。しかし，フォード本社はアメリカ国民の対日世論と同国政府の意向に配慮して，鮎川の工作を拒否した[26]。そこで，鮎川は次善の策として，まず日本フォードと日産自動車の提携を実現させ，次いで可能ならばトヨタ自動車工業を加えた3社提携による新会社設立を構想した。そして，鮎川は新設会社の主力車種をフォード車に集中し，同時に日産自動車横浜工場の機械設備一式を満州自動車製造が建設する安東工場に移設させることを計画した[27]。鮎川が新設会社の主力車種にフォード車を選んだのは，当時日産自動車のキャブオーバー型トラックに故障が多発し，その改善を陸軍省から強く求められていたからである。

鮎川の日本フォードとの提携計画に満州自動車製造の山本理事長は全面的に賛成し、関係者にその実現を働きかけた。しかし、日産自動車のトップ・マネジメントの間では、鮎川の計画をめぐって、意見が分かれた。村上正輔社長は、鮎川の日「満」両国の自動車工業建設を並行的に進めるという立場に配慮して、日本フォードとの提携による新会社設立を一応了承した。しかし、その実現の可能性については、村上を含めた日産自動車役員の大半が懐疑的であった。彼らは商工省と陸軍省の自動車工業政策をめぐる対立とフォード本社の姿勢からみて、日本フォードとの提携の可能性は難しいと判断していたのである[28]。そしてまた、彼らはたとえ提携が実現した場合でも、キャブオーバー型トラックの「生産は軌道に乗っており、また改造か、新型の開発をするかは日産が独自に処置することであって、合併とは別個の問題[29]」であるという立場をとった。ただし、提携実現後の日産自動車横浜工場の処置については、役員間で意見が分かれた。村上社長は工場設備を日本に残し、日本内地の需要に応じるべきであるという考えを示した。これに対して、専務の浅原源七は鮎川の計画通り、それを安東工場に移設すべきであると主張した。

しかし、日産自動車のトップ・マネジメント内部で浅原の意見に賛同する者は少なかった。そこで、浅原はこの問題をめぐって同社トップ・マネジメントが混乱することを避けるために、日本フォードとの提携交渉担当者である満業理事の三保幹太郎に提携交渉を進捗させないよう申し入れた。そして、日産自動車の経営陣は、1939年12月5日、鮎川に対して「従来のキャブオーバー型に代わる、しかもフォードトラックに負けないトラックを、日産独自の設計で造るから、日本フォードとの合併話しは打切りにしてほしい旨の建白書[30]」を提出した。

この申し出に鮎川は不満であった。しかし、1940年1月、日米通商航海条約が失効したため、日本フォードとの提携計画は立ち消えとなってしまった。だが、その直後、日産自動車にとって難問題が浮上した。陸軍省、特に関東軍が「満州国」の自動車工業拡充のために、国策として日産自動車自体の満州移設を強く要求し始めたからである。鮎川は、1939年12月22日から翌年5月5日まで、経済視察のためにヨーロッパを訪問し、特にドイツでは満州産の大豆と同国製機械の「バーター取引交渉」を行っており、日産自動車の満州移設

については関与していなかった。

　この問題が，1940年4月11日に新聞報道されることを察知した日産自動車では，その前日，緊急取締役会を招集した。この時の議論は，会議に出席していた朝倉毎人（当時，日産自動車取締役）の『朝倉毎人日記』によれば，次のようである。

> 「日産事業ノ満洲移転問題ニツキ意見ヲ交換ス。人的，下請工場ノ移植困難，国防上効果危シトノ意見強シ。鮎川氏ノ帰京ノ後ニ決定ノ外ナカルベシト意見一致ス。陸軍，企画院ト商工省ノ三方意見相反シ相剋アリ。従テ真ノ国策ノ確立ノ問題ナランカ。強行スレバ過必ラズ至ラン31)。」

　帰国後，鮎川は，日産自動車の満州移設については慎重に対処するという声明を発表した。しかし，鮎川は関東軍の佐官クラスの強硬な要求を受けて，次第に日産自動車の満州移設説に傾斜していった。それゆえ，日産自動車の取締役会はこの問題について，「国策確立ノ上ハ之ニ従フ外ナシトノ結論32)」を出した。ただ，日産自動車役員の多くは，同社の満州移設に消極的であった。特に村上社長は「移駐論者ニ反抗スル態度ハ慎シム」が，「移駐問題ハ之ヲ配慮スル」ことなく，「堂々経営ニ進ムベシ」という方針を打ち出した33)。

　日産自動車の満州移設問題をめぐって，鮎川と村上との間に，意見の乖離があったのである。しかし，この問題は村上が危惧した方向には進まなかった。日本内地の自動車工業拡充を急務と考える商工省と企画院が日産自動車の満州移設に強硬に反対し，国策樹立にまで至らなかったからである。その結果，日産自動車の満州移設問題は，1940年夏以降，雲散霧消してしまった。

3．社長人事問題

　鮎川義介は，日産コンツェルンの主宰者として多忙であった。それゆえ，鮎川は日産自動車の設立後，早い時期に同社社長を辞任し，専務取締役の山下興家を社長に就任させる予定であった。しかし，山下は前章で述べた理由で，1935（昭和10）年4月，専務を辞任し，日立製作所の技術顧問に就任してし

まった。当時，日産自動車には常務取締役として山本惣治と久保田篤次郎がいた。しかし，2人は不仲であり，いずれかを社長に昇格させるわけにはいかなかった。そこで，前章で見たように，鮎川は次善の策として，戸畑鋳物時代の腹心であり，2人の常務の上司でもあった国産工業社長の村上正輔を日産自動車社長に転出させる一方，日産コンツェルンの機械工業部門の強化を狙って国産工業を日立製作所に合併させることを企図した。村上は，自動車工業進出には反対の立場をとっていた。しかし，鮎川が国産工業と日立製作所の合併を決定した以上，彼の意向に従わざるを得なかった。だが，村上は両社の合併処理の心労のために，1936年1月10日，脳溢血の発作を起こしてしまい，直ちに日産自動車の社長に就任することはできなかった。そのため，鮎川は村上の健康が回復するまで同社社長を務めなければならなかった。

　日産自動車は，1937年に入ると，2つの重要人事を行う必要に迫られた。その1つは，ダットサン，ニッサン両車種の全国販売網の整備を目的として，同年2月に設立された日産自動車販売の専務取締役人事であった（社長は空席）。鮎川は，同社専務に営業手腕のある山本惣治日産自動車常務の起用を決定した。山本自身は日産自動車の建設者を自負していた。それゆえ，この人事に不満であった。しかし，山本にとって鮎川の決定は絶対であり，多数の部下の同行を条件に，日産自動車販売への転出を承諾した。これ以後，山本はこの人事の不満もあって，日産自動車に対抗意識を強く持つことになる。

　もう1つの人事は，山本の転出によって空席となった日産自動車の事務部門担当常務に朝倉毎人を起用したことである。朝倉は1907（明治40）年に京都帝国大学経済学部卒業後，富士瓦斯紡績に入社し，常務取締役まで昇進した。同社退社後，朝倉は富士電力等の取締役を経て，36年に衆議院議員に当選し，京都帝大時代の指導教授であった小川郷太郎商工大臣の政策ブレーンを務めていた。鮎川は，朝倉の経営管理能力と政官界に対する人脈の広さを評価し，衆議院議員を続けてもよいという条件で，日産自動車への入社を要請した。しかし，鮎川の自動車国産化構想，特に自動車工業界の合同論に共鳴した朝倉は，衆議院議員を1期で辞め，1937年2月，常勤役員として日産自動車に入社した。

　朝倉は日産自動車に入社後，病気療養中の村上正輔に社内情況を逐一報告す

るとともに，鮎川に対して村上の社長就任を強く求めた。朝倉は，満業総裁として日「満」両国を頻繁に往復する鮎川に代わる，専任社長が必要であると考えていた。彼は日産自動車の前身である戸畑鋳物での勤務経験が長く，「公平率直ニテ，万事ノ取纏メニ良」く，しかも「人ノ和ヲ以テ主トスル主義」の村上が，社長の最適任者であると見なしていたのである[34]。

　1939年5月，日産自動車は社長交代に伴うトップ・マネジメント人事の刷新を行った。鮎川が会長となり，後任社長には朝倉が推薦した村上が就任した。そして，健康に問題のある村上社長を補佐するため，満業理事の浅原源七（日産自動車創立以来の非常勤取締役）が専務取締役に就任した。同時に，日産自動車販売専務取締役の山本惣治が新設の満州自動車製造の理事長に転出し，前者の専務取締役に日産自動車常務を退任した朝倉が就任した。

　日産自動車販売のトップ交代人事は，日産自動車と前者の関係改善を狙ったものであった。山本は前回の人事で日産自動車販売に転出させられたことに不満をもち，同社専務に就任後，「横浜（日産自動車のこと―引用者）ニ対抗セントスル万事ノ処置[35]」に出ていた。しかも，何事にも慎重な村上と積極的に行動する山本は，戸畑鋳物時代から折り合いがよくなかった。そこで，鮎川は村上社長の就任を機に「製造ト販売（ノ）連絡[36]」の改善を図るとともに，村上体制の基盤を強化するため，山本の満州自動車製造への転出を決定したのである。今回の人事についても山本は不満で，彼は日産自動車販売の部下を動員して留任運動を画策した。しかし，鮎川の説得を受けて，山本は不満ながら満州行きを了承した。

　こうして成立した村上社長体制は，しかしながら安定せず，日産自動車のトップ・マネジメントは混乱の色を深めていった。

　鮎川会長と村上社長は日産自動車の経営方針をめぐってしばしば意見を異にし，対立した。対立の原因は両者の性格，立場の違いとそこから派生する感情のもつれから生じていた。両者は共に山口県出身で山口高等学校の同級生であった。村上は1904（明治37）年に京都帝国大学機械工学科卒業後，汽車製造会社に勤務した。そして，1917年に鮎川の要請を受けて戸畑鋳物に転じ，常務取締役に就任した。「守成の人[37]」と評される村上は，堅実経営を志向する経営者であった。他方，鮎川は雄大な事業構想を画き，アグレシブに行動す

る企業家であった。専門経営者の村上が日産自動車の成長・発展を第一義的に志向したのに対して，満業総裁の鮎川は日産自動車を同コンツェルンの一員と見なしていた。

　鮎川と村上の対立と感情のもつれは，上記の日本フォードとの提携と日産自動車の満州移設問題をめぐって生じ，増幅していった。先に述べたように，鮎川は外国メーカーとの提携を自動車国産化計画の要諦に位置づけていた。そして，鮎川は日本フォードとの提携成立後，日産自動車の主力車種を陸軍省から改善要求の出ているキャブオーバー型トラックからフォード製トラックに転換し，さらに満州自動車製造の工場建設にフォードの技術あるいは日産自動車の工場設備を活用することを企図した。また，関東軍が強く要求した日産自動車の満州移設問題についても，鮎川は満業の総裁として，それを無視するわけにはいかなかった。しかし，村上にとって，両問題は日産自動車の命運にかかわる大問題であった。

　村上は，鮎川の自動車国産化構想や彼の置かれている立場に配慮して，両問題について正面から反対することはなかった。しかし，終始慎重な態度を取り続けた。鮎川は村上のそうした姿勢に不満であった。朝倉毎人は，『日記』の中で，日本フォードとの提携問題に言及し，鮎川は「村上氏ニ対スル不平アル如ク察セラル。両人間ノ性行ノ異ル事モ原因セルカ。一方ハ積極，一方ハ地味。此ノ間ニ処セル余ノ苦心モ大テイナラズ[38]」と記している。

　村上社長と浅原専務の間にも意見の対立があった。浅原は，長い間鮎川のスタッフを務めたこともあって，日産自動車の役員会では鮎川の行動を支持する発言をしていた。そしてさらに，満州自動車製造の工場建設を急ぐ，同社理事長の山本惣治が日産自動車に対する感情のもつれもあって，上記の問題に介入したため，村上の立場は一層苦しいものとなった。

　『朝倉毎人日記』は，この間の村上の立場と苦悩を詳しく記述している。その一部を紹介すれば，以下のようである。

　　「今日偶然下ノ関ニ会合ヲ得タル鮎川総オ(ママ)ノ談ハ，余リニ突然ニテ且ツ意外ノ事驚クノミ。事ハ浅原氏今般村上氏ノ意見ト合ハズ辞意ヲ洩ラスニ至リ，之ガ矯生ヲ考ヘ居レリ。村上氏ニ篤ト警告的反省ヲ促シ置キテ出発セリ。余ノ帰京次第

其旨ヲ以テ善処シ，社業ノ失墜セザラン様ニ努力アリ度キ旨縷々申シ居ラレタリ。〔中略〕上氏ノ勇退迄行カザレバ事ノ解決ヲ見ルニ至ラザルカト考フ。潜思ヲ要ス。

（8月16日）午後村上氏来訪アリテ同氏最近ノ衷情ヲ述ベラレテ，此際ノ進退ヲ決スル事ノ当否，意見ヲ求メラル。自重ヲ願フ旨回答セリ。　　　　39)」

鮎川と村上の対立は，自動車統制会の会長人事問題をめぐって深刻化し，村上社長の辞任という事態に発展した。鮎川は，自動車工業界の統制策として「自動車事業大合同論」を提唱し，その実現に向かって各種の工作を展開していた。しかし，彼の「合同論」は，商工省と陸軍省の自動車工業政策をめぐっての対立と両省の思惑もあって，実現されなかった。そこで，1941年に入ると，鮎川は陸軍省と相談の上，日産自動車，トヨタ自動車工業，自動車工業，そして満州自動車製造の4社共同出資による統合会社を設立し，この統合会社を通じて日「満」両国の自動車生産・販売を一元的に統制する方針を打ち出した。しかし，この統合会社案は商工省と同業他社の反対で挫折してしまい，自動車工業界の統制は，鮎川が嫌った重要産業団体令に基づく統制会方式で実施されることになった[40]。

そこで，鮎川は方針を変更し，自動車統制会の会長は「日産側ニテ占有スル事必要ナラン[41]」として，村上正輔の擁立を画策した。商工省は村上の会長就任を支持した。しかし，陸軍省は反対に回り，トヨタ自動車工業も難色を示した。その結果，1941年12月，自動車統制会の会長には陸軍省が強く推薦した陸軍出身のヂーゼル自動車（前社名　自動車工業）社長の鈴木重康が就任した。鮎川はこの会長人事に不満を持ち，陸軍省の横暴を批判する一方，村上のこれまでの消極的な経営姿勢が会長就任の機会を逃す要因であったとして，村上を叱責した。

ここに至って，村上も引退の意思を固め，1942年2月，日産自動車社長を辞任した。村上の辞任について，『朝倉毎人日記』は，次のように述べている。

「鮎川氏ト村上氏トノ間ハ学生時代ヨリ懇親ノ間ナルモ，性格稍々相反シ事業ノ意見行キ方自ラ相違シ居リ，此ノ間ニ感情ノ衝突モ起キル事ヲ免レズ。之ニ加フルニ山本氏ノ策動モ加ハリテ両人間ハ動モスルト波紋ヲ起ス事アリ。先年一四

年八月ノ頃ヨリ已ニ此ノ傾向著シカラントスルモノアリ。今日ニ至ルニ昨年末ノ統制会問題ニ於テ性格ノ相反スル点ヲ能ク発露シ，鮎川氏遂ニ村上氏ニ希望ヲ申出ヅルニ至レル如シ。電光石火ノ迅速ヲ以テ之ヲ解決シ，村上氏モ予テ決意モアリ直ニ之ニ応ズルニ至リ，当時余ハ之ヲ耳ニシ何トカ旧ニ復スルノ方途ナキヤト考ヘシモ，已ニ事茲ニ及ハズ今日ニ至レリ。此結果会社人心ノ打撃ハ深カルベシ。村上氏ノ徳望ハ能ク社内外ヲ圧シテ人心ノ統一ヲ見タルモ，今後果シテ如何ヤ懸念ニ堪ヘズ。我社重役諸氏鳩首凝議此難局突破ニ進ムベシヲ誓ヒ居ルモ幾多ノ難問至ラン。会社ノ事業計画ト人事ノ解決，統制会ト，千係等少カラズ，問題ハ累々タリ。余モ村上氏ノ去リタル後ノ処置トシテ頗ブル困難ヲ訴フル点アルベキヲ想ヒ茲ニ決スル所アリ。三千人ノ安定ト会社事業ノ安全性ヲ見ザル限リ進退ノ軽挙ヲ許サズ。専念此レガ善後策ニ努力シ其効果ヲ見タル後ニ非ザレバ自己ノ方針ヲ定メザルベシ。男子ノ意気ト俠気ノ許スベキ所ニ進マン[42]。」

村上の辞任後，1942年3月，専務の浅原が社長に就任した。しかし，学者肌で会社実務の経験に乏しい浅原は，社内の信頼を得ることができず，村上の辞任によって生じた「会社人心ノ打撃」を十分に回復できなかった。その結果，朝倉が危惧したように，浅原社長就任後，日産自動車の経営管理面の「不統制ノ傾向ハ社員間，役員間ニ」拡がり，浅原社長を中心とする同社のトップ・マネジメント体制も「砂上ノ樓閣ニ近キモノ」となっていった[43]。

日産自動車の生産台数は，浅原が社長に就任した1942年以降，戦争の長期化と戦局悪化による原材料不足，熟練作業者の相次ぐ召集，そして生産管理体制の弛緩等が相まって，減少を続けた。特に1944年の生産の落ち込みは激しく，7,083台しか生産できなかった。この生産台数は，ピーク時の1941年のそれの36％でしかなかった。

これに対して，トヨタ自動車工業の生産台数は日産自動車より1年遅れた1942年の1万6,261台がピークであった。1943年には9,872台まで減少したが，44年には日産自動車に5,637台の差をつける1万2,720台を生産し，軍需大臣から生産成績良好により表彰をうけた（表8-3参照）。他方，日産自動車は，1944年9月，生産成績不良を軍需大臣から指摘され，浅原社長以下全役員が引責辞任に追い込まれてしまった。

『朝倉毎人日記』は，この日産自動車全役員の引責辞任について，次のよう

表8-3　日産・トヨタの生産実績　　　　　　　　　　　　　　　　（単位：台数）

[日産]

年度	乗用車	トラック (普通)	トラック (小型)	バス	合計
1934	650	—	290	—	940
35	2,630	—	1,170	—	3,800
36	2,662	—	3,601	—	6,163
37	4,068	1,356	4,775	28	10,227
38	4,151	7,943	4,191	306	16,591
39	1,370	12,326	2,665	1,460	17,781
40	1,162	12,899	772	1,092	15,925
41	1,587	17,056	907	138	19,688
42	871	15,974	589	—	17,434
43	566	9,958	229	—	10,753
44	9	7,074	—	—	7,083
45	—	2,001	—	—	2,001

[トヨタ]

年度	乗用車	トラック	特殊車	バス	合計
1934					
35		20	—	—	20
36	100	910	—	132	1,142
37	577	3,023	—	413	4,013
38	539	3,719	—	357	4,615
39	107	10,913	—	961	11,981
40	268	13,574	—	945	14,787
41	208	14,331	—	72	14,611
42	41	16,261	—	—	16,261
43	53	9,739	35	—	9,827
44	19	12,533	168	—	12,720
45	—	3,725	—	—	3,725

（注）　トヨタの生産実績のうち、1934-36年は豊田自動織機製作所自動車部の実績である。
（出所）　日産自動車株式会社編・刊『日産自動車30年史』1964年、トヨタ自動車工業株式会社編・刊『トヨタ自動車30年史』1966年より作成。

に記している。

　　「人ノ和ト徳ノカヲ以テスル事肝要ナル工場運営ニ，此レヲ冷眼視セル所ニ過リアリシナランカ，今日豊田側ノ表彰ニ対シテ日産側ニ敗色アルハ遺憾トスル所ナリ[44]。」

　この結果，日産自動車は経営体制の全面的刷新を迫られた。社内では事態の収拾を図るために，村上正輔を再度社長に推す動きがあった。しかし，村上が固辞したため，相談役に退いていた鮎川が会長に復帰して陣頭指揮をとる決意を表明するとともに，工藤治人顧問を社長に就任させ，さらに社内の融和を図るため，村山威士，小川瀬一，網谷俊平，原科恭一らの旧戸畑鋳物出身者を取締役に抜擢した（表8-1参照）。

　しかし，工藤は優れた技術者ではあったが，社長には不向きで，すぐに辞意を表明し，1945年6月には村山威士を社長に就任させなければならなかった。日産自動車のトップ・マネジメントは村上社長退任後，混乱の度を一段と深めていったのである。

おわりに

　以上の考察からつぎの2点が指摘できよう。
　第1点。鮎川義介は日産・満業コンツェルンの主宰者であり，最高意思決定者であった。また，「コングロマリット」的展開を通じて形成された日産・満業コンツェルンの中で，日産自動車は鮎川自身が創業した唯一の会社であった。しかし，日産・満業コンツェルンの最高意思決定者，日産自動車の創業者である鮎川といえども，意思決定の全権を掌握していたわけではなかった。鮎川は自己の自動車国産化の理念・構想を実現するための戦略的意思決定過程において，日産自動車および日産・満業コンツェルン本社のトップ・マネジメントとの間で絶えず意思調整を行う必要に迫られた。両社のトップ・マネジメントは鮎川の経営意思を可能な限り尊重した。しかし，彼らは自社の利益，自己の立場を損う恐れがある場合は，鮎川の要求を拒否し，あるいは修正・妥協を

求めたのである。

　第2点。日産・満業コンツェルンは急速に膨脹したため，トップ・マネジメントを担当する経営者的人材が不足していたといわれる[45]。日産自動車においても，そのことはいえた。そうした人材不足が，同社のトップ・マネジメントの混乱を惹起させる要因となった。日産自動車のトップ・マネジメントは大別すれば，旧戸畑鋳物自動車部出身者，同部以外の旧戸畑鋳物出身者，そして鮎川が外部から招聘した者から構成されていた。こうした「寄り合い世帯」は，トップ・マネジメント間の意思調整を困難にさせた。しかも，特定のグループがトップ・マネジメントの主流を占めたわけではなく，各グループ間であるいはグループ内においても意見や利害の対立があった。鮎川が社長在職中は，彼のリーダーシップもあって，トップ・マネジメントの混乱はそれ程目立たなかった。しかし，鮎川の社長退任後は，満州における自動車工業確立問題ともからんで，トップ・マネジメント間の意思調整が困難となり，1939（昭和14）年から45年8月までの6年間に4人の社長が交代するという混乱を招いてしまったのである。

注
1)　森川英正「岩崎弥之助時代の三菱のトップ・マネジメント」土屋守章・森川英正編『企業者活動の史的研究』日本経済新聞社，1981年，49-59頁。
2)　鮎川義介の自動車国産化活動の詳細については，宇田川勝「鮎川義介の産業開拓活動―自動車国産化活動を中心に―」森川英正・由井常彦編『国際比較・国際関係の経営史』名古屋大学出版会，1997年，宇田川勝『日本の自動車産業経営史』文眞堂，2013年，第3章，参照。
3)　創業時の社名は自動車製造株式会社であり，1934年6月，日産自動車と改称した。本論文では日産自動車の社名に統一する。
4)　鮎川義介「私の履歴書」『私の履歴書・経済人（9）』日本経済新聞社，1980年，59頁。
5)　「自動車製造事業法施行後の展開」『日本自動車工業史行政記録集』自動車史料シリーズ（3），自動車工業振興会，1979年，41頁。
6)　浅原源七「日産自動車史話」『自動車工業史口述記録集』自動車史料シリーズ（2），自動車工業振興会，1975年，100-101頁。
7)　同上，97頁。
8)　同上，99頁。
9)　「自動車会社設立講演（1933年2月26日）」『鮎川義介著述集』（其の1の下），鮎川家所蔵，13-14頁。
10)　前掲，浅原「日産自動車史話」112頁。
11)　宇田川勝「日産財閥の自動車産業進出について―日産とGMとの提携交渉を中心に―（上・下）」『経営志林』第13巻第4号，第14巻第1号，1977年，同「自動車製造事業法の制定と外資系企業の対応」前掲，土屋・森川『企業者活動の史的研究』所収。

第8章　日産自動車におけるトップ・マネジメントと意思決定過程　251

なお，日産－GM の提携交渉は 1935 年 8 月の「自動車工業法要綱」の閣議決定を境として，それ以前の第一次と以後の第二次に分けることができる。以下で考察する両社の交渉過程は第一次のそれであるが，第一次を省略する。

12) 「提携契約草案」『日産，GM 第一次交渉関係』鮎川家所蔵。
13) 『ゼネラル・モーターストノ提携計画』鮎川家所蔵，44 頁。
14) 「メー氏トノ会談要録」前掲『日産，GM 第一次交渉関係』。
15) 前掲『ゼネラル・モーターストノ提携計画』41-43 頁。
　　鮎川が GM 側の交渉担当者を日本産業取締役会に出席させたのは，GM 側の譲歩がなければ，日産－GM 提携計画の実現は困難であることを彼らに認識させるためであった。
16) 前掲『ゼネラル・モーターストノ提携計画』45 頁。
17) 同上，47 頁。
18) 同上，79 頁。
19) 同上，79 頁。
20) 同上，80 頁。
21) 同上，80 頁，カッコ内は引用者。
22) 同上，82 頁，カッコ内は引用者。
23) 同上，92 頁。
24) 片倉衷「満業の創設（日産の満州移住）の経緯」佐々木義彦編『鮎川義介先生追想録』鮎川義介先生追想録編纂刊行会，1968 年，124 頁。
25) 前掲，浅原「日産自動車史話」110 頁。
26) 細谷千博・斎藤誠・今井清一・蠟山道雄編『日米関係史―開戦に至る 10 年―』第 3 巻，東京大学出版会，1971 年，249 頁。長島修「戦時日本自動車工業の諸側面―日本フォード・日産自動車の提携交渉を中心として―」市史研究『よこはま』第 9 号，1996 年，14 頁。
27) 前掲，宇田川「鮎川義介の産業開拓活動」272 頁。
28) 前掲，浅原「日産自動車史話」113 頁。
29) 同上，112 頁。
30) 同上，113 頁。
31) 阿部武司・大豆生田稔・小風秀雅編『朝倉毎人日記』第 3 巻，山川出版社，1989 年，1940 年 4 月 10 日付，384 頁。
32) 同上，1940 年 5 月 16 日付，396 頁。
33) 同上，1940 年 6 月 14 日付，407 頁。
34) 前掲『朝倉毎人日記』第 3 巻，1938 年 4 月 16 日付，5 月 10 日付，135，142 頁。
35) 同上，1939 年 6 月 21 日付，270 頁，カッコ内は引用者。
36) 同上，1939 年 6 月 23 日付，271 頁。
37) 今城俊作「日立製作所に関する一考察―主として日立製作所と国産工業との合併に関連して―」『第一経大論集』第 6 巻第 2 号，1976 年，50 頁。
38) 前掲『朝倉毎人日記』第 3 巻，1939 年 8 月 11 日付，291 頁，1939 年 8 月 16 日付，294 頁，カッコ内は引用者。
39) 同上，1939 年 11 月 17 日付，329 頁。
40) 阿部武司・大豆生田稔・小風秀雅編の『朝倉毎人日記』第 4 巻，山川出版社，1989 年，「解題」（小風執筆）5-7 頁。
42) 同上，1941 年 11 月 15 日付，199 頁。
42) 同上，1942 年 1 月 30 日付，251 頁。
43) 同上，1942 年 5 月 1 日付，308-309 頁。

44) 阿部武司・大豆生田稔・小風秀雅編『朝倉毎人日記』第5巻,山川出版社,1991年,1944年9月16日付,243頁.
45) 吉田正樹「1930年代の電機企業にみる重工業企業集団形成と軍需進出―小平浪平と鮎川義介の戦時経済下の企業者行動と戦略―」『三田商学研究』第39巻第1号,1996年4月,30頁.

結　論

　財閥研究が絢爛期を迎えた中で，日産コンツェルンの経営史研究が空白状況にあったことは，「はしがき」で述べた。私はその理由を「日産コンツェルンは他の財閥と異なって成立・形成事情が複雑で事業活動も特異であったことに加えて，その生成・発展・変容のプロセスを正確に跡付け，検証するために不可欠な基本的史料が不足しているからである」とした。まず，日産が他の財閥と比べて成立・形成事情が複雑で，その生成・発展・変容プロセスを辿ることが難しいことから説明したい。経営史学の基本は考察期間のスパーンを長くとることである。日産のスタート時点を久原房之助が日立鉱山を開業した1905（明治38）年とすれば，第二次世界大戦後，連合国軍最高司令部（GHQ）によって財閥解体の対象となり，解体された47年までに42年の歴史を有する。そして，この約40年の歴史は3つの時代に区分される。その第1期は久原財閥時代（1905-27年），第2期は日産コンツェルン時代（1928-37年），第3期は満業コンツェルン時代（1938-45年）であり，第3期の満業時代は在満系企業グループと在日系企業グループに分けられる。そして，それぞれの特質を持つ日産コンツェルン経営史の3時代の歴史的プロセスとその変遷理由を明らかにしながら，統一的視点から論究することは容易ではない。特に第3期の満業時代は戦時経済体制下で日本と「満州国」に二分されて企業グループ活動を行っていただけに，その解明は一層困難であった。

　結局，上記の3つの時代に区分される日産コンツェルンの経営史を統一的な視角から論証することの難しさが，日産研究が等閑視されてきた最大の要因であったと思われる。

　第2に，私は日産コンツェルン経営史研究が遅れたもう1つの要因として，日産自体の「事業活動」自体が特異であったことを指摘した。財閥のグループ分けによれば，日産コンツェルンの第1期の久原財閥はいわゆる既成財閥に分類されるが，その中でも最も遅れて登場した財閥であったといわれる[1]。久

原財閥は第一次世界大戦による好景気が出現すると，三井，三菱などの大財閥を目標とした総合的多角経営体の形成を目指した積極果敢な事業活動を展開し，大戦終結時までに，鉱業，製造業，流通業，金融業の主要4事業分野へ進出して三井，三菱，浅野，古河，鈴木と並ぶ企業集団を形成した。しかし，大戦後の長期不況進行の中で中規模，後発財閥は，①資金力の脆弱性，②専門経営者的人材の不足，③統括管理組織の未整備が露呈して，浅野，古河は総合財閥化を断念し，鈴木は破綻して財界から退場した。そして，大戦中に事業規模を拡大した藤田，川崎＝松方，村井も，昭和初期の金融恐慌時に没落した。その中で，最も破綻が危ぶまれていた久原は義兄鮎川義介の経営手腕と久原・鮎川親族の支援によって生き残り，日産コンツェルン経営史の第2期の日産時代に移行することができた。そして，第2期は日産コンツェルンの名称を歴史に残すハイライトであり，いわゆる新興財閥の代表格となった。久原から久原財閥の再建を引き受けた鮎川は，次世代の産業構造の中核となる重化学工業中心の企業集団を形成するためには財閥同族の封鎖的所有・支配体制の継続は不可能であると考えた。そして，鮎川は共立企業時代の経験を活かして久原財閥の中核企業・久原鉱業を公開持株会社日本産業（日産）に改組し，同社株式を公開するとともに，傘下企業株式も順次公開・売出して，所要資金を株式市場から調達し，その事業収益を株主に還元して日産コンツェルンを「国民の産業投資信託機関」とするという，構想を打ち出した。当時の財閥を中核とする財界主流の考え方とは異なった経営路線であり，鮎川の意見は異端視され，その成功を信じる者はいなかった。しかし，1931（昭和6）年の満州事変の勃発と金輸出再禁止措置を契機に，日本経済が長期不況から脱出して株式市場も活況を取り戻すと，鮎川は日本産業傘下企業の株式のプレミアム付き公開・売出し，その直後の親・子会社の株式割当による増資，株式の高騰している日本産業株式と既存企業株式の交換による後者企業の買収，株式プレミアム資金を活用しての自動車事業等の新産業分野への進出などの「コングロマリット」的操作を中核とする拡大戦略を積極的に開始した。その結果，日産コンツェルンは短期間に急膨張を遂げ，1937年上期末時点では住友を抜いて三井，三菱両財閥に次ぐ企業集団を形成したのである。そして同時に，日産コンツェルンは，日本産業の統括権限を支柱会社に大幅に委譲し，それら会社間の情報交換

と懇親活動を基調とする横断的企業集団の形成を目指した。

日産コンツェルンの発展によって,鮎川は一躍時代の寵児となり,彼のビジネス・イデオロギーも注目された。鮎川が展開した経営戦略,資金調達方式,経営組織の構築は「革新」的なものであり,それらが第2期の日産コンツェルン発展の原動力となったことは確かである。ただし,その膨張を支えたのが久原・鮎川の親族各家であったことも忘れてはならない。そもそも久原財閥から日産コンツェルンへの再編成を可能にしたのは貝島家を筆頭とする親族の支援があったからであり,彼らの支配下にあった企業のすべて,あるいは一部が日産傘下に移行し,同コンツェルンの急成長を可能とした面も看過できない。その意味では,日産コンツェルンは親族各家の事業活動の「集合体」という側面を持っていたのである。

そして,日産コンツェルン経営史の第3期である満業時代に鮎川が企図した満業を統括機関として在満企業グループと在日企業グループの総合経営の妙味を発揮するという,経営構想が戦時統制の中で頓挫してしまったことも日産研究を困難にさせる要因となった。満業自体は「満州産業開発5ヵ年計画」を遂行するための国策会社であり,企業家活動の解明を主眼とする経営史研究の範疇を超えていた。それでも経営主体の鮎川の経営構想が実現していれば,立ち入った考察も可能であったが,彼の構想は日中戦争の拡大・長期化による国際環境の悪化と戦時統制の強化の中でことごとく挫折し,1942年12月には満業総裁を退任してしまった。満業自体は敗戦時まで存続したが,日産コンツェルンから離脱していったのである。

他方,在日企業グループは日産コンツェルンについてのいわば「種本」であった和田日出吉『日産コンツェルン読本』の記述が1937年上期末までであったことがあって,戦時統制下での日産各社の事業活動と敗戦時のグループ規模は確認することができたが,彼らが戦時統制下でどのように結集し,活動していたかを追究することが困難となった。

次に本書を通じて,明らかになった点を総括しておきたい。

その第1は,日産コンツェルンの出発点から解体時の約40年間の経営史を跡づけ,日産が(1)久原財閥,(2)日産コンツェルン,(3)満業コンツェルン,3つの史的プロセスを持つ企業集団であったことを実証したことである。そし

て，中でもこれまで不明であった満業時代の在日系企業グループの実態に考察を加えることで，日産研究の「空白」部分の1つを埋めることができた。

　第2は，日産コンツェルンは財閥史研究上の分類である既成財閥の特質と新興財閥の特質を合わせ持つ企業集団であったことを実証したことである。前者の特質は日産コンツェルンの中枢部分が久原財閥を母体としながらも，東京藤田，田村，貝島各親族の支援と各家の企業のすべて，あるいはその一部が日産傘下への移行によって形成されていたという事実から生じている。久原，東京藤田，田村家の起業資金の源泉は藤田組同族経営の解体時に藤田伝三郎家から分与された資金であった。しかし，3家とも分与金だけで事業経営資金を賄うことはできなかった。特に財閥化を志向した久原家は多角的事業経営体を形成するために，中核企業の久原鉱業株式の公開に踏み切り，同族による資金調達の封鎖性を欠く財閥にならざるを得なかった。

　他方，後者の新興財閥的特質は鮎川義介の企業家活動から生じていた。鮎川は東京藤田家をはじめとする親族各家の出資で戸畑鋳物を経営し，その多角経営に相応して持株会社の共立企業を発足させたが，血縁関係の資本に頼っていたのでは事業の拡大，特にコンツェルン経営は不可能であると考えた。そこで，久原財閥が資金難から破綻の危機に直面すると，鮎川は親族各家の支援を受けて，同財閥を日本産業を持株会社とする日産コンツェルンに再編成した。そして，満州事変以降，鮎川は「コングロマリット」的拡大戦略をとり，日産コンツェルンを新興財閥のリーダーに成長させた。鮎川は財閥の基本的属性である同族の封鎖的所有・支配体制を放棄することで，日産を公開コンツェルンとして発展させる途を選択したのである。

　鮎川の経営判断は正しかった。既成財閥の多くも重化学工業の進展に伴い財閥同族の封鎖的所有・支配体制の維持が次第に困難となり，1930年代後半以降，傘下主要企業の株式公開，持株会社の株式会社への改組とその株式の一部公開を実施し始めている。

　第3は，日産コンツェルンの生成・発展・変容過程に対応した経営組織と管理方式の変遷を実証したことである。鮎川は経営戦略面の「革新者」であると同時に経営組織・管理面での「オールガナイザー」であった。久原財閥の日産コンツェルンへの再編成の眼目であった公開持株会社日本産業の設立は，同社

をして株式市場からの社会的資金調達の途を開くと同時に，久原財閥の経営行き詰りの要因の1つであった統括管理機構の強化を意図していた。そして，その統括管理組織は日産コンツェルンの「コングロマリット」戦略で親族各家の企業を含む多種多様な企業からなる「混成グループ」を1つの企業集団としてまとめる上で，効果を発揮した。当初，日本産業は傘下企業を本社権限を強化して縦断的に管理する方式を採用したが，その方式が長い独自の社歴を持った企業の管理には不適合であることがわかると，本社組織の中に傘下企業の情報交換と役職員の懇親活動を行う部署を設け，さらに産業分野ごとに支柱会社を設置して本社権限をそこに委譲した。そして，支柱会社を中核とする横断的企業集団の形成を図ったのである。

この横断的企業集団の管理方式は，1937年11月に日産コンツェルンの本社・日本産業が「満州国」に移転して満業時代を迎えると，在日系企業グループの結束を図る上で要の役割を果たし，財閥解体時まで日産コンツェルンが企業集団として存続することを可能にした。

三井，三菱，住友などの大財閥は，戦後占領時代が終わると，財閥解体でばらばらになった企業が相互に株式を持ち合う形で再結集を図り，横断型企業集団を形成するが，日産コンツェルンの場合は，戦時体制に入る1930年代後半に横断的企業集団を形成していたのである。

A. D. チャンドラーの命題に従えば，日産コンツェルンは「コングロマリット」戦略に応じて横断的企業集団を形成したといえる。

第4は，日産コンツェルンの主力企業である日立製作所と日産自動車の戦略的意思決定過程に立ち入って考察を加えたことである。経営史研究にとって事業活動の命運を左右する最高意思決定過程の分析は重要課題である。しかし，史料への接近が容易ではなく，意思決定過程の分析は「ブラックボックス」となっていることも事実である。特に日本の場合，意思決定過程を知るための取締役員会議事録を公開している企業は皆無であると言ってよい。そして，運よく取締役会議事録を閲覧できたとしても，それに記載されていることは決定事項のみであり，決定に至るプロセスをたどることは難しい。しかし，今回，図らずも史料の制約を乗り越えて，日立，日産両社の最高意思決定過程プロセスを部分的ではあるが解明することができた。

両社の意思決定過程の分析から明らかになったことは，日立製作所の場合は，久原財閥，日産・満業コンツェルンの傘下企業でありながら，創業専門経営者の小平浪平が事業経営の実権を完全に掌握しており，日立を経営者企業として発展させる途を早期に確立していたことにある。小平は重要な意思決定に際して，自ら選任した役員間の意見調整を行うとともに，竹内維彦らの上司の事前了解をとることで，久原，鮎川両オーナーの意思決定過程への介入を極力抑えていた。そして，そうした経営状況を保つためにも，小平は日立製作所の自律経営が守られる範囲であれば，オーナー経営者の要求を可能な限り受け入れ，彼らとの良好な関係維持に努めたのである。

　他方，日産自動車の場合，役員は日本産業，戸畑鋳物出身者，鮎川が招聘した者から成る「寄り合い所帯」であり，自動車工業政策をめぐる商工省，陸軍省，そして関東軍の要求と思惑もあって，同社役員会での意思決定過程では意見が分かれ，そこでの軋轢が次の意思決定過程に影響を及ぼすことが少なくなかった。その結果，日産自動車では創業から敗戦時までの12年間に5人の社長交代が生じ，最終的には事態の収拾を図るために創業者の鮎川が自ら会長に復帰しなければならない事態を招いてしまった。

　同じ日産・満業コンツェルンの傘下有力企業でありながら，日立製作所と日産自動車の意思決定過程は様相を異にしていたのである。

　最後に1970年代から80年代にかけて絢爛期を迎えた財閥研究をリードしたのは安岡重明と森川英正であった。安岡は財閥研究の中で，「もっとも重要な一つは資本所有者と雇用された経営者，企業家の関係である。〔中略〕その関係の解明と財閥間の比較が所有者論と経営者論の接合の手段の重要な一つであると考える[2]」と述べている。この点に関しては森川も同意見である[3]。

　本書を通じて，私も所有経営者と専門経営者（雇用された経営者，企業家）の関係解明を試みたが，両者の関係を正面から取り上げ，論じたのは第3部の日立製作所と日産自動車の最高意思決定をめぐる2つのケースのみであった。今後，そうしたケーススタディの数を増し，それを足掛りに日産コンツェルンと他の財閥・コンツェルンの比較研究に努めるつもりである[4]。

注

1) 下谷政弘『新興コンツェルンと財閥―理論と歴史―』日本経済評論社，2008年，65頁。

　　下谷は日産を日窒などの1930年代に登場する新興コンツェルンと同列の企業集団として捉えるのは誤りで，日産は既成財閥の「レイトカマー」であり，1930年代後半以降の財閥の「転向と改組」を先取りしたという意味で，「新興の財閥」であったとしている。また，新興財閥という呼称は既成財閥の後継と見なされる面があるので，使用しない方がよいとも述べている。そして，1910年代から始まる財閥のコンツェルン化，1930年代に登場する新興コンツェルン，第二次世界大戦後に顕著になる大企業を頂点とする企業グループは，日本経済の重化学工業化の進展に伴って誕生した「親子型の企業グループ」を基軸とする企業集団の現象形態であると指摘している。下谷はドイツ産業史のコンツェルン概念を既成財閥コンツェルン化，新興コンツェルンの登場，企業グループの発展・変質を説明する上で，「鋳型」として利用している。下谷の理論展開は明解であるが，財閥を含めた「企業集団グループ」研究の「主流」になっているとは言い難い。現に，経営史学会の元会長，現会長が編著・執筆者として参加している最近刊行された日本経営史の教科書である『1からの経営史』（碩学社，2014年3月）においても，新興財閥の名称が使用され，日産，日窒，森，日曹，理研の5コンツェルンがその代表者として登場し，その特質が比較・検討されている。そこで，本書でも日産が既成財閥と新興コンツェルンの「混合集団」であると認識した上で，普通名詞として新興財閥という呼称を用いている。

2) 安岡重明『財閥経営の歴史的研究―所有と経営の国際比較―』岩波書店，1998年，23頁。

3) 森川英正『財閥の経営史研究』東洋経済新報社，1980年，第1章。

4) 宇田川勝『財閥経営と企業家活動』（森山書店，2013年）は，私のそうした視角からの財閥・コンツェルン比較研究の試みの1つである。

あとがき

　本書は，私の日本経営史研究集の第3作目である。書名は『日産コンツェルン経営史研究』とした。私は昨年4月に刊行した研究集第1作目の「あとがき」で定年までにこれまでの研究成果をテーマごとに編集して3冊の本を出版すると書いた。私のような怠惰な者にとって，自ら退路を断っておかないと，とうてい実現できないと思ったからである。しかし，不安であった。もしできなかったら法螺吹きの誇りは免れないからである。それゆえ，いま，内容はともかくとして，有言実行できたことに安堵し，嬉しく思っている。

　私は，最初から第3作目は「日産コンツェルン経営史」を上梓することに決めていた。「はしがき」で述べたように，私の日本経営史研究の出発点は日産経営史の考察にあり，その後の研究テーマは日産研究の延長線上に，あるいはそこから派生しているからである。その意味で，日本経営史研究者としての仕事のけじめをつけるためにも，「日産コンツェルン経営史研究」の上梓がふさわしいと考えたのである。

　研究者にとって，どのような学問分野でも，研究テーマ選びは大切であり，その後の研究者人生を決定づけるといっても過言ではない。特に史料の発掘・収集に時間がかかり，史料自体が研究成果を大きく左右する実証的歴史研究では重要である。経営史研究もその点では決して例外ではない。

　その点，私が選んだ日産コンツェルンは研究テーマとしてはかなりの埋蔵量豊かな「鉱山」であった。日産は財閥研究上の「ニッチ鉱」ではなく，多方面に「良鉱脈」を延ばしていた。私はそれらの「鉱脈」を深掘りすることで日産コンツェルンの生成・発展・変容過程とその特質を究明すると同時に，「良鉱脈」を横掘りして外部鉱山の「鉱脈」につなげる形で，自動車産業経営史，国際関係経営史，企業家活動史などの分野に研究範囲を拡げていった。それは，以下の理由によっている。

　経営史学会に入会直後，長老の先生から，実証的歴史研究者は2つ以上の研

究テーマを持ち，交互にそのテーマを追究した方が良いという，話を聞いたことがある。話の内容は「必要な史料がスムーズに発掘・収集できることは極めて希なことであり，そのため歴史研究は断続的になりがちで，長い時間をかける必要がある。また1つのテーマだけに集中していると，成果が出ない時には気が滅入ってしまう。そうした実証史学の宿命を乗り切るためにも，研究者は2つ以上のテーマを持ち，交互に研究した方が合理的であり，精神的に良い」というものであった。

その点，財閥史研究者は恵まれている。財閥は多角的事業経営体であるから，個別財閥史に固執しない限り，産業経営史分野で研究テーマを探すことはさほど困難ではない。また，個別財閥史の研究成果を利用した財閥間の史的過程の比較研究も可能である。

私は，財閥経営史のそうした利点を利用し，実践してきた。その結果，まがりなりにも本書を含めて3冊の日本経営史研究書を出版できたと考えている。

最後に，このたび3冊の著作，特に本書の刊行を通じて，自責の念を込めて，若い世代の経営史研究者にメッセージを伝えておきたい。その1つは本書に収録した論稿は，初出一覧にあるように，1972年から1998年にかけて発表したものである。いまさら「過去の遺物」のような論稿を人様の目にふれさせることには躊躇があった。しかし，私は3つの願いを込めて，できるだけ原型に近い形で論稿を本書に収録することにした。いずれの論稿も私の研究者としての足跡であり，それを人様にありのままに見ていただくことが責務であると考えたことと，一度書いたものは決して消し去ることができないということを，次世代の研究者に知ってもらい，「他山の石」として欲しいという思いがあったからである。

もう1つは，本書に収録した論稿が今日でも，日本経営史，特に財閥・コンツェルン経営史の分野で，しばしば引用・紹介され，時には批判の対象にもなっている。筆者としては嬉しいことである。私は自分の研究の実証度が高いとは思っていないが，実証的歴史研究の「寿命」は思いのほか長いことも事実である。この点についても，若手研究者には心して実証研究に取り組むことを期待したい。

そして，3つめは，研究テーマが一区切りした段階で，できるだけ早い時期

に著書にまとめて刊行することである。「鉄は熱いうちに打て」という諺があるが，書物の出版も勢いとタイミングが大事である。時機を失すると，筆者のように定年間際になってドタバタ劇を演じることになるからである。

　本書の出版に際しても，多くの皆さまや関係機関に大変お世話になり，ご支援をいただいた。お名前，機関名は記さないが，この場を借りて，ご厚情に衷心より感謝申し上げる次第である。本書が日本経営史，特に財閥・コンツェルン経営史に関心のある方に読まれ，今後の研究に多少なりとも貢献する部分があれば，これに勝る喜びはない。

事項索引

ア行

鮎川家　167, 169, 177, 181, 185, 189, 193, 196, 198
赤沢銅山　5, 96
『朝倉毎人日記』　246
浅野　i, 254
一業一社主義　76
一業一社方式　72, 75
横断的管理　63, 68
　——方式　60, 69, 89
　——方法　48
大倉　i, 8
大阪鉄工所　9, 38, 41, 98, 102, 108, 180, 206, 215-217, 225, 226
オーナー（経営者）　iii, 205, 207, 209, 210, 220-222, 225-227, 258

カ行

貝島家　17, 19, 139, 140, 143-145, 148, 149, 151, 153, 155, 157, 158, 160-164, 167, 169, 176, 177, 184, 185, 189, 193, 196, 198, 255, 256
貝島鉱業　19, 143-145, 148, 150, 152, 159, 163, 193
貝島合名　139, 151, 154, 155, 157, 159, 160, 163
貝島商業　151-153, 159, 160, 163
貝島炭鉱　163
株式会社日産　70, 89
川崎＝松方　i, 254
関東軍　74, 78, 82, 241, 242, 245, 258
既成財閥　74, 199, 253, 256
既成・新興財閥　95
共同漁業　19, 20, 41, 95, 107, 108, 110, 111, 113, 114, 116, 118, 119, 121, 124, 125, 127, 128, 131-136, 169, 180, 181, 185
共保生命保険　10, 11, 174, 177, 185

共立企業　16-18, 20, 177, 233, 234, 254, 256
金融恐慌　215, 254
金輸出再禁止　25, 134, 254
久原家　5, 8-12, 17, 22, 45, 167, 169, 171, 181, 185, 189, 193, 196, 198, 223
久原鉱業　5, 8, 10-12, 18, 19, 22-25, 96, 101, 133, 139, 140, 162, 169, 170, 171, 174, 175, 177, 181, 185, 193, 199, 206, 207, 210, 212-216, 223-225, 254, 256
久原鉱業所　169, 175, 206
　——日立鉱山　5, 96, 211, 212, 222, 223
　——日立鉱山工作課長　205
久原財閥　iii, 11, 13, 24, 29, 139, 205, 206, 213, 215, 225, 253-258
久原商事　10, 12, 213, 226
久原本店　11
グラハム・ページ社　235
グルド・カプラー社　13
経営階層組織　207, 210
経営者企業　205, 207, 210, 221, 225, 227, 258
公開持株会社　18, 22, 25, 28, 37, 74, 75, 134, 199, 206
　——日本産業　24, 139, 170, 171, 215, 254, 256
合同工船漁業　136
合同水産工業　127, 132
合同土地　70, 89, 216, 217
合同油脂　133, 136
古河　i, 12, 254
　——合名　5
5ヵ年計画　73, 76
国産技術開発主義　206
国産工業　206, 217-220, 225, 226, 243
国民の産業投資信託　25, 27, 134, 254
小坂（鉱山）　3-5, 96, 210, 211, 222, 223
コングロマリット　22, 24, 28, 46, 57, 61, 74, 238, 249, 254, 256, 257

サ行

財閥コンツェルン　155
GM　235, 236, 238, 239
自動車工業　234, 235, 246
自動車製造事業法　235
芝浦製作所　13, 206
集権的管理方式　16
縦断的管理　63, 68
　——方式　45, 50, 57, 60, 62, 65, 68, 69
　——方法　48
重要産業団体令　84
自熔製錬法　4, 210, 211
昭和恐慌　131
昭和工船漁業　114-116
新興財閥　ii, 77, 199, 254, 256
鈴木商店　i, 11, 23, 254
住友　i, 12, 77, 86, 254, 257
専門経営者　ii, iii, 9, 19, 101, 135, 157, 163, 164, 205, 207, 209, 210, 222, 226, 230, 245, 258
　——チーム　205, 220, 221
総合開発主義　76
総合開発方式　82

タ行

第一銀行　213, 225
大正財閥　11
大日本人造肥料　10, 133, 136
大日本製氷　41
ダット号　234
ダットサン　233, 234, 238
ダット自動車製造　234
田村汽船　96, 103
　——漁業部　19, 20, 103-105, 107, 180
田村家　19, 20, 95, 96, 113, 118, 167, 169, 181, 185, 189, 193, 196, 198, 256
田村合名　180
筑豊の御三家　143
ヂーゼル自動車　246
中央火災傷害保険　19, 153, 163, 169, 177, 184, 185, 193
長周銀行　177
佃島製作所　206, 210, 212, 225

東京瓦斯電気工業　206
東京電燈　211
東京藤田　17, 22, 167, 169, 174, 176, 177, 181, 185, 189, 193, 196, 198, 217, 218, 256
東洋製鉄　10, 157
トップ・マネジメント　157, 207, 219, 221, 225, 229, 230, 232, 233, 235, 237, 241, 244, 249, 250
戸畑鋳物　9, 12, 14, 16-18, 45, 169, 177, 181, 185, 217, 218, 222-236, 243, 244, 258
　——自動車部　250
戸畑製鉄　10, 157
戸畑冷蔵　20, 121, 127
トヨタ自動車工業　230, 232, 240, 246, 247

ナ行

二重課税　75, 77
日米通商航海条約　241
日魯漁業　9, 19, 98, 100, 101, 113
日産　18, 46, 136
日産—GMの提携　238, 239
　——契約　239
　——計画　233, 237
日産会　89
日産化学工業　89, 90, 136
日産コンツェルン　i-iii, 17, 24, 28, 29, 37, 38, 41, 45, 48, 50, 56, 57, 60, 61, 65, 66, 68, 69, 72, 74, 75, 77, 78, 82, 86, 89, 95, 127, 132, 134, 135, 199, 206, 218, 219, 222, 225, 242, 243, 253, 253-257
日産懇話会　66, 70, 89, 90
日産自動車　iii, 28, 29, 218, 229, 230, 232, 233, 235, 236, 238-245, 247, 249, 250, 257, 258
日産重工業　89
日産・満業コンツェルン　139, 205, 229, 233, 249, 250, 258
日産木曜会　60-63, 65-67, 70, 89
日本GM　237-239
日本化学工業　28, 136
日本汽船　11, 99, 101, 113, 174, 180, 206
　——笠戸造船所　209, 225
　——合資会社　9
日本銀行　12, 77

事項索引　265

日本鉱業　25, 28, 37, 40, 42-45, 81, 86, 90, 133, 134, 226
日本興業銀行　77, 213, 214, 225
日本工業倶楽部　10
日本工船漁業　114-116
日本合同工船　132
日本産業　24, 25, 28, 29, 37-49, 56-58, 60, 65, 66, 69, 70, 74, 75, 77, 78, 80, 85, 89, 95, 133, 136, 167, 181, 184, 185, 198, 199, 206, 207, 216-218, 224, 225, 233, 235-240, 258
日本産業護謨　28, 29, 86
日本食料工業　127, 133, 136
日本水産　28, 38, 58, 60, 101, 119, 120, 127, 131, 133, 136
日本フォード　240, 241, 245
日本油脂　28, 89, 133, 136
野村　i

ハ行

パネー号事件　80
林兼商店　113, 114, 116, 117
早鞆水産研究会　111
日立鉱山　211, 212, 221, 253
――工作課　205
――所長　211
日立製作所　ii, iii, 8, 9, 42, 44, 45, 86, 89, 90, 205-207, 209-227, 237, 242, 243, 257, 258
日立造船　89, 98
フォード　236, 245
――本社　240, 241
藤田　254
――組　3-5, 8, 210, 211, 223
――伝三郎家　256
富士電機製造　206
分権的管理方式　16
北洋水産　114, 120

マ行

満業　69, 72, 78-84, 89, 90, 207, 236, 240, 245, 255
――コンツェルン　iii, 85, 253, 255
――時代　255
――総裁　244
満州経済建設基本綱要　72
満州産業開発5ヵ年計画　69, 75, 77, 78, 83, 89, 240, 255
満州自動車製造　240, 241, 244, 245
満州重工業開発　78, 207
満州重工業確立要綱　76, 80, 85
満州第1期経済建設計画　72
満州投資証券（満投）　79, 85
南満州鉄道（満鉄）　72, 74, 78, 81, 90
三井　i, 72, 77, 150, 151, 254, 257
――銀行　145, 160
――家　148
――鉱山　150, 152
――合名　145
――財閥　29, 79, 86
――物産　16, 143, 144, 145, 148, 152, 159, 160, 161, 162, 176
――物産・銀行　144
三菱　i, 8, 12, 72, 77, 114, 150, 151, 254, 257
――鉱業　150
――合資　145
――財閥　29, 80, 86, 103
――商事　126, 219
――電機　206
毛利家　3, 4, 143, 144, 162

ヤ行

安田　i
山神組　118

ラ行

両オーナー経営者　ii
連合国軍最高司令部（GHQ）　253

人名索引

ア行

鮎川義介　ⅱ, 9, 10, 12, 14, 16-20, 22-24, 45, 47-50, 57, 58, 60, 73, 74, 76, 77, 80-83, 85, 103, 132, 134, 139, 140, 148, 149, 151, 157-159, 161, 162, 175, 177, 188, 193, 199, 205, 206, 209, 210, 215-222, 224, 225, 227, 229, 230, 233, 235-242, 244-246, 249, 254-256, 258

朝倉毎人　242-245

浅原源七　50, 60, 80, 230, 233-235, 241, 244, 245, 247

伊藤文吉　22, 238

井上馨　3, 4, 13, 14, 19, 103, 139, 143, 145, 148, 159, 162

井上勝之助　19, 148, 160-162

井上博通　163

井上親雄　196

植木憲吉　97

植木憲吉　113

宇原義豊　47, 48, 50, 56-58, 60, 62

大島理三郎　230

小平浪平　ⅱ, 9, 205, 211, 213-226, 237, 239, 258

カ行

貝島栄一　140, 159, 162

貝島栄三郎　159, 193

貝島栄四郎　140, 159, 160, 162, 163, 193

貝島健次　140, 159, 160, 163, 193

貝島太市　140, 144, 158, 159, 162, 163, 193

貝島太助　139, 143, 144, 148, 152, 157, 159, 193

木村久寿弥太　103, 174

工藤治人　218, 230, 235, 236, 249

久原庄三郎　3, 4, 9, 95

久原房之助　ⅱ, 4, 5, 8-12, 18, 22, 23, 95, 98, 99, 102, 135, 139, 171, 185, 193, 205, 206, 210-215, 220-227, 253, 254, 258

久保田篤次郎　230, 233-236, 238, 243

国司浩助　19, 20, 50, 101-104, 106, 108, 109, 113, 118, 121, 132, 135, 193

コップ, B.　240

コール, アーサー・H.　ⅱ

サ行

島本徳三郎　60, 163

下河辺建二　49, 75, 238

タ行

高尾直三郎　219

高碕達之助　84

竹内賢吉　230

竹内維彦　22, 174, 211-215, 222, 223, 226

田中義一　12, 22

玉井磨輔　193

田村市郎　9, 19, 95, 96, 98, 99, 101-105, 108, 113, 118, 134, 135, 193

田村啓三　58, 105, 135, 193

チャンドラー, A. D.　ⅱ, 207, 210, 257

豊田喜一郎　230

豊田利三郎　230

ナ行

中山説太郎　22, 96, 97, 101, 106, 113, 212, 214, 223

ハ行

馬場粂夫　219

林田甚八　113

原田六郎　216, 217

ハンター, E. H.　215

藤田鹿太郎　3, 4

藤田小太郎　4, 5

藤田伝三郎　3-5, 96

藤田政輔　193, 196, 217, 218

古山石之助　209

保田宗治郎　49, 163
堀岡利一　219

マ行

松崎寿三　113, 119
三保幹太郎　80, 236, 241
村上正輔　218, 230, 235, 236, 241-247, 249
村山威士　230, 249
メイ，K. A.　237
森蠢昶　73

森本邦治郎　157, 158, 163, 196

ヤ行

矢野美章　218-220, 236
山下興家　218, 236, 242
山田敬亮　49, 196, 236-238
山本惣治　233-236, 238-241, 243-245

ラ行

六角三郎　209, 216

初出一覧

はしがき

第1章
　(1)「第1章 日産コンツェルン　第1節 日産コンツェルン前史」宇田川勝『新興財閥』日本経済新聞社，1984年。
　(2)「日産財閥成立前史についての一考察（上，下）」『経営志林』第9巻第3号，同第4号，法政大学経営学会，1972年10月，1973年1月。
　(3)「日産財閥形成過程の経営史的考察」『経営史学』第6巻第3号，経営史学会，1972年3月。
　(4)「久原房之助―『大正財閥』形成者の企業経営活動」由井常彦・三上敦史・小早川洋一・四宮俊之・宇田川勝『日本の企業家(2)　大正編』有斐閣，1978年12月。
○論述の統一と紙幅の関係により，本章は主として(1)の論稿に依拠している。

第2章
　(1)「第1章 日産コンツェルン　第2節 日産コンツェルンの形成と構造」宇田川勝『新興財閥』日本経済新聞社，1984年
　(2)「第4章 日産コンツェルン　第2節 日産コンツェルンの企業金融と統轄」麻島昭一編『財閥金融構造の比較研究』お茶の水書房，1987年。
　(3)「日産コンツェルンの経営組織（上，下）」『経営志林』第15巻第3号，同4号，法政大学経営学会，1979年10月，1980年1月。

第3章
　(1)「第1章 日産コンツェルン　第3節 戦時下の日産コンツェルン」宇田川勝『新興財閥』日本経済新聞社，1984年。
　(2)「日産財閥の満州進出」『経営史学』第11巻第1号，経営史学会，1976年4月。
　(3)「満業コンツェルンをめぐる国際関係」『グノーシス』No.6，法政大学産業情報センター，1997年3月。
○論述の統一と紙幅の関係により，本章は主として(1)の論稿に依拠している。

第4章
　「日産財閥の水産部門形成過程―共同漁業の生成発展を中心に―（上，中，下）」第10巻第2号，同10巻3・4号，同11巻第1号，法政大学経営学会，1974年2月，3月，5月。

第5章
　(1)　「貝島財閥経営史の一側面」『福岡県史・近代研究編各論（一）』福岡県，1989年。
　(2)　「貝島家の事業経営と鮎川義介の関係について―日産財閥の形成過程によせて―」『エネルギー史研究ノート』No.7，西日本文化協会，1976年10月。

第6章
　「日産財閥経営史の一断面」『経営志林』第13巻第3号，法政大学経営学会，1976年10月。

第7章
　「日立製作所におけるオーナーと専門経営者―小平浪平の経営行動を中心に―」森川英正編『経営者企業の時代』有斐閣，1990年。

第8章
　「日産自動車におけるトップ・マネジメントと意思決定過程」『慶應経営論集』第15巻第2号，慶應経営管理学会，1998年7月。

結論　書き下ろし。

あとがき

著者紹介

宇田川　勝（うだがわ　まさる）
　　1944 年　千葉県に生まれる
　　1968 年　法政大学経営学部卒業
　　1975 年　法政大学大学院社会科学研究所経済学専攻博士課程修了
　現　在　法政大学経営学部教授，経済学博士
　専　攻　日本経営史

1972 年，法政大学経営学部研究助手に就任し，専任講師，助教授を経て，84 年に教授になり，現在に至る。
この間，法政大学経営学部長，同イノベーション・マネジメント研究センター所長，ハーバード大学エンチン研究所客員研究員，学習院大学経済学部，同大学院経営学研究科，早稲田大学大学院商学研究科，各非常勤講師などを歴任する。

主要著作
『昭和史と新興財閥』教育社，1982 年。
『新興財閥』日本経済新聞社，1984 年。
Foreign Business in Japan before World War II (co-ed.) University of Tokyo Press, 1990.
『日本企業の品質管理』（共著），有斐閣，2005 年。
『失敗と再生の経営史』（共編著），有斐閣，2005 年。
『日本経営史（新版）』（共著），有斐閣，2007 年。
『日本を牽引したコンツェルン』，芙蓉書房出版，2010 年。
『企業家に学ぶ 日本経営史』（共編著），有斐閣，2010 年。
『財閥経営と企業家活動』森山書店，2013 年。
『日本の自動車産業経営史』文眞堂，2013 年。

日産コンツェルン経営史研究

2015 年 2 月 28 日　第 1 版第 1 刷発行　　　　　　　　検印省略

著　者　宇　田　川　　　勝

発行者　前　野　　　隆

発行所　東京都新宿区早稲田鶴巻町 533
　　　　株式会社　文　眞　堂
　　　　電話 03（3202）8480
　　　　FAX 03（3203）2638
　　　　http://www.bunshin-do.co.jp
　　　　郵便番号(162-0041)振替00120-2-96437

印刷・モリモト印刷　　製本・イマキ製本所
© 2015
定価はカバー裏に表示してあります
ISBN978-4-8309-4834-3　C3034